ボンジュールから会話表現まで

すぐに使える
フランス語会話

ミニフレーズ
2300

アテネ・フランセ責任編集

松本　悦治 監修
Matsumoto Etsuji

鈴木　文恵　　アルメル・ヒルシャワー　共著
Suzuki Fumie　　Armelle Hirschauer

Jリサーチ出版

はじめに

　フランスはどんな国でしょうか。

　芸術、モード、美食の国、農業大国、それだけではありません。最先端の科学技術を誇る国でもあります。

　多様な顔を持つフランスに魅かれ、フランスへ旅をする人、フランスの本を手に取る人、フランス美術の展覧会に足を運ぶ人がたくさんいます。パティシエ、ソムリエなどいつの間にか身近になったフランス語も数多くあります。

　一方、フランスでは、マンガやアニメなどのサブカルチャーが大ブームで、第二のジャポニスムを引き起こしています。現代日本文化への関心から日本を訪れるフランス人も増えています。

　フランス人との交流のなかでフランス語で思いを伝えることができたら、フランス語を学ぶことがますます楽しくなるはずです。ボンジュールのひとことから素敵な世界が広がるでしょう。

　フランス語表現を学びやすくするために、本書には5つの大きな特長があります。

①すぐに使えるフレーズを 2300 以上収録

　あいさつから日常生活、感情表現、食事、買い物、旅行、観光、芸術・文化、日本紹介、恋愛、ビジネスなど 15 の章で構成され、頻繁に用いられる便利なフランス語会話フレーズを 2300 以上紹介しています。

②すべてのフレーズにカタカナの読みがつく

　初心者の方から安心して使っていただけるように、すべてのフレーズ

にカタカナの読みがつけてあります。

③美術、音楽、芝居、文学などの芸術を語る表現が充実

　観光で芸術にふれる機会があったときに使いたいひとこと表現から、芸術を学ぶための留学や、フランス人と芸術について話すときに役に立つ表現を収録しています。

④重要な場面には「単語リスト」を掲載

　フレーズの単語を「単語リスト」の中の語に置き換えれば、さまざまな応用表現が可能になります。単語を自由に置き換えて、読者のみなさんならではの会話文を作る練習をすれば、より効果的に単語やフレーズを覚えていくことができます。

⑤ CD2枚にフレーズをすべて収録

　ネイティブの正しい発音をCDで聞きながら、自分でも声に出して繰り返し読んでみましょう。カタカナの読みはあくまでも目安にしてください。ネイティブの発音を聞いて練習を繰り返すうちに、正しい発音が身につくと同時に、本書のフレーズをどんどん覚えていくことができます。

　本書のフレーズは「すぐに使える」がモットーです。本書を活用していただき、フランスとのふれあいが豊かなものになりますよう切に願っています。

著者

Contents

はじめに··2
目次··4
本書の使い方··8
フランス語の基本ルール··9

第1章　あいさつ編　　17

1. あいさつ ···18
■知り合いと出会う　18　■久しぶりに会う　19　■はじめて会う　21　■別れる　22

2. 礼を言う・謝る ··25
■礼を言う・礼に応える　25　■謝る・謝罪に応える　25

3. 自分／人について話す ··27
■名前・出身地を言う　27　■仕事について　29　■学校について　31
■住まいについて　32　■家族について　33　■年齢を言う　36
■人を紹介する　37

4. 会う約束をする ··42
■誘う・誘いを受ける　42　■断る　43　■会う場所を決める　43
■会う日・時間を決める　44　■約束に遅れる・キャンセルする　45

5. 家に招く・訪問する ··47
■招く・招かれる　47　■訪問する・迎える　48　■もてなす・もてなしを受ける　50
■おいとまする・お見送りする　51

第2章　日常生活編　　53

1. 毎日の出来事 ···54
■起きる　54　■身支度をする　55　■朝食をとる　56　■出かける　57
■帰宅する・出迎える　58　■夕食をとる　59　■くつろぐ・寝る　61　■家事をする　63

2. 日時と天気 ··67
■日時について　67　■天気について　72

3. 電話（通信） ···74
■電話をかける　74　■電話を受ける　75　■不在を伝える　75　■相手が不在の場合　76
■電話を切る　77　■間違い電話・トラブル・留守番電話　77　■携帯電話・パソコン　78

4. 郵便局・銀行 ···81
■郵便局　81　■銀行　83　■両替　86

5. 余暇・休日について話す ··87
■余暇　87　■趣味　89　■旅行に出かける　91　■旅行から帰って　92

第3章　感情表現編　　95

1. 感謝する・褒める・願う・励ます ···96
■感謝する　96　■感謝に応える　97　■嬉しい・楽しい　97　■祝う　99
■驚く　100　■満足する　101　■褒める　102　■願う　103　■確信する　104
■励ます　104　■予想通りだったことを伝える　105　■安心する　106　■ねぎらう　107

2. 謝る・許す・慰める・怒る ··108
■謝る・許す　108　■寂しい・悲しい・落胆　109　■恥ずかしい・困惑する　111
■あきらめる　112　■不安・心配　113　■お悔やみ　114

- ■気づかう・同情・慰める 114　■怒る・不平を言う 116　■疑う 118
- ■つらい・苦しい 119　■非難する 120　■後悔する・反省する 121
- ■うんざりする 122

第4章　意思表現編　123

1. 希望・意思・意見を言う　124
- ■希望・意思を伝える 124　■確認する 125　■助言を求める・助言をする 126
- ■意見を求める・意見を言う 128　■賛成する 131　■反対する 131
- ■肯定する 133　■否定する 133　■あいまいな答え・ためらっているとき 134

2. 知る・理解する・許可を求める　137
- ■知る・理解する 137　■知らない・理解できない 138　■聞き返す 140
- ■頼む・許可を求める 140　■許可する・許可しない 142　■理由を尋ねる・説明する 144
- ■会話を進めるための表現 144　■順序立てて話す 146

第5章　レストラン・カフェ編　149

1. レストラン　150
- ■店を選ぶ 150　■予約する 151　■店に入る 152　■注文する 153　■味わう 157
- ■苦情を言う 158　■勘定 158

2. カフェ・ファーストフード　160
- ■カフェ 160　■ファーストフード 161

第6章　買い物編　163

1. デパート・ブティック　164
- ■店に行く 164　■商品を探す 164　■サイズ・色について 167　■素材について 168
- ■値段について 169　■商品についての感想 170　■試着する 172　■商品を買う 175
- ■返品・交換 176

2. パン屋・マルシェ・スーパー　178
- ■買い物に行く 178　■パン屋で 179　■マルシェで 179　■スーパーで 181

第7章　観光編　183

1. 地図と道順　184
- ■地図を入手する・行き先を聞く 184

2. ツアーに参加する　188
- ■ツアーに参加する 188

3. 美術館　192
- ■美術館へ行く 192

4. コンサート・観劇　194
- ■コンサートへ行く 194

5. 映画　196
- ■映画を見る 196

6. スポーツ観戦　199
- ■スポーツ観戦 199

Contents

第8章　空港・機内・ホテル編　　　　　　　　　　　　　203
1. 出発する空港で　　　　　　　　　　　　　　　　　　204
■搭乗手続き 204　■搭乗する 206
2. 飛行機　　　　　　　　　　　　　　　　　　　　　　208
■機内での会話 208
3. 到着した空港で　　　　　　　　　　　　　　　　　　211
■入国審査 211　■荷物を受け取る 212　■税関申告 213
4. ホテル　　　　　　　　　　　　　　　　　　　　　　214
■予約する 214　■予約を変更する・取り消す 215　■チェックイン・チェックアウト 216
■フロントで 219　■ルームサービス 219　■困ったとき 220

第9章　交通編　　　　　　　　　　　　　　　　　　　　221
1. 航空券を買う　　　　　　　　　　　　　　　　　　　222
■航空券を買う 222
2. 電車　　　　　　　　　　　　　　　　　　　　　　　223
■メトロ・RER 223　■国鉄 224
3. バス・タクシー・レンタカー　　　　　　　　　　　　228
■バス 228　■タクシー 229　■レンタカーを借りる 230

第10章　芸術・文化編　　　　　　　　　　　　　　　　　233
1. 美術　　　　　　　　　　　　　　　　　　　　　　　234
■美術 234
2. 映画　　　　　　　　　　　　　　　　　　　　　　　238
■映画 238
3. 音楽　　　　　　　　　　　　　　　　　　　　　　　241
■音楽 241
4. 芝居・舞踊　　　　　　　　　　　　　　　　　　　　243
■芝居・舞踊 243
5. 文学　　　　　　　　　　　　　　　　　　　　　　　245
■文学 245

第11章　日本について語る編　　　　　　　　　　　　　　249
1. 日本のみどころ　　　　　　　　　　　　　　　　　　250
■日本のみどころ 250　■和食を楽しむ 252
2. 日本の概略　　　　　　　　　　　　　　　　　　　　254
■地理 254　■歴史 255　■行事・伝統文化 256　■宗教 263　■日本語 265

第12章　恋愛編　　　　　　　　　　　　　　　　　　　　267
1. 恋のはじまり　　　　　　　　　　　　　　　　　　　268
■好きな人のことを話す 268　■相手のことを聞く 269　■デート 271
■愛を告白する 272　■結婚・同居 272

2. 失恋・別れ ... 275
- 失恋・別れ 275

第 13 章　トラブル編　277

1. 家の中で ... 278
- 家の中で起きたトラブル 278

2. 病気・怪我 ... 280
- 体調について話す 280　■病院に行く・診察を受ける 281　■薬局 288

3. 紛失・盗難 ... 290
- 紛失・盗難 290

第 14 章　留学編　293

1. フランスに留学する ... 294
- 留学準備 294　■留学生活 297

2. 学校で ... 299
- 専攻と学年 299　■登録 300　■授業をとる 302　■教室で 305
- 試験・成績・単位・論文 307

3. 絵を描く・音楽を奏でる ... 311
- 絵を描く 311　■音楽を奏でる 313

第 15 章　ビジネス編　317

1. 会社で ... 318
- 会社の組織・人事 318　■オフィスの一日 322　■休暇 324　■作業の依頼 324
- 会議 327　■商談 330　■クレーム 333

2. 電話 ... 334
- 電話を取り次ぐ 334　■取り次ぐ相手が出られない場合 335　■伝言を頼む 337
- 不在者に伝言する 338

3. コンピュータ・メール・インターネット ... 339
- コンピュータ 339　■メール 341　■インターネット 342

INDEX ... 344

[Vocabulaire]
- 別れるときのもうひとこと 24　■国・国籍 28　■職業 31　■学校 36
- 性格 41　■部屋 49　■時の表現 62,63　■時刻 68,69
- 月日　曜日　四季 71　■天気 73　■外出場所 88　■頻度 89
- 趣味 90　■飲み物 161　■売り場 165　■色 168　■素材 169
- 衣服　靴 172　■小物　アクセサリー 174　■店 182　■乗り物 232
- 絵画 234　■音楽 242　■身体 287　■学問 299

7

本書の使い方

本書は、基本的なあいさつから、日常表現、旅行表現、電話やビジネスでよく使う表現までを網羅しています。会話フレーズの数は 2300 以上あり、そのすべてをネイティブが実際によく使われるものに厳選し、掲載しています。全フレーズを CD2 枚に収録していますので、耳からも発音をしっかり確認することができます。

■ 会話フレーズのページ

第 1 〜 15 章に収録した会話フレーズは、次のような紙面構成になっています。

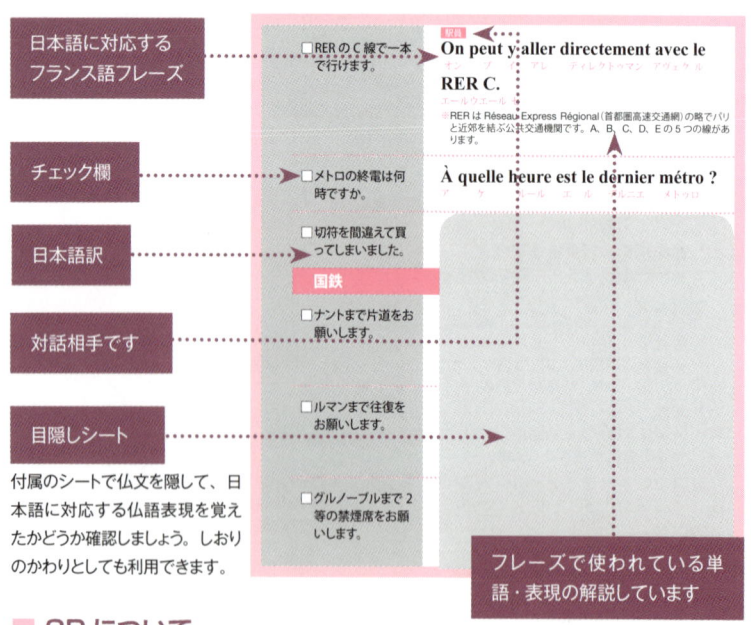

- 日本語に対応するフランス語フレーズ
- チェック欄
- 日本語訳
- 対話相手です
- 目隠しシート

付属のシートで仏文を隠して、日本語に対応する仏語表現を覚えたかどうか確認しましょう。しおりのかわりとしても利用できます。

フレーズで使われている単語・表現の解説しています

■ CD について

CD にはすべてのフレーズ（チェック欄のある仏語フレーズ）を収録しています。
CD のトラックは各章の小見出しごとに区切られています。
使いたいフレーズを見つけたら、CD で音声を確認してみましょう。正しく、なめらかな発音で、自信を持って自分の気持ちを伝えられるようになります。

フランス語の
基本ルール

会話フレーズの各章に入る前に、フランス語の基本を見ておきましょう。名詞、冠詞、形容詞に関するルール、動詞の活用、否定文、命令文、疑問文のつくり方を確認しておけば、会話フレーズが理解しやすくなります。基本ルールが分かると、自分でも少しずつフレーズが作れるようになります。

1 名詞

名詞の性：フランス語の名詞はすべて男性名詞か女性名詞に分けられます。人間や生物については、原則としてその性に一致します。それ以外は辞書で文法上の性を確認しましょう。

名詞の数：名詞には単数形と複数形があります。

複数形の作り方

- 原則：単数形の語尾に s を付けます。
- 語尾が s, x, z：変化せず、単数・複数が同じ形になります。
- 語尾が eau, au, eu：単数形に x を付けます。
- 不規則な形になるものがあります。

2 冠詞

3 種類あり、それぞれ次に来る名詞の性・数に合わせた形を使います。

① 定 冠 詞：特定されている人やもの、ひとつしか存在しないもの、また、総称として示すものに付けます。
② 不定冠詞：まだ特定されていない、数えられる人や物に付けます。
③ 部分冠詞：まだ特定されていない、数えられない名詞に付け、いくらかの量を示します。

	単数		複数	
	男性形	女性形	男性形	女性形
定冠詞	le livre ＊l'oiseau	la voiture ＊l'orange	les livres	les voitures
不定冠詞	un livre	une voiture	des livres	des voitures
部分冠詞	du vin ＊de l'alcool	de la bière ＊de l'eau		

＊定冠詞 le, la は、次に母音や無音の h が来ると l' になります。
＊部分冠詞 du, de la は、次に母音や無音の h が来ると de l' になります。

前置詞と定冠詞の縮約

前置詞 à と de の後に定冠詞の le, les がくると縮約形になります。

- à + le → au　　Je vais au Canada.（私はカナダに行きます）
- à + les → aux　Je vais aux États-Unis.（私はアメリカに行きます）
- de + le → du　 Je viens du Japon.（私は日本から来ました）
- de + les → des Je viens des Philippines.（私はフィリピンから来ました）

＊à la, à l', de la, de l' は変化しません。

3 形容詞

形容詞は関係する名詞や代名詞の性・数に一致させます。

男性単数	女性単数	男性複数	女性複数
grand	grande	grands	grandes

女性形の作り方

- 原則：男性形の語尾に e を付けます。
- 男性形が e で終わっている場合は変化せず、男性・女性が同じ形になります。
- 不規則な形になるものがあります。
- ★フランス語フレーズの（　）内は女性形を示しています。

複数形の作り方

- 名詞の複数形のつくり方に準じます。

形容詞の位置

- 原則：名詞の後に付けます。
  une voiture japonaise（日本製の車）
- 日常よく使われる短い形容詞（beau, bon, grand, petit など）は名詞の前に付けます。
  un grand hôtel（大きなホテル）

4 指示形容詞

指示形容詞は「この、その、あの」を表し、次に来る名詞の性・数に合わせた形を使います。

単数		複数	
男性形	女性形	男性形	女性形
ce garçon ＊cet homme	cette fille	ces garçons ces hommes	ces filles

＊母音や無音のhで始まる男性単数名詞の前では cet を使います。

5 所有形容詞

所有形容詞は所有者の人称と次に来る名詞(所有されるもの)の性・数に合わせた形を使います。

所有されるもの 所有者	男性単数	女性単数	男女複数
私の	mon	ma（＊mon）	mes
君の	ton	ta（＊ton）	tes
彼(女)の	son	sa（＊son）	ses
私たちの	notre		nos
あなた(たち)の 君たちの	votre		vos
彼(女)らの	leur		leurs

例：私の父 mon père　私の母 ma mère　私の両親 mes parents
　　私たちの父 notre père　私たちの母 notre mère　私たちの両親 nos parents

＊母音や無音のhで始まる女性単数名詞の前では（　）の形を使います。
例：私の女友達 mon amie

6 人称代名詞

	主語	直接目的補語	間接目的補語	強勢形
私	je	me	me	moi
君	tu	te	te	toi
彼	il	le	lui	lui
彼女	elle	la	lui	elle
私たち	nous	nous	nous	nous
あなた(たち) 君たち	vous	vous	vous	vous
彼ら	ils	les	leur	eux
彼女ら	elles	les	leur	elles

- 家族など親しい人には tu を使い、そうでない人や目上の人には vous を使います。
- il(s), elle(s), le, la, les は「もの」にも使います。
- 会話では、nous の代わりに不定代名詞 on を使うことが多いです(この場合、動詞は三人称単数形を使います)。
- 目的補語人称代名詞は、原則として動詞の前に置きます。
- 強勢形は主語を強調あるいは対比させるとき、または前置詞や c'est の後で使います。

7 動詞

①活用：フランス語の動詞は主語に合わせて形を変えます。

▶ chanter (歌う) :-er 動詞(このグループの動詞はすべて語尾 -er が以下のように活用します)

je chante	nous chantons
tu chantes	vous chantez
il / elle chante	ils / elles chantent

▶ se lever（起きる）：代名動詞（主語と同じものを指す再帰代名詞が動詞の前につきます）活用は -er 動詞

je me lève	nous nous levons
tu te lèves	vous vous levez
il / elle se lève	ils / elles se lèvent

▶ finir（終える）：-ir 動詞（多くの動詞で語尾 -ir が以下のように活用します）

je finis	nous finissons
tu finis	vous finissez
il / elle finit	ils / elles finissent

▶ être（〜である）

je suis	nous sommes
tu es	vous êtes
il / elle est	ils / elles sont

▶ avoir（持つ）

j'ai	nous avons
tu as	vous avez
il / elle a	ils / elles ont

▶ aller（行く）：語尾は -er でも -er 動詞ではありません

je vais	nous allons
tu vas	vous allez
il / elle va	ils / elles vont

②主な時制
●現在形：現在の出来事・状態・習慣を述べるときに使います。
　Je travaille.（働いています）
●複合過去形：〈助動詞（avoir または ＊ être）の現在形＋過去分詞〉の形を取り、過去の出来事・経験やすでに完了していることを述べるときに使います。
　J'ai travaillé jusqu'à vingt heures.（私は夜 8 時まで仕事をしました）

＊助動詞に être をとるのは一部の自動詞とすべての代名動詞です。
Il est arrivé à midi.（彼は正午に着きました）
Il s'est levé à cinq heures.（彼は 5 時に起きました）

8 文の形

①否定文：動詞の活用形を ne（母音や無音の h の前で n'）と pas で挟んでつくります。目的語代名詞があるときは ne はその前に置きます。

- 現在形：Je ne téléphone pas à Pierre. （私はピエールに電話をしません）
  Je ne lui téléphone pas. （私は彼に電話をしません）
- 複合過去形：Je n'ai pas téléphoné à Sophie.
  （私はソフィーに電話をしませんでした）
  Je ne lui ai pas téléphoné.
  （私は彼女に電話をしませんでした）

②命令文：動詞の命令法（現在形の活用から主語をとって作る）を使います。
  Tu écoutes. → ＊ Écoute !（聞いて!）
  Nous écoutons. → Écoutons !（聞こう!）
  Vous écoutez. → Écoutez !（聞いてください!）
  ＊活用語尾が -es や -as の場合は語尾の -s をとります。
  ＊être, avoir などは特別な形をとります。

③疑問文：3 種類のつくり方があります。
- 平叙文と同じ語順で、文末のイントネーションを上げます。
  Vous habitez à Paris ?（パリに住んでいるのですか）
  Vous habitez où ?（どこに住んでいますか）
- 文頭に est-ce que を付けます。
  Est-ce que vous habitez à Paris ?
  Où est-ce que vous habitez ?
- 主語代名詞と動詞を倒置します。
  Habitez-vous à Paris ?
  Où habitez-vous ?

疑問詞

quand　いつ	Quand est-ce que tu viens ?　いつ来るの？
où　どこ	Où vont-ils ?　彼らはどこに行くのですか？
combien　いくら、どのくらい combien de　どれだけの	Ce livre, c'est combien ?　この本、いくらですか？ Combien d'enfants avez-vous ? お子さん、何人ですか。
comment　どのように	Il est comment ?　彼はどんな人ですか？

pourquoi　なぜ	Pourquoi vas-tu à Paris ?　どうしてパリに行くの？
qu'est-ce que　何を	Qu'est-ce que tu fais ?　何をしてるの？
qu'est-ce qui　何が	Qu'est-ce qui brûle ?　何が燃えているの？
qui est-ce que　誰を	Qui est-ce que vous invitez ? 誰を招待するのですか？
qui / qui est-ce qui　誰が	Qui / Qui est-ce qui vient avec moi ? 誰が一緒に来ますか？
quel (le) (s)　どの、どんな	Quel sport aimez-vous ? どんなスポーツが好きですか？

数詞

1	un	2	deux	3	trois
4	quatre	5	cinq	6	six
7	sept	8	huit	9	neuf
10	dix	11	onze	12	douze
13	treize	14	quatorze	15	quinze
16	seize	17	dix-sept	18	dix-huit
19	dix-neuf	20	vingt	21	vingt et un
22	vingt-deux	30	trente	40	quarante
50	cinquante	60	soixante	70	soixante-dix
71	soixante et onze	80	quatre-vingts	81	quatre-vingt-un
90	quatre-vingt-dix	100	cent	1000	mille

序数詞

順番を表す数詞で、基本の数詞に -ième を付けて作ります。基本の数詞が e で終わる場合は、e をとって ième を付けます（1 番目は特別な形です。「2 番目の」で second (e) を使う場合があります）。一部、綴りが変化する場合があります。

1er premier ＋男性名詞	6e sixième	19e dix-neuvième
1ère première ＋女性名詞	7e septième	21e vingt et unième
2e deuxième/second (e)	8e huitième	22e vingt-deuxième
3e troisième	9e neuvième	70e soixante-dixième
4e quatrième	10e dixième	80e quatre-vingtième
5e cinquième	11e onzième	100e centième

第1章

あいさつ編

コミュニケーションの第一歩はあいさつ。フランスでは、お店に入るとき、お客さんも「ボンジュール!」と声をかけます。軽やかに飛び交うあいさつから楽しい会話が始まります。この章では、初対面のあいさつ、自己紹介で使う表現から、会う約束や招待するときの表現まで、交流を深めるために大切な表現を取り上げました。

あいさつ

あいさつと日常表現は、まず決まった言い方を覚え、どんどん使ってみることが大切です。

知り合いと出会う　　　　　　　　　　　　　Disc 1　2

☐ こんにちは。おはようございます。

Bonjour.
ボンジュール

Bonjour, Monsieur / Madame / Mademoiselle.
ボンジュール　ムスィウ　マダム　マドゥムワゼル

※Bonjour の後ろに monsieur（男性の敬称）、madame（既婚女性の敬称）、mademoiselle（未婚女性の敬称）をつけると、丁寧な言い方になります。

☐ こんにちは、ジャン。

Bonjour, Jean.
ボンジュール　ジャン

※親しい間柄では Bonjour の後ろに名前をつけます。

☐ こんばんは。

Bonsoir.
ボンスワール

Bonsoir, Monsieur / Madame / Mademoiselle.
ボンスワール　ムスィウ　マダム　マドゥムワゼル

☐ こんばんは、ジャン。

Bonsoir, Jean.
ボンスワール　ジャン

☐ やあ！

Salut !
サリュ

☐ やあ、ジャン！

Salut, Jean !
サリュ　ジャン

☐ お元気ですか?	**Comment allez-vous ?** コマン タレ ヴ
☐ とても元気です。あなたは?	**Très bien, merci. Et vous ?** トゥレ ビアン メルスィ エ ヴ
☐ 元気にしてる?	**Tu vas bien ?** テュ ヴァ ビアン
☐ 元気だよ。君は?	**Bien, merci. Et toi ?** ビアン メルスィ エ トゥワ
☐ 元気?	**Ça va ?** サ ヴァ ※Tu vas bien ? よりくだけた言い方です。
☐ 元気だよ。君は?	**Ça va merci. Et toi ?** サ ヴァ メルスィ エ トゥワ
☐ まあまあです。	**Comme ci, comme ça.** コム スィ コム サ
☐ あまりよくないんだ。	**Pas très bien.** パ トゥレ ビアン
☐ うまくいってる?	**Tout va bien ?** トゥ ヴァ ビアン

久しぶりに会う   Disc 1 3

☐ お久し振りです!	**Ça fait longtemps !** サ フェ ロンタン
☐ あれから元気だった?	**Ça va depuis la dernière fois ?** サ ヴァ ドゥピュイ ラ デルニエール フワ

第1章 あいさつ編

☐	またお会いできて うれしいです。	**Je suis très content(e) de vous revoir.** ジュ スュイ トゥレ　コンタン（トゥ）ドゥ　ヴ　ルヴワール
☐	また会えてうれしい よ。	**Je suis très content(e) de te revoir.** ジュ スュイ トゥレ　コンタン（トゥ）ドゥトゥルヴワール
☐	変わってないね!	**Tu n'as pas changé !** テュ ナ　パ　シャンジェ
☐	変わったね!	**Tu as changé !** テュ ア　シャンジェ
☐	お元気そうですね。	**Vous avez l'air en forme !** ヴ　ザヴェ レール アン フォルム
☐	ご家族の皆さんも お元気ですか?	**Comment va votre famille ?** コマン　ヴァ ヴォトゥル ファミーユ
☐	みんな元気です。	**Tout le monde va bien.** トゥ ル モンドゥ ヴァ ビアン
☐	お仕事はどうです か?	**Comment vont vos affaires ?** コマン　ヴォン ヴォ ザフェール
☐	順調です。	**Tout va bien.** トゥ ヴァ ビアン
☐	相変わらずです。	**Comme d'habitude.** コム　ダビテュードゥ
☐	厳しいですよ。	**Ce n'est pas facile.** ス ネ　パ ファスィル

□ 何か変わったことは？	**Quoi de neuf ?** クワ ドゥ ヌフ	

□ 特にないよ。	**Rien de spécial.** リアン ドゥ スペスィアル	

はじめて会う　　　　　　　　　　Disc 1　4

□ こんにちは。　　**Bonjour.**
　　　　　　　　　ボンジュール

□ はじめまして。　**Enchanté(e).**
　　　　　　　　　アンシャンテ

□ モローさんでいらっしゃいますか？　**Êtes-vous bien Monsieur Moreau ?**
　　　　　　　　　エトゥ ヴ ビアン ムスィウ モロ

□ お会いできて嬉しいです。　**Je suis très heureux(heureuse) de**
　　　　　　　　　ジュ スュイ トゥレ ズル （ズルーズ） ドゥ
　　　　　　　　　vous voir.
　　　　　　　　　ヴ ヴワール

□ お知り合いになれて本当に嬉しいです。　**Je suis ravi(e) de faire**
　　　　　　　　　ジュ スュイ ラヴィ ドゥ フェール
　　　　　　　　　votre connaissance.
　　　　　　　　　ヴォトゥル コネサンス

□ こちらこそ。　**Tout le plaisir est pour moi.**
　　　　　　　　　トゥ ル プレズィール エ プール ムワ

□ 前にお会いしたような気がするのですが。　**Nous nous sommes déjà**
　　　　　　　　　ヌ ヌ ソム デジャ
　　　　　　　　　rencontré(e)s, il me semble.
　　　　　　　　　ランコントゥレ イル ム サンブル

第1章 あいさつ編

☐ 失礼ですが、お名前は何とおっしゃいますか？	**Excusez-moi, pourriez-vous me donner votre nom, s'il vous plaît ?**
☐ デュポンと申します。	**Je m'appelle Dupont.**
☐ スペルを教えていただけますか？	**Pourriez-vous me dire comment s'écrit votre nom ?**
☐ テュで話しましょうか？	**On peut se dire «tu» ?** ※tu は家族・友人など親しい間柄の人や子供に対して用います。

別れる　　　　　　　　　　　　　　Disc 1　5

☐ ごめんなさい、行かなくては。	**Excusez-moi, je dois partir.**
☐ さようなら。	**Au revoir.**
☐ じゃあね!	**Salut !**
☐ またね!	**À bientôt !**
☐ よい一日を!	**Bonne journée !**
☐ お会いできてよかったです。	**Je suis très content(e) de vous avoir vu(e).**

□お知り合いになれてとても嬉しかったです。	**J'ai été très heureux(heureuse) de faire votre connaissance.**	
□こちらこそ。	**Moi de même.**	
□また近いうちにお会いしたいですね。	**J'espère vous revoir très bientôt.**	
□パスカルによろしく。	**Dis bonjour à Pascal, s'il te plaît.**	
□ご両親によろしくお伝えください。	**Transmettez mon bon souvenir à vos parents, s'il vous plaît.**	
□確かに伝えます。	**Je n'y manquerai pas.**	
□メールアドレスをいただけますか。	**Pourriez-vous me donner votre adresse mail, s'il vous plaît ?**	
□アドレス、ちょうだい。	**Donne-moi ton adresse mail.**	
□気をつけて帰ってね!	**Bon retour !**	

第1章 あいさつ編

Vocabulaire — 別れる時のもうひとこと

またあとでね!	À tout à l'heure ! (ア トゥ タ ルール)
また明日!	À demain ! (ア ドゥマン)
月曜日に!	À lundi ! (ア ランディ)
また来週!	À la semaine prochaine ! (ア ラ スメヌ プロシェヌ)
また今度!	À la prochaine ! (ア ラ プロシェヌ)
よい一日を!	Bonne journée ! (ボヌ ジュルネ)
よい夕べを!	Bonne soirée ! (ボヌ スワレ)
おやすみなさい!	Bonne nuit ! (ボヌ ニュイ)
よい週末を!	Bon week-end ! (ボン ウィケンドゥ)
よい休暇を!	Bonnes vacances ! (ボヌ ヴァカンス)

礼を言う・謝る

お礼と謝罪の表現は気持ちよく言えるようにしておきましょう。

礼を言う・礼に応える　　Disc 1 6

□ ありがとう!
Merci !
メルスィ
※どうもありがとう!　Merci beaucoup !

□ ありがとうございます。
Je vous remercie.
ジュ　ヴ　ルメルスィ

□ 電話をありがとう。
Merci pour ton coup de téléphone.
メルスィ　プール　トン　ク　ドゥ　テレフォヌ

□ どういたしまして。
Je vous en prie.
ジュ　ヴ　ザン　プリ

□ 何でもありませんよ。
Ce n'est rien.
ス　ネ　リアン

□ 何でもないよ。
De rien.
ドゥ　リアン

□ たいしたことじゃないよ。
Il n'y a pas de quoi.
イル　ニ　ア　パ　ドゥ　クワ

謝る・謝罪に応える　　Disc 1 7

□ あっ、すみません!
Oh, pardon !
オ　パルドン

Oh, excusez-moi !
オ　エクスキュゼ　ムワ

- ☐ お待たせして申し訳ありません。 **Je regrette de vous avoir fait attendre.**
  ジュ ルグレトゥ ドゥ ヴ ザヴワール フェ アタンドゥル

- ☐ どうぞお許しください。 **Je vous prie de m'excuser.**
  ジュ ヴ プリ ドゥ メクスキュゼ

- ☐ 遅れてすみません。 **Excusez-moi d'être en retard.**
  エクスキュゼ ムワ デトゥル アン ルタール

- ☐ 大丈夫です。 **Ce n'est pas grave.**
  ス ネ パ グラーヴ

  Ce n'est rien.
  ス ネ リアン

- ☐ いいんですよ。 **Je vous en prie.**
  ジュ ヴ ザン プリ

- ☐ かまわないよ。 **Ça ne fait rien.**
  サ ヌ フェ リアン

- ☐ ご心配なく。 **Ne vous inquiétez pas.**
  ヌ ヴ ザンキエテ パ

自分／人について話す

ここに収録してあるフレーズを使って、自分や相手の紹介をできるようにしておきましょう。

名前・出身地を言う　　　　　　　　　　　　　　　Disc 1　8

□ お名前は何とおっしゃいますか？
Comment vous appelez-vous ?
コマン　ヴ　ザプレ　ヴ

□ 岡田俊夫と申します。
Je m'appelle Toshio Okada.
ジュ　マペル　トシオ　オカダ

□「俊夫」が名前で、「岡田」が名字です。
Toshio, c'est mon prénom, et
トシオ　セ　モン　プレノン　エ
Okada, c'est mon nom.
オカダ　セ　モン　ノン

□ どちらのご出身ですか？
Vous êtes de quelle région ?
ヴ　ゼトゥ　ドゥ　ケル　レジオン
Vous êtes originaire d'où ?
ヴ　ゼトゥ　オリジネール　ドゥ
D'où êtes-vous ?
ドゥ　エトゥ　ヴ

□ 東京です。
Je suis de Tokyo.
ジュ スュイ ドゥ トキョ

□ 静岡県の掛川です。
Je suis de Kakegawa, dans le
ジュ スュイ ドゥ　カケガワ　ダン　ル
département de Shizuoka.
デパルトゥマン　ドゥ　シズオカ

第1章 あいさつ編

27

☐ 国籍はどちらですか？	**Vous êtes de quelle nationalité ?** ヴ ゼトゥ ドゥ ケル ナスィオナリテ **Vous venez de quel pays ?** ヴ ヴネ ドゥ ケル ペイ	
☐ 日本です。	**Je viens du Japon.** ジュ ヴィアン デュ ジャポン	
☐ 日本人です。	**Je suis japonais(japonaise).** ジュ スュイ ジャポネ （ジャポネーズ）	

Vocabulaire 国・国籍

日本	**le Japon** ル ジャポン	日本の、日本人の **japonais (japonaise)** ジャポネ （ジャポネーズ）
フランス	**la France** ラ フランス	フランスの、フランス人の **français (française)** フランセ （フランセーズ）
イギリス	**l'Angleterre**ラングルテール	イギリスの、イギリス人の **anglais (anglaise)** アングレ （アングレーズ）
ドイツ	**l'Allemagne** ラルマーニュ	ドイツの、ドイツ人の **allemand (allemande)** アルマン （アルマンドゥ）
イタリア	**l'Italie** リタリ	イタリアの、イタリア人の **italien (italienne)** イタリアン （イタリエヌ）
スペイン	**l'Espagne** レスパーニュ	スペインの、スペイン人の **espagnol (espagnole)** エスパニョル （エスパニョル）
アメリカ合衆国	**les États-Unis** レ ゼタズュニ	アメリカの、アメリカ人の **américain (américaine)** アメリカン （アメリケーヌ）
中国	**la Chine** ラ シーヌ	中国の、中国人の **chinois (chinoise)** シヌワ （シヌワーズ）
韓国	**la Corée** ラ コレ	韓国の、韓国人の **coréen (coréenne)** コレアン （コレエヌ）

仕事について　　　　　　　　　　　　　　　Disc 1　9

□ お仕事は何をなさっていますか?	**Qu'est-ce que vous faites dans la vie ?** ケ　ス　ク　ヴ　フェトゥ　ダン　ラ　ヴィ
□ ご職業は何ですか?	**Quel est votre métier ?** ケ　レ　ヴォトゥル　メティエ **Quelle est votre profession ?** ケ　レ　ヴォトゥル　プロフェスィオン
□ 教師です。	**Je suis enseignant(e).** ジュ スュイ　ザンセニャン（トゥ）
□ 自動車のメーカーに勤めています。	**Je travaille pour un constructeur d'automobiles.** ジュ トゥラヴァィユ　プー　ラン　コンストゥリュクトゥール ドトモビル
□ 出版社で働いています。	**Je travaille dans une maison d'édition.** ジュ トゥラヴァィユ　ダン　ズュヌ　メゾン　デディスィオン
□ どんな分野で働いていらっしゃいますか?	**Dans quel secteur travaillez-vous ?** ダン　ケル　セクトゥール　トゥラヴァィエ　ヴ
□ 観光関係です。	**Je travaille dans le tourisme.** ジュ トゥラヴァィユ　ダン　ル　トゥリスム
□ 横浜で働いています。	**Je travaille à Yokohama.** ジュ トゥラヴァィユ　ア　ヨコハマ
□ 入社して8年になります。	**Cela fait huit ans que je travaille dans cette société.** スラ　フェ　ユイ　タン　ク　シュ　トゥラヴァィユ ダン　セトゥ　ソスィエテ

第1章　あいさつ編

29

☐ 働いていらっしゃいますか？	**Vous travaillez ?** ヴ　トゥラヴィエ	
☐ 働いています。	**Je travaille.** ジュ　トゥラヴィユ ※働いていません　Je ne travaille pas.	
☐ パートで働いています。	**Je travaille à temps partiel.** ジュ　トゥラヴィユ　ア　タン　パルスィエル ※フルタイムで　à plein temps	
☐ 臨時雇用で働いています。	**Je suis intérimaire.** ジュ　スュイ　ザンテリメール	
☐ 喫茶店でアルバイトをしています。	**J'ai un job dans un café.** ジェ　アン　ジョブ　ダン　ザン　カフェ	
☐ フリーランスで働いています。	**Je travaille en free-lance.** ジュ　トゥラヴィユ　アン　フリ　ランス	
☐ 退職しています。	**Je suis retraité(e).** ジュ　スュイ　ルトゥレテ	
☐ 失業中です。	**Je suis au chômage.** ジュ　スュイ　オ　ショマージュ	

Vocabulaire 職業

医者	médecin	メドゥサン
歯科医師	dentiste	ダンティストゥ
薬剤師	pharmacien(pharmacienne)	ファルマスィアン (ファルマスィエヌ)
公務員	fonctionnaire	フォンクスィオネール
教師(中学校以上)	professeur	プロフェスール
教師(小学校)	instituteur(institutrice)	アンスティテュトゥール (アンスティテュトゥリス)
看護師	infirmier(infirmière)	アンフィルミエ (アンフィルミエール)
ジャーナリスト	journaliste	ジュルナリストゥ
会社員	employé(e) de bureau	アンプルワィエ ドゥ ビュロ
秘書	secrétaire	スクレテール
編集者	rédacteur(rédactrice)	レダクトゥール (レダクトゥリス)
翻訳家	traducteur(traductrice)	トゥラデュクトゥール (トゥラデュクトゥリス)
音楽家	musicien(musicienne)	ミュズィスィアン (ミュズィスィエヌ)
画家	peintre	パントゥル
デザイナー	styliste	スティリストゥ
料理人	cuisinier(cuisinière)	キュイズィニエ (キュイズィニエール)
パティシエ	pâtissier(pâtissière)	パティスィエ (パティスィエール)
美容師	coiffeur(coiffeuse)	クワフール (クワフーズ)
販売員	vendeur(vendeuse)	ヴァンドゥール (ヴァンドゥーズ)

第1章 あいさつ編

学校について　　Disc 1　10

□ 学生ですか？
Vous êtes étudiant(e) ?
ヴ ゼトゥ エテュディアン (トゥ)

□ はい、学生です。
Oui, je suis étudiant(e).
ウィ ジュ スュイ ゼテュディアン (トゥ)

□ どこの大学に行っているの？
Tu vas à quelle fac ?
テュ ヴァ ア ケル ファック

□ 上智大学に行っています。
Je vais à l'université Sophia.
ジュ ヴェ ア リュニヴェルスィテ ソフィア

□ 何年生なの？	**Tu es en quelle année ?** テュ エ アン ケ ラネ	
□ 1年生です。	**Je suis en première année.** ジュ スュイ アン プルミエ ラネ	
□ 何を専攻しているの？	**Qu'est-ce que tu étudies ?** ケ ス ク テュ エテュディ	
□ 法律を専攻しています。	**Je fais des études de droit.** ジュ フェ デ ゼテュドゥ ドゥ ドゥルワ	
□ 京都大学を出ました。	**J'ai terminé mes études à** ジェ テルミネ メ ゼテュドゥ ア **l'université de Kyoto.** リュニヴェルシテ ドゥ キョト	
□ フランス文学を専攻しました。	**J'ai fait des études de littérature** ジェ フェ デ ゼテュドゥ ドゥ リテラテュール **française.** フランセーズ	

住まいについて　　　　　　　　　　　Disc 1] 11

□ どこに住んでいらっしゃいますか。	**Où habitez-vous ?** ウ アビテ ヴ	
□ 東京にお住まいですか。	**Vous habitez à Tokyo ?** ヴ ザビテ ア トキョ	
□ 東京に住んでいます。	**J'habite à Tokyo.** ジャビ タ トキョ	

□パリ10区、パラディ通り8番地にある友達の家に住んでいます。	J'habite chez mes amis, à Paris, huit, rue du Paradis, dans le dixième arrondissement.	
□マンションに住んでいます。	J'habite dans un appartement.	
□3階に住んでいます。	J'habite au deuxième étage.	

※ 建物の階は、2階は premier étage、3階は deuxième étage と、序数詞を使います。1階を rez-de-chaussée、2階から上は étage を使って階を示すので、日本語でいう階数と一つずれます。

□エレベーターがあります。	Il y a un ascenseur.
□一軒家に住んでいます。	J'habite dans une maison.
□駅の近くです。	J'habite près de la gare.
□駅から歩いて15分です。	J'habite à quinze minutes à pied de la gare.

家族について　　　　　　　　　　Disc 1　12

□ご家族は何人ですか。	Vous êtes combien dans votre famille ?

☐ 両親、兄、私の4人家族です。	**On est quatre, mes parents, mon frère et moi.** オン ネ カトゥル メ パラン モン フレール エ ムワ	
☐ ご兄弟はいらっしゃいますか？	**Vous avez des frères et sœurs ?** ヴ ザヴェ デ フレール エ スール	
☐ 姉と妹がいます。	**J'ai une grande sœur et une petite sœur.** ジェ ユヌ グランドゥ スール エ ユヌ プティトゥ スール	
☐ 姉は2つ上です。	**Ma grande sœur a deux ans de plus que moi.** マ グランドゥ スール ア ドゥ ザン ドゥ プリュス ク ムワ	
☐ 妹は3つ下です。	**Ma petite sœur a trois ans de moins que moi.** マ プティトゥ スール アトゥルワ ザン ドゥ ムワン ク ムワ	
☐ 兄と弟がいます。	**J'ai un grand frère et un petit frère.** ジェ アン グラン フレール エ アン プティ フレール	
☐ 一人っ子です。	**Je suis fils unique(fille unique).** ジュ スュイ フィス ユニク (フィーユ ユニク)	
☐ 両親と一緒に住んでいます。	**J'habite chez mes parents.** ジャビトゥ シェ メ パラン	
☐ 父はエンジニアです。	**Mon père est ingénieur.** モン ペール エ タンジェニウール	
☐ 母は専業主婦です。	**Ma mère est femme au foyer.** マ メール エ ファ モ フワイエ	

☐ 一人暮らしです。	**J'habite seul(e).**	
☐ パートナーと暮らしています。	**J'habite avec mon ami(e).**	
☐ 結婚していらっしゃるのですか。	**Vous êtes marié(e) ?**	
☐ 独身です。	**Je suis célibataire.**	
☐ 結婚しています。	**Je suis marié(e).**	
☐ 婚約しています。	**Je suis fiancé(e).**	
☐ 離婚しています。	**Je suis divorcé(e).**	
☐ 夫(妻)を亡くしています。	**Je suis veuve(veuf).** ※やもめ veuf　未亡人 veuve	
☐ うちは共働きです。	**Nous travaillons tous les deux.**	
☐ お子さんはいらっしゃいますか？	**Vous avez des enfants ?**	
☐ はい、男の子と女の子がいます。	**Oui, j'ai un garçon et une fille.**	

第1章 あいさつ編

☐ 息子は中学生、娘は小学生です。	**Mon fils est collégien et ma fille est écolière.**
☐ 6歳の男（女）の双子がいます。	**J'ai des jumeaux(jumelles) de six ans.**
☐ 子供はいません。	**Je n'ai pas d'enfants.**
☐ 犬を飼っています。	**J'ai un chien.** ※猫 chat

Vocabulaire　　　学校

保育園	**la crèche**		
幼稚園	**l'école maternelle**	園児	**écolier(écolière)**
小学校	**l'école primaire**	小学生	**écolier(écolière)**
中学校	**le collège**	中学生	**collégien(collégienne)**
高等学校	**le lycée**	高校生	**lycéen(lycéenne)**
大学	**l'université**	大学生	**étudiant(e)**

年齢を言う　　　Disc 1　13

☐ 失礼ですが、歳はおいくつですか？	**Si ce n'est pas indiscret, vous avez quel âge ?**

□30 歳です。	**J'ai trente ans.** ジェ　トゥラン　タン
□秘密です。	**C'est un secret.** セ　タン　スクレ
□お子さんはおいくつですか？	**Ils ont quel âge, vos enfants ?** イル ゾン　ケ　ラージュ ヴォ　ザンファン
□息子が15歳、娘が11歳です。	**Mon fils a quinze ans et ma fille a** モン フィス ア　カン　ザン エ マ フィーユ ア **onze ans.** オン　ザン

人を紹介する　　　　　　　　　　Disc 1　14

□モローさん、岡田さんを紹介します。	**Monsieur Moreau, je vous présente** ムスィウ　　モロ　　ジュ ヴ　プレザントゥ **Monsieur / Madame / Mademoiselle /** ムスィウ　　　マダム　　　　マドゥムワゼル **Okada.** オカダ
□友人を紹介したいんですが。	**Je voudrais vous présenter un ami** ジュ ヴドゥレ　　ヴ　プレザンテ　アン ナミ **(une amie).** （ユ　ナミ）
□ジャン、こちらが俊夫だよ。	**Jean, je te présente Toshio.** ジャン ジュトゥ プレザントゥ　トシオ **Jean, voici Toshio.** ジャン ヴワスィ トシオ
□旧友です。	**C'est un vieil ami(une vieille amie).** セ　タン ヴィエィ ヤミ（テュヌ ヴィエィ ヤミ）

☐ 幼なじみです。	**C'est un ami(une amie) d'enfance.** セ タン ナミ (テュ ナミ) ダンファンス
☐ 私たちは、高校時代からの友達です。	**Nous sommes ami(e)s depuis le lycée.** ヌ ソム ザミ ドゥピュイル リセ
☐ モローさんはどんな人ですか。	**Monsieur Moreau, il est comment ?** ムスィウ モロ イ レ コマン
☐ 背が高いです。	**Il est grand.** イ レ グラン ※低い petit
☐ 中背です。	**Il est de taille moyenne.** イ レ ドゥ タイユ ムワィエヌ
☐ やせています。	**Il est mince.** イ レ マンス ※太っている gros
☐ 彼女はスタイルがいいです。	**Elle est bien proportionnée.** エ レ ビアン プロポルスィオネ
☐ 彼は体格がいいです。	**Il est costaud.** イ レ コスト
☐ 丸顔です。	**Il a un visage rond.** イ ラ アン ヴィザージュ ロン ※面長 allongé
☐ 髪は長いです。	**Il a les cheveux longs.** イ ラ レ シュヴ ロン ※短い courts

☐ 髪は褐色です。	**Il a les cheveux bruns.**	
☐ 金髪に染めています。	**Elle a les cheveux teints en blond.**	
☐ 青い目をしています。	**Il a les yeux bleus.**	
☐ 髪をいつもきちんとしています。	**Elle est toujours bien coiffée.**	
☐ 鼻が高いです。	**Il a un long nez.**	
☐ どんな服装をしていますか。	**Comment est-elle habillée ?**	
☐ いつも素敵な装いです。	**Elle est toujours bien habillée.**	
☐ スーツを着ています。	**Elle est en tailleur.** ※tailleur は女性用のスーツです。	
☐ スカートをはいています。	**Elle est en jupe.**	
☐ スーツを着ています。	**Il est en costume.** ※costume は男性用のスーツです。	
☐ 若いです。	**Il est jeune.**	

☐ 40代です。	**Il a la quarantaine.** イ ララ　カランテーヌ
☐ 働き盛りです。	**Il est d'âge mûr.** イ レ ダージュ ミュール
☐ 年をとっています。	**Il est âgé.** イ レ タジェ
☐ 若く見えます。	**Il fait jeune.** イル フェ ジュヌ
☐ 美人です。	**Elle est belle.** エ レ ベル
☐ かわいい人です。	**Elle est jolie.** エ レ ジョリ
☐ 眼鏡をかけています。	**Il porte des lunettes.** イル ポルトゥ デ リュネトゥ
☐ ひげを生やしています。	**Il porte une barbe.** イル ポルトゥ ユヌ バルブ ※口ひげ　une moustache
☐ 人柄がいいです。	**Il a bon caractère.** イ ラ ボン カラクテール ※性格が悪いです。Il a mauvais caractère.
☐ 感じがいいです。	**Elle est sympathique.** エ レ サンパティク
☐ 優しい人です。	**Elle est gentille.** エ レ ジャンティーユ

□ ユーモアのセンス **Il a le sens de l'humour.**
　がある人です。　　イ ラ ル サンス ドゥ　リュムール

Vocabulaire　　性格

内気な	**timide** ティミドゥ
おしゃべりな	**bavard(bavarde)** バヴァール（バヴァルドゥ）
陽気な	**gai(e)** ゲ
面白い	**amusant(e)** アミュザン（トゥ）
控えめな	**réservé(e)** レゼルヴェ
落ち着いた	**calme** カルム
神経質な	**nerveux(nerveuse)** ネルヴ（ネルヴーズ）
まじめな	**sérieux(sérieuse)** セリウ（セリウーズ）
温かい	**chaleureux(chaleureuse)** シャルル（シャルルーズ）
冷たい	**froid(e)** フルワ（ドゥ）
誠実な	**honnête** オネトゥ
素直な	**franc(franche)** フラン（フランシュ）
社交的な	**sociable** ソシィアーブル
意地悪な	**méchant(e)** メシャン（トゥ）
愛想のいい	**aimable** エマーブル
頭がいい	**intelligent(e)** アンテリジャン（トゥ）
寛容な	**tolérant(e)** トレラン（トゥ）
気さくな	**ouvert(ouverte)** ウヴェール（ウヴェルトゥ）
勤勉な	**travailleur(travailleuse)** トゥラヴァィウール（トゥラヴァィウーズ）
謙虚な	**modeste** モデストゥ
親切な	**gentil(gentille)** ジャンティ（ジャンティーュ）
忍耐強い	**patient(e)** パスィアン（トゥ）
礼儀正しい	**poli(e)** ポリ
うっかりした	**étourdi(e)** エトゥルディ
頑固な	**têtu(e)** テテュ
感じが悪い	**antipathique** アンティパティク
気難しい	**difficile** ディフィスィル
自分勝手な	**égoïste** エゴイストゥ
怠け者の	**paresseux(paresseuse)** パレス（パレスーズ）
馬鹿な	**bête** ベトゥ
不誠実な	**malhonnête** マロネトゥ

4 会う約束をする

会う日、時間、場所などを決めるためのやりとりができるようにしましょう。

誘う・誘いを受ける　　　　　　　　　　Disc 1　15

- [ ] 今晩、お暇でしょうか？

    Vous êtes libre ce soir ?
    ヴ ゼトゥ リーブル ス スワール

- [ ] はい、空いています。

    Oui, je suis libre.
    ウィ ジュ スュイ リーブル

- [ ] 何も予定はありません。

    Je n'ai rien de prévu.
    ジュ ネ リアン ドゥ プレヴュ

- [ ] ちょっと用事があります。

    J'ai déjà quelque chose.
    ジェ デジャ ケルク ショーズ

- [ ] この週末は何か予定がありますか？

    Vous avez un projet pour ce week-end ?
    ヴ ザヴェ アン プロジェ プール ス ウィケンドゥ

- [ ] お待ちください、手帳を見てみます。

    Attendez, je regarde mon agenda.
    アタンデ ジュ ルガルドゥ モン ナジャンダ

- [ ] いいえ、特にありません。

    Non, je n'ai rien de spécial.
    ノン ジュ ネ リアン ドゥ スペスィアル

- [ ] 予定が入っています。

    Ah, je suis pris(prise).
    ア ジュ スュイ プリ（プリーズ）

- [ ] 夕食を一緒にいかがですか？

    Nous pourrions peut-être dîner
    ヌ プリオン プトゥトゥル ディネ
    ensemble ?
    アンサンブル

☐一緒に一杯飲みに行かない？	**On va prendre un verre ensemble ?** オン ヴァ プランドゥル アン ヴェール アンサンブル	
☐今度の土曜日、ゴッホ展に行きませんか？	**Si on allait voir l'exposition Van** スィ オン ナレ ヴワール レクスポズィスィオン ヴァン **Gogh, samedi ?** ゴグ サムディ	
☐いいですね!	**Oui, c'est une bonne idée !** ウィ セ テュヌ ボ ニデ **Volontiers !** ヴォロンティエ **Avec plaisir !** アヴェク プレズィール	

断る　　　　　　　　　　　　　　　　　　Disc 1 ／ 16

☐すみません、とても忙しいんです。	**Désolé(e), je suis très occupé(e).** デゾレ ジュ スュイ トゥレ ゾキュペ
☐またの機会に…。	**Ce sera pour une autre fois…** ス スラ プー リュ ノトゥル フワ

会う場所を決める　　　　　　　　　　　　Disc 1 ／ 17

☐どこで会いましょうか。	**Où est-ce qu'on se retrouve ?** ウ エ ス コン ス ルトゥルーヴ
☐どこで待ち合わせ？	**On se donne rendez-vous où ?** オン ス ドヌ ランデヴ ウ
☐西洋美術館の入り口で。	**À l'entrée du musée d'Art occidental.** ア ラントゥレ デュ ミュゼ ダール オクスィダンタル

第1章 あいさつ編

43

□ 新宿西口ではどうですか？	**À la sortie ouest de la gare de Shinjuku, ça vous va ?** ア ラ ソルティ ウェストゥ ドゥ ラ ガール ドゥ シンジュク サ ヴ ヴァ	
□ ええ、いいですよ。	**Oui, ça me va très bien.** ウィ サ ム ヴァ トゥレ ビアン **C'est bien.** セ ビアン	
□ 車で迎えに行きましょうか？	**Je passe vous prendre en voiture ?** ジュ パス ヴ プランドゥル アン ヴワテュール	
□ ありがとう、お願いします。	**Merci, je veux bien.** メルスィ ジュ ヴ ビアン	

会う日・時間を決める　　　　　　　　　　　Disc 1　18

□ 来週は空いていますか？	**Vous êtes libre la semaine prochaine ?** ヴ ゼトゥ リーブル ラ スメヌ プロシェヌ
□ 来週ならどの日でも大丈夫です。	**Si c'est la semaine prochaine, c'est possible n'importe quel jour.** スィ セ ラ スメヌ プロシェヌ セ ポスィーブル ナンポルトゥ ケル ジュール
□ いつならお暇ですか？	**Quand êtes-vous disponible ?** カン エトゥ ヴ ディスポニーブル
□ 土曜の午後は時間があります。	**Samedi après-midi, j'ai du temps.** サムディ アプレミディ ジェ デュ タン
□ 2日は無理ですが、3日なら大丈夫です。	**Le deux, je ne peux pas, mais si c'est le trois, c'est possible.** ル ドゥ ジュ ヌ プ パ メ スィ セ ル トゥルワ セ ポスィーブル

☐ 何時にしましょうか？	**On se voit à quelle heure ?**	
☐ 19 時はいかがですか。	**À dix-neuf heures, ça vous convient ?**	
☐ いいですよ。	**Oui, ça me convient.** **D'accord.**	
☐ できればもっと早い時間がいいのですが。	**Si c'est possible, je préférerais plus tôt.** ※もっと遅い　plus tard	
☐ 午後 1 時頃はどうですか？	**Vers une heure de l'après-midi, ça vous irait ?**	

約束に遅れる・キャンセルする　　Disc 1　19

☐ 何かあったら携帯に電話をしてください。	**Si vous avez un problème, téléphonez-moi sur mon portable.**
☐ 遅れそうだったら、ショートメッセージを送ってください。	**Envoyez un SMS, si vous êtes en retard.** ※フランスでは携帯電話でメールの代わりによく SMS を使います。
☐ すみません、ちょっと遅れます。	**Excusez-moi, je serai un peu en retard.**

第 1 章　あいさつ編

☐ 20分ほど遅れます。	**Je serai en retard d'à peu près vingt minutes.**
☐ 電車に乗り遅れてしまいました。	**J'ai raté mon train.**
☐ すみません、渋滞していて遅れました。	**Je suis désolé(e), je suis en retard à cause d'un embouteillage.**
☐ 具合が悪いので、今日はうかがえなくなりました。	**Aujourd'hui, je ne me sens pas très bien, alors je ne peux pas venir au rendez-vous.**
☐ 急に用事ができて、行けなくなってしまいました。	**Je ne peux pas venir à cause d'un imprévu.**

5 家に招く・訪問する

フランスでは家に招いたり、招かれたりすることが多いので、基本のフレーズを覚えておくと便利です。

招く・招かれる

家にお招きしたいのですが。	**Je voudrais vous inviter chez moi.**
今度の日曜のお昼、うちに食事にいらっしゃいませんか？	**Vous venez déjeuner à la maison dimanche ?**
今週の土曜日にパーティーをするんだけど、来る？	**Samedi, je fais une fête chez moi. Tu viens ?**
友達も連れて行っていい？	**Je peux venir avec un ami(une amie) ?**
何を持っていったらいい？	**Qu'est-ce que je peux apporter ?**
何もいらないよ！	**N'apporte rien !**
ワインを持っていくね。	**J'apporterai une bouteille de vin.**
早く行って手伝おうか？	**Je viens t'aider avant l'heure ?**

☐ アペリティフにいらっしゃいませんか。	Ça vous dirait de venir prendre l'apéritif ?
☐ 駅まで迎えに行きます。	Je viendrai vous chercher à la gare.

訪問する・迎える　　Disc 1　21

☐ こんにちは。	Bonjour.
☐ ようこそ！	Bienvenue !
☐ どうぞお上がりください。	Entrez, je vous en prie.
☐ よくおいでくださいました。	C'est vraiment gentil d'être venu(e).
☐ お招きいただきありがとうございます。	Je vous remercie de votre invitation.
☐ どうぞ、ちょっとしたお土産です。	Tenez, c'est juste un petit cadeau.
☐ どうぞおくつろぎください。	Faites comme chez vous, je vous en prie.
☐ どうぞおかけください。	Asseyez-vous, je vous en prie.

☐ いいお住まいですね!	**Vous avez une belle maison !** ヴ ザヴェ ユヌ ベル メゾン	
☐ 素敵なマンションですね。	**Il est bien, votre appartement.** イ レ ビアン ヴォトゥ ラパルトゥマン	
☐ 家の中を案内しましょうか？	**Vous voulez visiter ?** ヴ ヴレ ヴィズィテ	
☐ こちらが書斎です。	**Voici le bureau.** ヴワスィ ル ビュロ	
☐ すみません、お手洗いはどこですか？	**Excusez-moi, où sont les toilettes ?** エクスキュゼ ムワ ウ ソン レ トゥワレトゥ **Excusez-moi, où est-ce que je peux** エクスキュゼ ムワ ウ エ ス ク ジュ プ **me laver les mains ?** ム ラヴェ レ マン	

第1章 あいさつ編

Vocabulaire　部屋

応接間	**le salon** ル サロン		トイレ	**les toilettes** レ トゥワレトゥ
居間	**la salle de séjour** ラ サル ドゥ セジュール		廊下	**le couloir** ル クルワール
ダイニング	**la salle à manger** ラ サラ マンジェ		階段	**l'escalier** レスカリエ
寝室	**la chambre** ラ シャンブル		玄関	**l'entrée** ラントゥレ
浴室	**la salle de bains** ラ サル ドゥ バン		バルコニー	**le balcon** ル バルコン
台所	**la cuisine** ラ キュイズィヌ		庭	**le jardin** ル ジャルダン

もてなす・もてなしを受ける

□何かいかがですか？	**Vous prendrez bien quelque chose ?**
□飲み物は何になさいますか？	**Qu'est-ce que je vous offre à boire ?**
□ジュースをください。	**Je voudrais bien un jus de fruit.**
□食事にしましょう。	**Passons à table.**
□乾杯！	**À votre santé !**
□再会を祝して！	**À nos retrouvailles !**
□どうぞたくさん召し上がってください。	**Servez-vous bien.**
□お口に合うといいのですが。	**J'espère que vous apprécierez.**
□料理がお上手ですね！	**Vous cuisinez bien !**
□ワインをいかがですか？	**Vous voulez un peu de vin ?**
□いただきます。	**Oui, s'il vous plaît.**

□ 結構です。飲めないんです。	**Non, merci. Je ne supporte pas l'alcool.** ノン　メルスィ　ジュ ヌ　スュポルトゥ　パ　ラルコール	
□ もう少しいかがですか？	**Vous en prendrez encore un peu ?** ヴ　ザン　プランドゥレ　アンコー　ラン　プ	
□ もう十分にいただきました。	**Merci, j'ai très bien mangé.** メルスィ　ジェ トゥレ ビアン　マンジェ	
□ とてもおいしかったです。	**C'était délicieux.** セテ　　デリスィウ	
□ コーヒーをいかがですか。	**Vous voulez un café ?** ヴ　ヴレ　アン カフェ	

おいとまする・お見送りする　　　　　　　　Disc 1　23

□ すみません、そろそろ失礼します。	**Excusez-moi, mais je suis obligé(e)** エクスキュゼ　ムワ　メ ジュ スュイ ソブリジェ **de partir.** ドゥ パルティール
□ ご招待ありがとうございました。	**Je vous remercie de m'avoir invité(e).** ジュ ヴ　ルメルスィ ドゥ　マヴワー　ランヴィテ
□ おもてなしありがとうございました。	**Je vous remercie de votre accueil.** ジュ ヴ　ルメルスィ　ドゥ ヴォトゥ ラクウィユ
□ とても楽しかった！	**C'était très sympathique !** セテ　　トゥレ　　サンパティーク
□ おいでいただきありがとうございました。	**Je vous remercie d'être venu(e).** ジュ ヴ　ルメルスィ　デトゥル　ヴニュ

第1章　あいさつ編

51

☐ またおいでください。	**J'espère que vous reviendrez nous voir.** ジェスペール　ク　ヴ　ルヴィアンドゥレ　ヌ　ヴワール
☐ 駅までお送りします。	**Je vous raccompagne à la gare.** ジュ　ヴ　ラコンパーニュ　ア　ラ　ガール

第 2 章

日常生活編

日常生活を彩る家族との会話、掃除、洗濯など家事に関する表現、電話でのやり取り、天気や時刻の言い表し方を覚えましょう。生活を楽しむフランス人にとって、ヴァカンスをどう過ごすかは最大の関心事の一つです。余暇に関する表現にも親しみましょう。

1 毎日の出来事

朝起きてから夜寝るまで、毎日行う基本的な動作・行動を表現するフレーズを紹介します。

起きる　　　　　　　　　　　　　　　　　　　　Disc 1　24

- おはよう！
  Bonjour !
  ボンジュール

- 目を覚まして。
  Réveille-toi.
  レヴェイユ　トゥワ

- 起きているの？
  Tu es réveillé(e) ?
  テュ エ　レヴェイエ

- 起きて。
  Lève-toi.
  レーヴ　トゥワ

- もう7時半だよ。
  Il est déjà sept heures et demie.
  イ　レ　デジャ　セ　トゥー　レ　ドゥミ

- まだ眠いよ。
  J'ai encore sommeil.
  ジェ　アンコール　ソメイユ

- もう少し寝させて。
  Laisse-moi dormir encore un peu.
  レス　ムワ　ドルミール　アンコール　アン　プ

- 昨日の夜、寝るのが遅かったんだ。
  Je me suis couché(e) tard hier soir.
  ジュ ム　スュイ　クシェ　タール イエル スワール

- 寝すごした。
  Je ne me suis pas réveillé(e) à l'heure.
  ジュ ヌ　ム　スュイ パ　レヴェイエ　ア　ルール

□どうして起こしてくれなかったの？	**Pourquoi tu ne m'as pas réveillé(e) ?**
□目覚ましが鳴らなかった。	**Le réveil n'a pas sonné.**
□3時間しか寝ていないんだ。	**Je n'ai dormi que trois heures.**
□よく眠れた。	**J'ai bien dormi.**
□早起きだね。	**Tu es matinal(e).**
□いい夢を見た？	**Tu as fait de beaux rêves ?**
□こわい夢を見たよ。	**J'ai fait un cauchemar.**
□週末はゆっくり朝寝をします。	**Le week-end, je fais la grasse matinée.**

身支度をする　　　　　　　　　　　Disc 1　25

□シャワーを浴びて来よう。	**Je vais prendre une douche.**
□顔を洗って歯を磨いてすぐ行くよ。	**Je me lave la figure et les dents et j'arrive.**
□ひげを剃っているところだよ。	**Je suis en train de me raser.**

第2章　日常生活編

☐ 髪をとかそう。	**Je vais me coiffer.**	
☐ ドライヤーで髪を乾かさなきゃ。	**J'ai besoin d'un sèche-cheveux.**	
☐ お化粧をしなくちゃ。	**Je dois me maquiller.**	
☐ コンタクトをつけよう。	**Je vais mettre mes verres de contact.**	
☐ 誰かトイレを使っている？	**Quelqu'un est aux toilettes ?**	
☐ 早く服を着て。	**Dépêche-toi de t'habiller.**	
☐ 今日は何を着ていこうかな。	**Qu'est-ce que je vais mettre aujourd'hui ?**	

朝食をとる　　　　　　　　　　　　　　Disc 1　26

☐ 朝ごはんだよ。	**Le petit déjeuner est prêt.**
☐ 朝はあまり食欲がないんだ。	**Je n'ai pas très faim le matin.**
☐ 朝ごはんはいつも食べないんだ。	**Je ne prends jamais le petit déjeuner.**

- ☐ 朝はタルティーヌとカフェオレです。

  Le matin, je prends des tartines et un café au lait.
  ※タルティーヌはスライスしたバゲットにバターやジャムを塗ったものです。

- ☐ 朝ごはんは、シリアルと果物だけです。

  Au petit déjeuner, je ne prends que des céréales et des fruits.

- ☐ コーヒーをいれてもらえる?

  Tu peux me faire un café ?

出かける　　　Disc 1　27

- ☐ 急がないと遅れそうだ。

  Si je ne me dépêche pas, je vais être en retard.

- ☐ 何時頃帰るの?

  Tu rentres vers quelle heure ?

- ☐ いつも通りだよ。

  Comme d'habitude.

- ☐ 今晩は早く帰るよ。

  Je rentrerai tôt ce soir.

- ☐ 遅くなるかもしれない。

  Il est possible que je rentre tard.

☐	遅くなるようだったら、メールするよ。	**Je t'envoie un mail si je rentre tard.** ジュ タンヴワ アン メイル スィ ジュ ラントゥル タール
☐	忘れ物はない？	**Tu n'oublies rien ?** テュ ヌブリ リアン
☐	全部持ったよ。	**J'ai toutes mes affaires.** ジェ トゥトゥ メ ザフェール
☐	傘を持って行った方がいいよ。	**Il vaut mieux que tu prennes ton** イル ヴォ ミゥ ク テュ プレヌ トン **parapluie.** パラプリュイ
☐	行ってきます(じゃ、行くよ)。	**Bon, j'y vais.** ボン ジ ヴェ
☐	行ってらっしゃい！(じゃ、今晩ね。よい一日を!)	**À ce soir ! Bonne journée !** ア ス スワール ボヌ ジュルネ ※フランス語には「行ってきます」「行ってらっしゃい」に当たる決まった表現はありません。

帰宅する・出迎える　　　Disc 1 [28

☐	ただいま(私です)!	**C'est moi !** セ ムワ
☐	お帰りなさい(あなたね。元気?)。	**Ah, te voilà. Ça va ?** ア トゥ ヴワラ サ ヴァ ※フランス語には「ただいま」「お帰りなさい」に当たる決まった表現はありません。
☐	早かったね。	**Tu rentres tôt.** テュ ラントゥル ト ※tard 遅い

□残業しなきゃいけなかったんだ。	**J'ai dû faire des heures supplémentaires.**	
□今日一日うまくいった？	**Ça s'est bien passé aujourd'hui ?**	
□とても忙しかったよ。	**La journée était très chargée.**	
□疲れた!	**Je suis fatigué(e) !**	
□お腹が空いた!	**J'ai faim !**	

夕食をとる　　Disc 1 29

□いい匂いだね!	**Ça sent bon !**
□夕ごはんは何?	**Qu'est-ce qu'on mange ce soir ?**
□今夜はポトフ。	**Ce soir, c'est du pot-au-feu.**
□どれくらいでできるの？	**C'est prêt dans combien de temps ?**
□あと20分だよ。	**Dans vingt minutes.**
□2時間煮込みます。	**Je fais mijoter pendant deux heures.**

☐ 焦げてるよ!	**C'est en train de brûler !** セ タン トゥラン ドゥ ブリュレ	
☐ お湯が沸いてるよ!	**L'eau bout !** ロ ブー	
☐ ガスを止めて!	**Éteins le gaz !** エタン ル ガーズ	
☐ テーブルの用意をしてもらえる?	**Tu veux bien mettre la table ?** テュ ヴ ビアン メトゥル ラ ターブル	
☐ 夕ごはんだよ!	**Le dîner est servi !** ル ディネ エ セルヴィ	
☐ いま行くよ!	**J'arrive !** ジャリーヴ	
☐ いただきます!（たくさん召し上がれ!）	**Bon appétit !** ボ ナペティ ※フランス語には「いただきます」に当たる決まった表現はありません。	
☐ 美味しい!	**C'est bon !** セ ボン	
☐ 塩を取ってちょうだい。	**Passe-moi le sel, s'il te plaît.** パス ムワ ル セル スィル トゥ プレ	
☐ のどが渇いた。	**J'ai soif.** ジェ スワフ	
☐ お水ちょうだい。	**De l'eau, s'il te plaît.** ドゥ ロ スィル トゥ プレ	

☐ ごちそうさま(とてもおいしかった)。	**C'était très bon.** セテ トゥレ ボン	

※フランス語には「ごちそうさま」に当たる決まった表現はありません。

くつろぐ・寝る　　　　　　　　　　　　Disc 1 　30

☐ テレビで何かいい番組ある？
Il y a une émission intéressante à la télé ?
イリア ユ ネミスィオン アンテレサントゥ ア ラ テレ

☐ 3チャンネルでいい映画をやるよ。
Il y a un bon film sur la 3.
イリア アン ボン フィルム スュル ラ トゥルワ

☐ チャンネルを替えてもいい？
Je peux changer de chaîne ?
ジュ プ シャンジェ ドゥ シェヌ

☐ 新聞はどこ？
Où est le journal ?
ウ エ ル ジュルナル

☐ お風呂に入ろう。
Je vais prendre un bain.
ジュ ヴェ プランドゥル アン バン

☐ お風呂は空いている?
La salle de bains est libre ?
ラ サル ドゥ バン エ リーブル

☐ お父さんが入っているよ。
Papa est dans la salle de bains.
パパ エ ダン ラ サル ドゥ バン

☐ もう寝るよ。
Je vais me coucher.
ジュ ヴェ ム クシェ

☐ くたくただ。
Je suis mort(morte) de fatigue.
ジュ スュイ モール(モルトゥ) ドゥ ファティグ

☐ 明日は何時に起きるの？
À quelle heure te lèves-tu demain ?
ア ケ ルール トゥ レーヴ テュ ドゥマン

第2章　日常生活編

- ☐ 目覚ましを6時にかけて。　**Mets le réveil à six heures, s'il te plaît.**
- ☐ 電気を消して。　**Éteins la lampe, s'il te plaît.**
- ☐ おやすみなさい。　**Bonne nuit.**

Vocabulaire

時の表現 1

朝	matin	昼・日中	jour / journée
今朝	ce matin	夕方、晩	soir / soirée
午前中	matinée	今晩	ce soir
午後	après-midi	夜	nuit
今日の午後	cet après-midi	今夜、昨夜	cette nuit

時の表現 2

週	semaine	日	jour
月	mois	時	heure
年	an / année	分	minute
世紀	siècle	秒	seconde

Vocabulaire 時の表現3

一昨日	**avant-hier** アヴァンティエール	明日	**demain** ドゥマン
昨日	**hier** イエール	明後日	**après-demain** アプレドゥマン
今日	**aujourd'hui** オジュルデュイ		

家事をする

Disc 1　31

□ うちは共働きなので、家事を分担しています。

Chez nous, on travaille tous les deux,
シェ　ヌ　オン トゥラヴィユ トゥ　レ　ドゥ
alors on partage les tâches ménagères.
アロール オン パルタジュ レ　タシュ　メナジェール

□ 仕事と家事の両立は大変ではありませんか？

N'est-ce pas difficile de concilier le
ネ　ス　パ ディフィスィル ドゥ コンスィリエ ル
travail et les tâches ménagères ?
トゥラヴィユ エ　レ　タシュ　メナジェール

□ 週末は夫が子供たちの面倒を見ます。

Le week-end, mon mari s'occupe
ル　ウィケンド　モン　マリ　ソキュプ
des enfants.
デ　ザンファン

□ 手伝おうか？

Je peux t'aider ?
ジュ プ　テデ

□ 毎朝洗濯をします。

Je fais la lessive chaque matin.
ジュ フェ ラ レスィーヴ シャク　マタン

□ ハンガーを持ってきて。

Apporte-moi des cintres.
アポルトゥ　ムワ　デ　サントゥル

第2章　日常生活編

☐	今日は洗濯日和です。	**Aujourd'hui, c'est un temps idéal pour faire la lessive.**
☐	ベランダに洗濯物を干します。	**Je vais étendre le linge dans la véranda.**
☐	部屋干しにします。	**Je fais sécher le linge à l'intérieur.**
☐	洗濯物を取り込んで。	**Rentre le linge, s'il te plaît.**
☐	洗濯物をたたみます。	**Je plie le linge.**
☐	ブラウスにアイロンをかけます。	**Je vais repasser ce chemisier.**
☐	寝室の掃除をしなきゃ。	**Je dois faire le ménage dans ma chambre.**
☐	ベッドメーキングをしなきゃ。	**Je dois faire mon lit.**
☐	応接間に掃除機をかけるよ。	**Je vais passer l'aspirateur dans le salon.**
☐	窓拭きをしよう。	**On va faire les vitres.**

□お風呂掃除をしてくれる？	Tu peux nettoyer la baignoire, s'il te plaît ?
□トイレ掃除をして。	Nettoie les toilettes, s'il te plaît.
□毎朝、家族みんなの弁当を作ります。	Chaque matin, je prépare des obento pour toute la famille.
□今夜は何を食べたい？	Qu'est-ce que tu veux manger ce soir ?
□夕食、何を作ろうかな？	Qu'est-ce que je vais préparer pour le dîner ?
□片付けて。	Je te laisse débarrasser.
□食器を洗ってもらえる？	Tu peux faire la vaisselle ?
□ごみを出して。	Sors la poubelle, s'il te plaît.
□ごみの分別をきちんとしています。	On trie soigneusement les ordures en différentes catégories.

※可燃ゴミ　les ordures combustibles
　不燃ゴミ　les ordures non-combustibles

第2章　日常生活編

- ☐ 公園に犬の散歩に行きます。 **Je vais au parc promener le chien.**
  ジュ ヴェ オ パルク プロムネ ル シアン

- ☐ 猫にえさをやるのを忘れないで。 **N'oublie pas de donner à manger au chat.**
  ヌブリ パ ドゥ ドネ ア マンジェ オ シャ

- ☐ 花に水をやります。 **Je vais arroser les fleurs.**
  ジュ ヴェ アロゼ レ フルール

日時と天気

日常会話でよく話題になる時間と天気についての基本フレーズを紹介します。

日時について

□ 今日は何日ですか？	**Nous sommes le combien, aujourd'hui ?**
□ 1月15日です。	**C'est le quinze janvier.**
□ 今日は何曜日ですか？	**On est quel jour, aujourd'hui ?**
□ 月曜日です。	**C'est lundi.**
□ いま何時ですか？	**Quelle heure est-il ?**
□ 1時です。	**Il est une heure.**
□ もうすぐ正午です。	**Il est presque midi.**
□ 何時か分かりますか？	**Vous avez l'heure ?**
□ 私の時計では5時です。	**À ma montre, il est cinq heures.**

Vocabulaire 時刻

正午	**midi** ミディ
真夜中	**minuit** ミニュイ
午前の	**du matin** デュ マタン
午前8時	**huit heures du matin** ユイ トゥール デュ マタン
午後の	**de l'après-midi** ドゥ ラプレミディ
午後1時	**une heure de l'après-midi** ユ ヌール ドゥ ラプレミディ
夜の	**du soir** デュスワール
夜の8時	**huit heures du soir** ユイ トゥール デュ スワール

☐ 私の腕時計は5分進んでいます。
Ma montre avance de cinq minutes.
マ モントゥル アヴァンス ドゥ サンク ミニュトゥ

☐ この時計は5分遅れています。
Cette pendule retarde de cinq minutes.
セトゥ パンデュル ルタルドゥ ドゥ サンク ミニュトゥ

☐ 彼女は何時ごろ来ますか？
Elle viendra vers quelle heure ?
エル ヴィアンドゥラ ヴェール ケ ルール

☐ 9時ごろ来ます。
Elle viendra vers neuf heures.
エル ヴィアンドゥラ ヴェール ヌ ヴール

☐ 彼は何年に生まれたのですか？
Il est né en quelle année ?
イ レ ネ アン ケ ラネ

☐ 1970年生まれです。
Il est né en mil neuf cent soixante-dix.
イ レ ネ アン ミル ヌフ サン スワサントゥディス

☐ 誕生日はいつですか？
C'est quand, votre anniversaire ?
セ カン ヴォトゥ ラニヴェルセール

☐ 12月31日です。	**C'est le trente et un décembre.**
☐ いつフランスに出発しますか？	**Vous partez quand pour la France ?**
☐ 3日後です。	**Je pars dans trois jours.**

Vocabulaire

時刻の表現の仕方には、一般的に使う12時間制と電車などの発着時刻を言う場合の24時間制があります。いずれも〜時…分を〜 heure (s) …（〜に時間、…に分を示す数詞を入れ、分を意味する「minute(s)」は省略）のように言います。12時間制では15分は quart、30分は demie、45分は moins le quart と言います。また、30分以降は次の時刻の〜分前という言い方をします。

時刻（12時間制）

1時	**une heure**	1時35分	**deux heures moins vingt-cinq**
1時1分	**une heure une**	1時45分	**deux heures moins le quart**
1時5分	**une heure cinq**		
1時15分	**une heure et quart**	2時	**deux heures**
1時半	**une heure et demie**		

時刻（24時間制）

13時15分	**treize heures quinze**	13時35分	**treize heures trente-cinq**
13時30分	**treize heures trente**	13時45分	**treize heures quarante-cinq**

☐ 2月です。	**Je pars en février.** ジュ パール アン フェヴリエ	
☐ 3月6日に出発します。	**Je pars le six mars.** ジュ パール ル スィ マルス	
☐ いつフランスから帰ったのですか？	**Vous êtes rentré(e) de France quand ?** ヴ ゼトゥ ラントゥレ ドゥ フランス カン	
☐ 1週間前に帰りました。	**Je suis rentré(e) il y a huit jours.** ジュ スュイ ラントゥレ イリア ユイ ジュール	
☐ 時間がありますか？	**Vous avez le temps ?** ヴ ザヴェ ル タン	
☐ 時間がありません。	**Je n'ai pas le temps.** ジュ ネ パ ル タン	
☐ 時間が経つのは本当に早い!	**Que le temps passe vite !** ク ル タン パス ヴィトゥ	

Vocabulaire — 月日

le premier janvier（1月1日）のように日付には le をつけます。1日だけ序数詞（premier）を用いますが、2日からは le deux, le trois…と、基本の数詞を使います。「～月に」というときには、en janvier のように en を月の名の前につけます。

1月	**janvier** ジャンヴィエ	7月	**juillet** ジュイエ
2月	**février** フェヴリエ	8月	**août** ウトゥ
3月	**mars** マルス	9月	**septembre** セプタンブル
4月	**avril** アヴリル	10月	**octobre** オクトブル
5月	**mai** メ	11月	**novembre** ノヴァンブル
6月	**juin** ジュアン	12月	**décembre** デサンブル

曜日

※定冠詞を付けると、「毎～曜日に」の意味になります（毎月曜日に：le lundi）。

月曜日	**lundi** ランディ	金曜日	**vendredi** ヴァンドゥルディ
火曜日	**mardi** マルディ	土曜日	**samedi** サムディ
水曜日	**mercredi** メルクルディ	日曜日	**dimanche** ディマンシュ
木曜日	**jeudi** ジュディ		

四季

春	**le printemps** ル　プランタン	秋	**l'automne** ロトヌ
春に	**au printemps** オ　プランタン	秋に	**en automne** アン　ノトヌ
夏	**l'été** レテ	冬	**l'hiver** リヴェール
夏に	**en été** アン　ネテ	冬に	**en hiver** アン　ニヴェール

第2章　日常生活編

天気について

今日はどんな天気ですか？	**Quel temps fait-il aujourd'hui ?** ケル　タン　フェ ティル オジュルデュイ
いい天気です。	**Il fait beau.** イル フェ　ボ
気温は何度ですか？	**Combien fait-il ?** コンビアン フェ ティル
25度です。	**Il fait vingt-cinq degrés.** イル フェ ヴァントゥサンク ドゥグレ
明日の天気はどうですか？	**Il va faire quel temps demain ?** イル ヴァ フェール ケル　タン　　ドゥマン
寒くなるようです。	**Il va faire froid.** イル ヴァ フェール フルワ
予報では週末の天気はどうですか？	**Qu'est-ce que la météo annonce pour ce week-end ?** ケ　ス　ク　ラ　メテオ　アノンス プール ス ウィケンドゥ
とても暑くなるようです。	**Il fera très chaud.** イル フラ トゥレ ショ
気温は30度になるでしょう。	**La température atteindra trente degrés.** ラ　タンペラテュール　アタンドゥラ トゥラントゥ ドゥグレ

□東京は雨です。	**Il pleut à Tokyo.** イル プル ア トキョ	
□梅雨です。	**C'est la saison des pluies.** セ ラ セゾン デ プリュイ	
□台風が近づいています。	**Il y a un typhon qui arrive.** イリア アン ティフォン キ アリーヴ	

Vocabulaire — 天気

天気がいい。	**Il fait beau.** イル フェ ボ	風がある。	**Il y a du vent.** イリア デュ ヴァン
天気が悪い。	**Il fait mauvais.** イル フェ モヴェ	暑い。	**Il fait chaud.** イル フェ ショ
気持ちのいい天気だ。	**Il fait bon.** イル フェ ボン	蒸し暑い。	**Il fait chaud et humide.** イル フェ ショ エ ユミドゥ
穏やかな天気だ。	**Il fait doux.** イル フェ ドゥー	寒い。	**Il fait froid.** イル フェ フルワ
日が照っている。	**Il y a du soleil.** イリア デュ ソレイユ	涼しい。	**Il fait frais.** イル フェ フレ
曇っている。	**Il fait gris.** イル フェ グリ	湿度が高い。	**Il fait humide.** イル フェ ユミドゥ
雨が降っている。	**Il pleut.** イル プル	乾燥している。	**Il fait sec.** イル フェ セク
雪が降っている。	**Il neige.** イル ネージュ		

第2章 日常生活編

3 電話（通信）

電話、パソコンに関するフレーズを覚えておくと、毎日の生活にとても役立ちます。

電話をかける　　Disc 1　34

もしもし!	**Allô !** アロ
もしもし、ジャン？ポールだけど。	**Allô, Jean ? C'est Paul.** アロ　ジャン　セ　ポル
ジャン・モローさんのお宅ですか？	**Je suis bien chez Monsieur Jean Moreau ?** ジュスュイ ビアン シェ ムスィウ ジャン モロ
モローさんをお願いします。	**Je voudrais parler à Monsieur Moreau.** ジュ ヴドゥレ　パルレ ア　ムスィウ　モロ
モローさんはいらっしゃいますか？	**Monsieur Moreau est-il là ?** ムスィウ　モロ　エ ティル ラ
夜分遅くに申し訳ありません。	**Je suis désolé(e) de vous appeler si tard.** ジュスュイ デゾレ　ドゥ ヴ　ザプレ スィ タール ※朝早く si tôt
話し中だ。	**Ça sonne occupé.** サ　ソヌ　オキュペ
出ないね。	**Ça ne répond pas.** サ ヌ　レポン　パ

74

電話を受ける　　　　　　　　　　　　　　　Disc 1　35

- □ 電話が鳴っている！出て！
  Le téléphone sonne ! Réponds, s'il te plaît !

- □ もしもし？
  Allô ?

- □ はい、私です。
  Oui, c'est moi-même.

- □ どちら様ですか？
  C'est de la part de qui ?

- □ ジャンに代わります。
  Je vous passe Jean.

- □ 彼女に代わります。
  Je vous la passe.

- □ そのままお待ちください。
  Ne quittez pas, je vous prie.

不在を伝える　　　　　　　　　　　　　　　Disc 1　36

- □ ジャンはいま留守にしています。
  Jean n'est pas là en ce moment.

- □ 10分ほどで戻るはずです。
  Il sera là dans dix minutes environ.

- □ 後ほどかけ直していただけますか？
  Pourriez-vous rappeler plus tard ?

第2章　日常生活編

☐ 何か伝言はありますか？	**Voulez-vous lui laisser un message ?**
☐ 彼から折り返し電話をかけさせましょうか？	**Voulez-vous qu'il vous rappelle ?**
☐ 番号を教えていただけますか？	**Pourriez-vous me donner votre numéro ?**
☐ 電話があったことを伝えます。	**Je lui dirai que vous avez appelé.**

相手が不在の場合　　　　　　　　　　Disc 1　37

☐ 何時ごろ戻りますか？	**Il sera là vers quelle heure ?**
☐ 1時間後にかけ直します。	**Je rappellerai dans une heure.**
☐ 岡田がお電話したとお伝えいただけますか？	**Pourriez-vous lui dire que Monsieur Okada a appelé ?**
☐ 携帯に電話をくださるようお伝えいただけますか？	**Pourriez-vous lui dire de me rappeler sur mon portable ?**

□私の番号は 06 21 53 46 89 です。	**Mon numéro, c'est le zéro six, vingt et un, cinquante-trois, quarante-six, quatre-vingt-neuf.**

電話を切る Disc 1 38

□それでは、失礼します。	**Bon, alors, au revoir.**
□お電話、ありがとうございました。	**Je vous remercie de votre appel.**
□さっきリシャールさんから電話がありました。	**Monsieur Richard vous a appelé tout à l'heure.**
□ポールから電話があったよ。	**Tu as eu un coup de fil de Paul.**

間違い電話・トラブル・留守番電話 Disc 1 39

□お間違いのようです。	**Vous faites erreur.**
□何番におかけですか？	**Quel numéro demandez-vous ?**
□すみません、番号を間違えたようです。	**Excusez-moi, je me suis trompé de numéro.**

□よく聞き取れないのですが。	**Je ne vous entends pas très bien.** ジュ ヌ ヴ ザンタン パ トゥレ ビアン
□もう少し大きな声で話していただけませんか？	**Pourriez-vous parler un peu plus fort, s'il vous plaît ?** プリエ ヴ パルレ アン プ プリュ フォール スィル ヴ プレ
□もう少しゆっくり話していただけませんか？	**Pourriez-vous parler un peu plus lentement ?** プリエ ヴ パルレ アン プ プリュ ラントゥマン
□おかけになった番号は現在使われておりません。	**Le numéro que vous avez demandé n'est pas en service actuellement.** ル ニュメロ ク ヴ ザヴェ ドゥマンデ ネ パ ザン セルヴィス アクチュエルマン
□ただいま留守にしております。発信音の後、ご用件をお話しください。	**Je ne suis pas là pour le moment, mais vous pouvez laisser un message après le signal sonore. Merci.** ジュ ヌ スュイ パ ラ プール ル モマン メ ヴ プヴェ レセ アン メサージュ アプレ ル スィニャル ソノール メルスィ
□ポール・リシャールです。折り返しお電話をお願いいたします。	**Ici, Paul Richard. Je vous remercie de me rappeler.** イスィ ポル リシャール ジュ ヴ ルメルスィ ドゥ ム ラプレ

携帯電話・パソコン　　　　Disc 1　40

□携帯を変えたいです。	**Je voudrais changer de portable.** ジュ ヴドゥレ シャンジェ ドゥ ポルタブル

☐ どんな料金プランがありますか？	**Quelles formules y a-t-il ?**	
☐ 49ユーロの定額タイプにしました。	**J'ai pris un forfait de quarante-neuf euros.**	
☐ 5時間かけられます。	**Cela me permet d'avoir cinq heures de communication.**	
☐ 月額制の方が便利です。	**C'est plus commode de prendre un abonnement mensuel.**	
☐ 1年間は契約を解除することができません。	**On ne peut pas résilier le contrat avant un an.**	
☐ 今月は定額を超えてしまった。	**Ce mois-ci, j'ai explosé mon forfait.**	
☐ ラップトップを買いました。	**J'ai acheté un ordinateur portable.**	
☐ 友達にメールを送ります。	**J'envoie des mails à mes amis.**	
☐ 友達とチャットをします。	**Je chatte avec mes amis.**	
☐ インターネットをよく使います。	**J'utilise souvent Internet.**	

第2章 日常生活編

☐	インターネットで映画を見ます。	**Je regarde des films sur Internet.**
☐	ネットサーフィンをします。	**Je surfe sur Internet.**
☐	どんなサイトを見ますか？	**Quels sites visitez-vous ?**
☐	ルーブル美術館の公式サイトで、作品を高画質で見ています。	**Sur le site officiel du musée du Louvre, je regarde des œuvres en haute définition.**
☐	ユーチューブでよくアニメを見ます。	**Je regarde souvent des dessins animés sur You Tube.**
☐	インターネットで洋服を買いました。	**J'ai acheté un vêtement sur Internet.**
☐	ブログを始めます。	**Je vais créer mon blog.**
☐	ブログを更新します。	**Je mets mon blog à jour.**
☐	コンピューターがまったく駄目です。	**Je suis complètement nul(nulle) en informatique.**

4 郵便局・銀行

フランス旅行中や滞在中は、銀行や郵便局に行くこともあるはずです。

郵便局　　　　　　　　　　　　　　　Disc 1　41

□ フランス国内でハガキを送るのにいくらかかりますか？

Ça coûte combien pour envoyer une carte en France ?
サ クトゥ コンビアン プー ランヴワイエ ユヌ カルトゥ アン フランス

□ この手紙にはいくらの切手を貼ったらいいですか？

À combien je dois affranchir cette lettre ?
ア コンビアン ジュ ドゥワ アフランシール セトゥ レトゥル

□ 50セントの切手を5枚ください。

Je voudrais cinq timbres à cinquante centimes.
ジュ ヴドゥレ サンク タンブル ラ サンカントゥ サンティーム

□ 切手シート1枚ください。

Donnez-moi un carnet de timbres, s'il vous plaît.
ドネ ムワ アン カルネ ドゥ タンブル スィル ヴ プレ

□ 記念切手はありますか？

Avez-vous des timbres de collection ?
アヴェ ヴ デ タンブル ドゥ コレクスィオン

□ この手紙を書留でお願いします。

Je voudrais envoyer cette lettre en recommandé, s'il vous plaît.
ジュ ヴドゥレ アンヴワィエ セトゥ レトゥル アン ルコマンデ スィル ヴ プレ

第2章　日常生活編

81

☐ 5番窓口に行ってください。	**Allez au guichet cinq, s'il vous plaît.**	アレ オ ギシェ サンク スィル ヴ プレ
☐ 小包を速達でお願いします。	**Je voudrais envoyer ce colis en exprès.**	ジュ ヴドゥレ アンヴワイエ ス コリ アン ネクスプレス
☐ この大きさの小包は受け付けてもらえますか？	**Vous acceptez les paquets de cette taille ?**	ヴ ザクセプテ レ パケ ドゥ セトゥ タイユ
☐ 国内ですか、外国ですか？	**Métropole ou étranger ?**	メトゥロポル ウ エトゥランジェ
☐ 日本宛です。	**C'est pour le Japon.**	セ プール ル ジャポン
☐ 税関申告用紙に記入してください。	**Remplissez une étiquette de déclaration de douane.**	ランプリセ ユ ネティケトゥ ドゥ デクララスィオン ドゥ ドゥワーヌ
☐ 何が入っていますか？	**Quel est le contenu ?**	ケ レ ル コントゥニュ
☐ 贈り物だけです。	**C'est juste un cadeau.**	セ ジュス タン カド
☐ これを航空便で送りたいのですが。	**Je voudrais envoyer ceci par avion.**	ジュ ヴドゥレ アンヴワイエ ススィ パ ラヴィオン
☐ エコノミー便ですか、通常便ですか。	**En tarif économique ou prioritaire ?**	アン タリフ エコノミク ウ プリオリテール

□船便だと日本までどのくらいかかりますか？	**Il faut combien de temps pour un colis par bateau pour le Japon ?**
□私宛の郵便物はありませんか？	**Il y a du courrier pour moi ?**
□不在通知を受け取りました。	**J'ai reçu un avis de réception.**
□小包の再配達をお願いできますか？	**Pourriez-vous livrer à nouveau le colis ?**
□管理人さんに預けていただけますか？	**Pourriez-vous le confier au concierge ?**

銀行 　　Disc 1　42

□口座を開設したいのですが。	**Je voudrais ouvrir un compte.**
□どの口座をお考えですか？	**Quel type de compte vous intéresse ?**
□当座預金です。	**Un compte courant.**
□普通預金にどのようなものがあるか教えていただきたいのですが。	**Je voudrais savoir ce que vous avez comme compte d'épargne.**

☐ こちらが口座開設申し込み用紙です。	**Voici le formulaire d'ouverture de compte.** ヴワスィル フォルミュレール ドゥヴェルテュール ドゥ コントゥ
☐ 身分証明書と居住証明が必要です。	**Il faut une pièce d'identité et un justificatif de domicile.** イルフォ ユヌ ピエス ディダンティテ エ アン ジュスティフィカティフ ドゥ ドミスィル
☐ キャッシュカードはいつ受け取れますか？	**Quand vais-je recevoir ma carte bancaire ?** カン ヴェ ジュ ルスヴワール マ カルトゥ バンケール
☐ 口座にいくらお入れになりたいのですか？	**Vous voulez mettre combien sur votre compte ?** ヴ ヴレ メトゥル コンビアン スュル ヴォトゥル コントゥ
☐ 1000ユーロを普通預金に入れたいのですが。	**Je voudrais mettre mille euros sur mon compte d'épargne.** ジュ ヴドゥレ メトゥル ミ ルーロ スュル モン コントゥ デパルニュ
☐ 家賃の支払いを自動引き落としにすることはできますか？	**Pour payer mon loyer, est-ce que je pourrais autoriser le prélèvement automatique ?** プール ペイエ モン ルワイエ エ ス ク ジュ プレ オトリゼ ル プレレヴマン オトマティーク

- ☐ 2000 ユーロを日本に送金したいのですが。

  Je voudrais envoyer deux mille euros au Japon.
  ジュ ヴドゥレ アンヴワィエ ドゥ ミ ルーロ オ ジャポン

- ☐ 日本からの送金は受けられますか？

  Est-ce qu'on peut recevoir de l'argent depuis le Japon ?
  エス コン プ ルスヴワール ドゥ ラルジャン ドゥピュイル ジャポン

- ☐ 振込みをしたいのですが。

  Je voudrais faire un virement.
  ジュ ヴドゥレ フェール アン ヴィールマン

- ☐ この小切手を現金に換えたいのですが。

  Je voudrais encaisser ces chèques, s'il vous plaît.
  ジュ ヴドゥレ アンケセ セ シェーク スィル ヴ プレ

- ☐ ATM でお金を引き出したいのですが。

  Je voudrais retirer de l'argent dans un distributeur.
  ジュ ヴドゥレ ルティレ ドゥ ラルジャン ダン ザン ディストゥリビュトゥール

- ☐ ATM の操作が分かりません。

  Je ne comprends pas comment utiliser le guichet automatique.
  ジュ ヌ コンプラン パ コマン ユティリゼ ル ギシェ オトマティク

  ※un distributeur, un guichet automatique のどちらも ATM を意味します。

- ☐ キャッシュカードが ATM から出てきません。

  Ce guichet automatique a avalé ma carte bancaire.
  ス ギシェ オトマティク ア アヴァレ マ カルトゥ バンケール

両替

□この 100 ユーロ札を細かくしていただきたいのですが。	**Pouvez-vous me faire la monnaie de ce billet de cent euros ?**
□円をユーロに両替したいのですが。	**Je voudrais changer des yens en euros.**
□トラベラーズチェックを両替したいのですが。	**Je voudrais changer des chèques de voyage.**
□ここにサインをしていただけますか？	**Voudriez-vous signer ici, s'il vous plaît ?**
□手数料はいくらですか？	**Quelle est la commission ?**

5 余暇・休日について話す

余暇に関する表現を覚えて会話に花を咲かせましょう。

余暇　　　　　　　　　　　　　　　　　　　　Disc 1　44

□暇なときは何をしますか？
Qu'est-ce que vous faites, quand vous avez du temps libre ?
ケ　ス　ク　ヴ　フェトゥ　カン　ヴ　ザヴェ　デュ　タン　リーブル

□友達と会います。
Je rencontre des ami(e)s.
ジュ ランコントゥル　デ　ザミ

□いつも家でゆっくりしています。
Je reste toujours à la maison.
ジュ レストゥ　トゥジュール　ア ラ　メゾン

□読書をして過ごします。
Je passe mon temps à lire.
ジュ　パス　モン　タン　ア リール

□レンタルしたDVDを見ます。
Je regarde les DVD que j'ai loués.
ジュ ルガルドゥ　レ　デヴェデ　ク　ジェ　ルエ

□テレビゲームをします。
Je fais des jeux vidéo.
ジュ フェ　デ　ジュ　ヴィデオ

□テレビで連続ドラマを見ます。
Je regarde un feuilleton à la télé.
ジュ ルガルドゥ　アン　フゥィユトン　ア ラ　テレ

※ニュース　les informations
バラエティーショー　une émission de variétés
料理番組　une émission sur la cuisine

□ドライブをします。
Je fais une balade en voiture.
ジュ フェ　ユヌ　バラドゥ　アン ヴワチュール

第2章　日常生活編

87

Vocabulaire 外出場所

コンサートに	**au concert** オ コンセール	喫茶店に	**au café** オ カフェ
芝居に	**au théâtre** オ テアトル	カラオケに	**au karaoké** オ カラオケ
美術館に	**au musée** オ ミュゼ	クラブに	**en boîte** アン ブワトゥ
本屋に	**à la librairie** ア ラ リブレリ	プールに	**à la piscine** ア ラ ピスィヌ
レストランに	**au restaurant** オ レストラン	スケートに	**à la patinoire** アーラ パティヌワール

☐ 公園へ散歩に出かけます。

Je vais me promener au parc.
ジュ ヴェ ム プロムネ オ パルク

☐ 映画に行きます。

Je vais au cinéma.
ジュ ヴェ オ スィネマ

☐ 趣味に時間を割きます。

Je fais mes activités préférées.
ジュ フェ メ ザクティヴィテ プレフェレ

☐ 毎週水曜日の夜、英語のレッスンを受けています。

Je prends des cours d'anglais le
ジュ プラン デ クール ダングレ ル
mercredi soir.
メルクルディ スワール

☐ ジムに週に2回通っています。

Je vais au club de gym deux fois
ジュ ヴェ オ クルブ ドゥ ジム ドゥ フワ
par semaine.
パル スメヌ

☐ 月に1回、病気の子供たちのところでボランティアをしています。	**Je fais du bénévolat auprès des enfants malades, une fois par mois.**

Vocabulaire — 頻度

よく	**souvent**	週に1回	**une fois par semaine**
ときどき	**de temps en temps**	月に1回	**une fois par mois**
たまに	**rarement**	年に1回	**une fois par an**
日に1回	**une fois par jour**		

趣味

Disc 1　45

☐ 趣味は何ですか？	**Quel est votre passe-temps favori ?**
☐ 読書です。	**C'est la lecture.**
☐ 何をするのが好きですか？	**Qu'est-ce que vous aimez faire ?**
☐ 音楽を聴くのが好きです。	**J'aime écouter de la musique.**
☐ 庭の手入れをするのが好きです。	**J'aime bien faire du jardinage.**

Vocabulaire — 趣味

写真	de la photo ドゥ ラ フォト	ショッピング	des courses / デ クルス
絵	de la peinture ドゥ ラ パンテュール		du shopping デュ ショッピング
音楽	de la musique ドゥ ラ ミュズィク	編み物	du tricot デュ トゥリコ
料理	de la cuisine ドゥ ラ キュイズィヌ	スポーツ	du sport デュ スポール
日曜大工	du bricolage デュ ブリコラージュ		

□ スポーツは何をしているんですか？

Qu'est-ce que vous faites comme sport ?
ケ ス ク ヴ フェトゥ コム スポール

□ テニスです。

Je fais du tennis.
ジュ フェ デュ テニス
※ ウォーキング de la marche　サイクリング du vélo
　ダンス de la danse　登山 de la montagne

□ ゴルフをします。

Je joue au golf.
ジュ ジュ オ ゴルフ
※ サッカー au football　スカッシュ au squash

□ 楽器を何かなさっていますか？

Est-ce que vous jouez d'un instrument ?
エ ス ク ヴ ジュエ ダン ナンストゥリュマン

□ バイオリンをやっています。

Je joue du violon.
ジュ ジュ デュ ヴィオロン
※ ピアノ du piano　ギター de la guitare
　サックス du saxo　フルート de la flûte

旅行に出かける　　　　　　　　　　Disc 1　46

- ☐ ゴールデンウィークは何をしますか？

    Qu'est-ce que vous faites pour la Golden Week ?

- ☐ 友達夫婦と山に行きます。

    Avec un couple d'amis, je vais à la montagne.

    ※海に　à la mer　温泉に　aux sources thermales
    　田舎に　à la campagne　遊園地に　dans un parc d'attractions

- ☐ お正月休みには友達のグループとスキーに行きます。

    Pendant les vacances du Nouvel An, avec un groupe d'amis, nous allons faire du ski.

- ☐ ヴァカンスにお出かけですか？

    Vous partez en vacances ?

- ☐ 予算がなくて出かけられないんです。

    Je n'ai pas les moyens de partir en vacances.

- ☐ 今年は外国旅行をする予定です。

    Cette année, nous ferons un voyage à l'étranger.

第2章　日常生活編

☐ 気分転換に、初めて行く地方を見てみたいです。	**J'ai envie de me dépayser et de découvrir des régions nouvelles.**
☐ フランス人の友達の別荘に行きます。	**Je vais chez mes amis français, dans leur résidence secondaire.**
☐ 準備がいろいろあります。	**J'ai plein de préparatifs à faire.**
☐ 旅行代理店に問い合わせます。	**Je me renseigne auprès d'une agence de voyages.**
☐ 大きい旅行かばんとキャスター付きのスーツケースを持っていきます。	**J'apporte un gros sac de voyage et une valise à roulettes.**
☐ 小旅行用に、リュックを持ちます。	**Pour les excursions, je prends un sac à dos.**

旅行から帰って　　　　　　　　　　　　Disc 1　47

☐ 楽しい週末を過ごしましたか？	**Vous avez passé un bon week-end ?**
☐ 休暇はよかったですか？	**Vos vacances, c'était bien ?**

□ 素晴らしかったです。	C'étaient des vacances formidables. セテ デ ヴァカンス フォルミダーブル
□ 素晴らしい天気でした。	J'ai eu un temps splendide. ジェ ユ アン タン スプランディドゥ
□ のんびりできましたか？	Vous vous êtes bien détendu(e) ? ヴ ヴ ゼトゥ ビアン デタンデュ
□ ゆっくりなさいましたか？	Est-ce que vous vous êtes bien reposé(e) ? エ ス ク ヴ ヴ ゼトゥ ビアン ルポゼ
□ 気分転換できました。	Je me suis bien changé les idées. ジュ ム スュイ ビアン シャンジェ レ ズィデ
□ 元気いっぱいで帰ってきました。	Je reviens en pleine forme. ジュ ルヴィアン アン プレヌ フォルム
□ お土産をたくさん持って帰りました。	Je ramène plein de souvenirs. ジュ ラメーヌ プラン ドゥ スヴニール
□ 写真を撮ってきたので、アルバムを作ります。	J'ai pris des photos et je vais faire un album. ジェ プリ デ フォト エ ジュ ヴェ フェール アン ナルボム

第2章 日常生活編

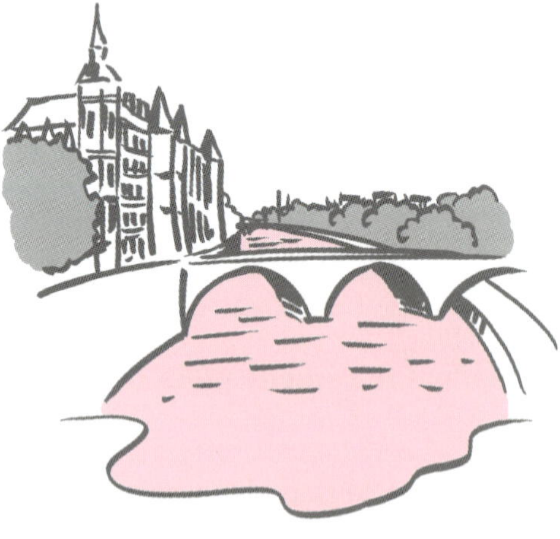

第 ③ 章

感情表現編

驚き、感動を身振り手振りも交えて表情豊かに表すフランス人。私たちも自分の気持ちを素直に伝えたいですね。「ありがとう」の感謝のひとことから、楽しさ、悲しさ、怒り、喜びなどを表す感情表現を数多く取り上げました。

1 感謝する・褒める・願う・励ます

感謝や励ましの表現などポジティブな感情を表すフレーズをまとめて紹介します。

感謝する　　　　　　　　　　　　　　Disc 1　48

□ ありがとう。

Merci.
メルスィ
※どうもありがとう　Merci beaucoup.

□ ありがとうございます。

Je vous remercie.
ジュ ヴ ルメルスィ
※どうもありがとうございます　Je vous remercie beaucoup.

□ 心から感謝します。

Je vous remercie de tout cœur.
ジュ ヴ ルメルスィ ドゥ トゥ クール

□ なんてお礼を申し上げたらいいのか。

Je ne sais comment vous remercier.
ジュ ヌ セ コマン ヴ ルメルスィエ

□ じゃあ、お言葉に甘えます。

Alors, j'accepte avec plaisir.
アロール ジャクセプトゥ アヴェクプレズィール

□ いろいろとありがとう。

Merci pour tout.
メルスィ プール トゥ

□ 贈り物をありがとうございました。

Je vous remercie beaucoup pour votre cadeau.
ジュ ヴ ルメルスィ ボク プール
ヴォトゥル カド

□ あなたのおかげです。

C'est grâce à vous.
セ グラス ア ヴ

96

☐ お知らせいただきありがとうございました。	**Je vous remercie de m'avoir averti(e).** ジュ ヴ ルメルスィ ドゥ マヴワー ラヴェルティ	

感謝に応える　　　　　　　　　　　　　Disc 1　49

☐ どういたしまして。	**Je vous en prie.** ジュ ヴ ザン プリ
☐ 当然のことです。	**C'est normal.** セ ノルマル
☐ こちらこそ、お礼を申し上げます。	**C'est moi qui vous remercie.** セ ムワ キ ヴ ルメルスィ
☐ お役に立てて嬉しいです。	**Je suis heureux(heureuse) de vous être utile.** ジュ スュイ ウル （ウルーズ） ドゥ ヴ ゼトゥル ユティル

嬉しい・楽しい　　　　　　　　　　　　Disc 1　50

☐ 嬉しい。	**Je suis content(e).** ジュ スュイ コンタン（トゥ）
☐ とても嬉しい。	**Je suis ravi(e).** ジュ スュイ ラヴィ
☐ 嬉しくてたまらない。	**Je suis fou(folle) de joie.** ジュ スュイ フ（フォル）ドゥ ジュワ
☐ それは嬉しいね。	**Ça me fait plaisir.** サ ム フェ プレズィール

第3章　感情表現編

□最高!	**C'est formidable !**	セ フォルミダーブル
□幸せです。	**Je suis heureux(heureuse).**	ジュ スュイ ウル （ウルーズ）
□幸せでいっぱいです。	**Je suis comblé(e).**	ジュ スュイ コンブレ
□人生最高の日です。	**C'est le plus beau jour de ma vie.**	セ ル プリュ ボ ジュール ドゥ マ ヴィ
□素晴らしい考えだ!	**Excellente idée !**	エクセラン ティデ
□それはいい!	**Ça me plaît !**	サ ム プレ
□なんて嬉しいニュース!	**Quelle bonne nouvelle !**	ケル ボヌ ヌヴェル
□ラッキー!	**Quelle chance !**	ケル シャンス
□とてもいい気分!	**Je me sens vraiment bien !**	ジュ ム サン ヴレマン ビアン
□やった!	**Ça y est !**	サ イ エ
□面白い!	**C'est amusant !**	セ タミュザン

□ なんて楽しいんだろう!	**Qu'est-ce qu'on s'amuse !** ケス コン サミューズ
□ 今日は本当に楽しかったです。	**Aujourd'hui, on s'est bien amusé(e)s.** オジュルデュイ オン セ ビアン ナミュゼ
□ またお会いするのを楽しみにしています。	**Je me réjouis de vous revoir.** ジュ ム レジュイ ドゥ ヴ ルヴワール
□ 感動しました。	**Je suis ému(e).** ジュ スュイ ゼミュ
□ 感動的でした。	**C'était émouvant.** セテ エムヴァン
□ 胸を打たれました。	**Je suis vraiment touché(e).** ジュ スュイ ヴレマン トゥシェ

祝う　　　　　　　　　　　　　　　　　Disc 1　51

□ おめでとう!	**Félicitations !** フェリスィタスィオン
□ おめでとうございます!	**Toutes mes félicitations !** トゥトゥ メ フェリスィタスィオン
□ どうぞお幸せに!	**Tous mes vœux de bonheur !** トゥ メ ヴ ドゥ ボヌール
□ お誕生日おめでとう!	**Bon anniversaire !** ボン ナニヴェルセール
□ よいお年を!	**Bonne année !** ボ ナネ

第3章　感情表現編

☐ 明けましておめでとうございます。	**Je vous présente mes meilleurs vœux.** ジュ ヴ プレザントゥ メ メイユル ヴ	
☐ メリークリスマス！	**Joyeux Noël !** ジュワイウ ノエル	
☐ よい年末を!	**Bonnes fêtes de fin d'année !** ボヌ フェトゥ ドゥ ファン ダネ	

驚く　　　　　　　　　　　　　　　　　Disc 1　52

☐ あれっ!	**Tiens !** ティアン
☐ 何ですって!	**Comment !** コマン
☐ ああ驚いた!	**Quelle surprise !** ケル スュルプリーズ
☐ いやはや、なんてこと!	**Ça alors !** サ アロール
☐ まさか!	**Pas possible !** パ ポスィーブル
☐ 信じられない!	**C'est incroyable !** セ タンクルワィアーブル
☐ そんなばかな!	**Ce n'est pas vrai !** ス ネ パ ヴレ
☐ 冗談でしょ!	**Tu plaisantes !** テュ プレザントゥ

100

☐ 驚いたな!	**Ça me surprend !**
	Ça m'étonne !
☐ 夢みたいだ!	**Je rêve !**
☐ いやあ、びっくりした!	**Je n'en reviens pas !**
☐ 彼が成功したなんて、びっくりした。	**Je n'en reviens pas de sa réussite.**
☐ 思ってもみなかったことだよ。	**C'est un événement tout à fait inattendu.**
☐ ええっ、それは知らなかったな!	**Alors, ça, c'est nouveau !**
☐ このニュースに驚いたよ。	**J'ai été étonné(e) de cette nouvelle.**

満足する　　　　　　　　　　　Disc 1　53

☐ 語学学校に満足していますか？	**Êtes-vous content(e) de votre école de langues ?**
☐ ええ、とても満足しています。	**J'en suis ravi(e).**

第3章　感情表現編

☐ 今度のマンションに満足しています。	**Je suis satisfait(e) de ce nouvel appartement.** ジュ スュイ サティスフェ(トゥ)ドゥ ス ヌヴェ ラパルトゥマン
☐ 最善を尽くしたので、結果は問題ではありません。	**J'ai fait de mon mieux, peu importe le résultat.** ジェ フェ ドゥ モン ミュ プ アンポルトゥ ル レズュルタ
☐ 後悔することは何もありません。	**Je n'ai rien à regretter.** ジュ ネ リアン ナ ルグレテ

褒める　　　　　　　　　　　　　　　Disc 1 54

☐ すごい!	**Bravo !** ブラヴォー
☐ 素晴らしい!	**C'est formidable !** セ フォルミダーブル **C'est super !** セ スュペール
☐ 素晴らしかったですよ!	**Vous avez été formidable !** ヴ ザヴェ エテ フォルミダーブル
☐ よくやったね! 当然の結果だけどね。	**Je te félicite ! Tu l'as bien mérité.** ジュ トゥ フェリスィートゥ テュ ラ ビアン メリテ
☐ 誇らしいよ。	**Je suis fier(fière) de toi.** ジュ スュイ フィエール ドゥ トゥワ
☐ 勇気がありますね!	**Vous avez du courage !** ヴ ザヴェ デュ クラージュ

□敬服します!	**Je vous admire !** ジュ ヴ ザドゥミール	
□あなたのことを高く評価しています。	**J'ai beaucoup d'estime pour vous.** ジェ ボク デスティーム プール ヴ	
□本当にセンスがいいですね!	**Vous avez vraiment du goût !** ヴ ザヴェ ヴレマン デュ グー	
□なんてかわいいんでしょう、おたくのお嬢ちゃん!	**Qu'est-ce qu'elle est mignonne,** ケ ス ケ レ ミニョヌ **votre fille !** ヴォトゥル フィーユ	
□あの人は素晴らしい人です。	**C'est une personne formidable.** セ テュヌ ペルソヌ フォルミダーブル	

願う　　　　　　　　　　　　　　　　　Disc 1　55

□パリに行きたいです。	**Je voudrais aller à Paris.** ジュ ヴドゥレ アレ ア パリ
□フランス人の彼氏ができることを夢見ています。	**Je rêve d'avoir un petit ami** ジュ レーヴ ダヴワール アン プティ タミ **français.** フランセ
□フランスに行けるといいんですが。	**J'aimerais bien aller en France.** ジェムレ ビアン アレ アン フランス
□どうしてもオペラ座に行きたいです。	**Je tiens absolument à aller à l'Opéra.** ジュ ティアン アプソリュマン ア アレ ア ロペラ
□免状を取れるとうれしいんだけど。	**J'espère avoir un diplôme.** ジェスペール アヴワール アン ディプロム

第3章　感情表現編

103

□ニースで働きたいです。	J'ai envie de travailler à Nice. ジェ アンヴィ ドゥ トゥラヴァィエ ア ニース	

確信する　　　　　　　　　　　　　　　　　Disc 1　56

□確かです。	J'en suis sûr(e). ジャン スュイ スュール
□保証するよ!	Je te jure ! ジュ トゥ ジュール
□信じていいよ!	Tu peux me croire ! テュ プ ム クルワール
□疑う余地なしだよ。	Cela ne fait aucun doute. スラ ヌ フェ オカン ドゥトゥ

励ます　　　　　　　　　　　　　　　　　Disc 1　57

□うまく行くよ。	Ça va aller. サ ヴァ アレ
□あともう少しがんばって!	Encore un petit effort ! アンコー ラン プティ テフォール
□きっとできるよ。	Tu peux y arriver. テュ プ イ アリヴェ
□試してみて!	Essaye ! エセイユ
□しっかり!	Tiens bon ! ティアン ボン
□あきらめないで!	Ne renonce pas ! ヌ ルノンス パ

□もう少しの我慢だよ!	**Encore un peu de patience !**
□さあ、元気出して!	**Allez, courage !**
□物事を肯定的に見て!	**Regarde le bon côté des choses !** **Sois plus positif(positive) !**

予想通りだったことを伝える　　Disc 1　58

□そうじゃないかと思ってたんだ。	**Je m'en doutais.**
□やっぱりそうだった。	**Ça ne m'étonne pas.**
□予想していたんだ。	**Je m'y attendais.**
□ね、そう言ってたでしょ!	**Tu vois, je te l'avais bien dit !**
□ほらね、私が正しかったでしょう。	**Tu vois, j'avais raison.**
□ほうら、やっぱり!	**Ça y est ! Et voilà !**

第3章　感情表現編

安心する　　Disc 1　59

- ほっとした！　　**Je suis soulagé(e) !**
  ジュ スュイ スラジェ
  Quel soulagement !
  ケル スラジュマン

- ほっと一息だよ！　　**Je respire !**
  ジュ レスピール

- やれやれ！　　**Ouf !**
  ウフ

- やっと終わった！　　**Ça y est, c'est fini !**
  サ イ エ セ フィニ

- よかった！　　**Heureusement !**
  ウルーズマン

- ついてた！　　**On a eu de la chance !**
  オン ナ ユ ドゥ ラ シャンス

- 危ないところだった！　　**On l'a échappé belle !**
  オン ラ エシャペ ベル

- 気持ちが楽になりました。　　**Je me sens soulagé(e).**
  ジュ ム サン スラジェ

- くつろいでいます。　　**Je me sens à l'aise.**
  ジュ ム サン ア レーズ

- 声を聞いて安心しました。　　**Je suis rassuré(e) de vous entendre.**
  ジュ スュイ ラスュレ ドゥ ヴ ザンタンドゥル

☐ 映画を見るのは、気分転換になります。

Regarder un film, ça me change les idées.
ルガルデ　アン フィルム サ ム　シャンジュ レ ズィデ

ねぎらう　　　　　　　　　　　　　　　Disc 1　60

☐ お疲れ様でした（とても疲れていらっしゃいますね）。

Vous devez être bien fatigué(e).
ヴ　ドゥヴェ エトゥル ビアン　ファティゲ

☐ ご苦労様です（たくさん仕事をなさいましたね）。

Vous avez beaucoup travaillé.
ヴ　ザヴェ　ボク　トゥラヴァィエ

※フランス語には「お疲れ様」「ご苦労様」に当たる決まった表現はありません。

第3章　感情表現編

謝る・許す・慰める・怒る

謝罪や慰めの表現、怒りなどのネガティブな感情を表すフレーズを紹介します。

謝る・許す

あっ、すみません！	Oh, pardon ! Oh, excusez-moi !
どうぞお許しください。	Je vous demande pardon.
申し訳ありません。	Je regrette.
ごめんなさい。	Désolé(e).
本当にすみません。	Je suis vraiment désolé(e).
うっかりしていました。	Je ne l'ai pas fait exprès.
私のせいです。すみません。	C'est de ma faute. Excusez-moi.
失礼しました。お許しください。	Je n'ai pas été très poli(e). Je vous prie de m'excuser.

☐	そんなつもりで言ったのではありません。	**Je ne voulais pas dire ça.** ジュ ヌ ヴレ パ ディール サ
☐	お邪魔してすみませんが、急いでいるんです。	**Je suis désolé(e) de vous déranger, mais c'est urgent.** ジュ スュイ デゾレ ドゥ ヴ デランジェ メ セ ユルジャン
☐	間際になってお知らせしてすみません。	**Excusez-moi de vous prévenir à la dernière minute.** エクスキュゼ ムワ ドゥ ヴ プレヴニール ア ラ デルニエール ミニュトゥ
☐	あなたのせいじゃありません。	**Ce n'est pas de votre faute.** ス ネ パ ドゥ ヴォトゥル フォトゥ
☐	誰にでもあることですよ。	**Ça arrive à tout le monde.** サ アリー ヴァ トゥル モンドゥ
☐	分かるわけがなかったんですから。	**Vous ne pouviez pas savoir.** ヴ ヌ プヴィエ パ サヴワール

寂しい・悲しい・落胆　　　　　　　　　　Disc 1　62

☐	とても寂しい。	**Je me sens très seul(e).** ジュ ム サン トゥレ スール
☐	悲しい。	**Je suis triste.** ジュ スュイ トゥリストゥ
☐	君がいなくて寂しい。	**Tu me manques.** テュ ム マンク

第3章 感情表現編

☐ がっかりだ。	**Je suis déçu(e).** ジュ スュイ デスュ	
☐ 残念だな！	**Quel dommage !** ケル ドマージュ	
☐ 気落ちしているんだ。	**Je suis démoralisé(e).** ジュ スュイ デモラリゼ	
☐ 何にもならなかった。	**Ça n'a servi à rien.** サ ナ セルヴィ ア リアン	
☐ 時間の無駄だった。	**J'ai perdu mon temps.** ジェ ペルデュ モン タン	
☐ やる気が出ない。	**Je suis découragé(e).** ジュ スュイ デクラジェ	
☐ 気が滅入る。	**Je n'ai pas le moral.** ジュ ネ パ ル モラル	
☐ 憂うつだ。	**J'ai le cafard.** ジェ ル カファール	
☐ 何もしたくない。	**Je n'ai rien envie de faire.** ジュ ネ リアン アンヴィ ドゥ フェール	
☐ もう何の興味もわかない。	**Plus rien ne m'intéresse.** プリュ リアン ヌ マンテレス	

恥ずかしい・困惑する

恥ずかしくて赤くなった。	**J'ai rougi de honte.**
ばつが悪かったよ。	**J'ai été très gêné(e).**
居心地が悪くて。	**Je me sens mal à l'aise.**
恐れ入ります。	**Je suis confus(confuse).**
あ、しまった!	**Ah, zut !**
困るな!	**Ça m'embête !**
	Ça m'ennuie !
当惑しています。	**Je suis perplexe.**
面倒なことになるよ!	**On va avoir des ennuis !**
どうしよう。	**Je ne sais que faire.**

□ 今さら、どうすればいい？	**Qu'est-ce que je vais faire maintenant ?** ケ ス ク ジュ ヴェ フェール マントゥナン	
□ それは問題だ。	**Ça, c'est un problème.** サ セ タン プロブレム	
□ 幸先が悪いね。	**C'est mal parti.** セ マル パルティ	

あきらめる　　　　　　　　　　　　　　　　Disc 1　64

□ やめた！	**J'abandonne !** ジャバンドヌ
	Je renonce ! ジュ ルノンス
	Je laisse tomber ! ジュ レス トンベ
□ 仕方がない！	**Tant pis !** タン ピ
□ どうしようもない。	**Je n'y peux rien.** ジュ ニ プ リアン
□ どうにもならない！	**Il n'y a rien à faire !** イル ニ ア リアン ナ フェール
□ できるわけないよ。	**Je n'y arriverai jamais.** ジュ ニ アリヴレ ジャメ
□ どうすればいいっていうんだ？	**Qu'est-ce que tu veux que je fasse ?** ケ ス ク テュ ヴ ク ジュ ファス

112

□万事休すだ。	**Tout est perdu.**	
□絶望的だ。	**Il n'y a plus d'espoir.**	
□これが人生だ。	**C'est la vie.**	

不安・心配　　　　　　　　　　　　　　　Disc 1　65

□こわい。	**J'ai peur.**
□犬がこわい。	**J'ai peur des chiens.**
□とても不安です。	**Je m'inquiète beaucoup.**
□手術を受けるのが心配だ。	**J'ai peur de subir cette opération.**
□その仕事をやり遂げられるかな。	**Je me demande si je peux accomplir ce travail.**
□どうしたらいいか自分でも分かりません。	**Même moi, je ne sais pas ce que je dois faire.**

第3章　感情表現編

お悔やみ 〔Disc 1〕66

- 父が亡くなりました。

    J'ai perdu mon père.
    ジェ ペルデュ モン ペール

    Mon père est décédé.
    モン ペール エ デセデ

- お葬式は来週の月曜日です。

    L'enterrement aura lieu lundi prochain.
    ランテールマン オラ リウ ランディ プロシャン

- お悔やみ申し上げます。

    Je vous présente toutes mes condoléances.
    ジュ ヴ プレザントゥ トゥトゥ メ コンドレアンス

- ご心中、お察しいたします。

    Je partage votre peine.
    ジュ パルタージュ ヴォトゥル ペヌ

気づかう・同情・慰める 〔Disc 1〕67

- 大丈夫?

    Ça va ?
    サ ヴァ

- どうしたんですか？

    Qu'est-ce qu'il y a ?
    ケ ス キ リ ア

- お困りですか？

    Vous avez un problème ?
    ヴ ザヴェ アン プロブレム

- お疲れではないですか？

    Vous n'êtes pas trop fatigué(e) ?
    ヴ ネトゥ パ トゥロ ファティゲ

□ お手伝いしましょうか？	**Je peux vous aider ?**
□ 何かできることはありますか？	**Qu'est-ce que je peux faire pour vous ?**
□ 悲しそうだね。	**Tu as l'air triste.**
□ かわいそうに！	**Mon(Ma) pauvre !**
□ それはひどいね。	**C'est terrible.**
□ 本当についてないね。	**Tu n'as vraiment pas de chance.**
□ お気の毒に。	**Je vous plains.**
□ また機会があるよ。	**Tu auras d'autres occasions.**
□ 何とかなるよ。	**Ça va s'arranger.**
□ 心配しないで。	**Ne t'inquiète pas.**
	Ne t'en fais pas.
□ 安心してください！	**Rassurez-vous !**

第3章 感情表現編

□きっといい解決策があるよ。	**Il y a sûrement une solution.** イリア　シュールマン　ユヌ　ソリュスィオン
□今日の苦労は今日でおしまい。	**À chaque jour suffit sa peine.** ア　シャク　ジュール　スュフィ　サ　ペヌ
□この経験はいつかきっと役に立つよ。	**Cette expérience te servira** セ　テクスペリアンス　トゥ　セルヴィラ **sûrement un jour.** スュールマン　アン　ジュール

怒る・不平を言う　　　　　Disc 1　68

□いい加減にして！	**Ça suffit !** サ　スュフィ
□怒ってるよ！	**Je suis en colère !** ジュ　スュイ　アン　コレール
□承知できない！	**C'est inadmissible !** セ　イナドゥミスィーブル **C'est inacceptable !** セ　イナクセプタープル
□ひどい！	**C'est scandaleux !** セ　スカンダルー
□許せない！	**C'est impardonnable !** セ　タンパルドナーブル
□どうしてそんなことしたんだ！	**Pourquoi est-ce que tu as fait ça !** プルクワ　エ　ス　ク　テュ　ア　フェ　サ

□ そんなことがよく言えますね！	**Comment osez-vous me dire ça !** コマン オゼ ヴ ディール サ
□ 黙れ!	**Tais-toi !** テ トゥワ
□ もう話したくないね。	**Je ne veux plus te parler.** ジュ ヌ ヴ プリュ トゥ パルレ
□ いらいらする。	**Je suis énervé(e).** ジュ スュイ ゼネルヴェ
□ 頭にくる!	**Ça m'énerve !** サ メネルヴ
□ 我慢できない!	**C'est insupportable !** セ タンスュポルタ―ブル
□ いったい、何をしてるんだ!	**Mais qu'est-ce que tu fais !** メ ケ ス ク テュ フェ
□ 何なの、これ?	**Qu'est-ce que c'est que ça ?** ケ ス ク セ ク サ
□ 仕事が多過ぎるんだ。	**J'ai trop de travail.** ジェ トゥロ ドゥ トゥラヴァィユ
□ 暇な時間がないんだ。	**Je n'ai jamais de loisirs.** ジュ ネ ジャメ ドゥ ルワズィール
□ 休む暇がない。	**Je n'ai pas le temps de me reposer.** ジュ ネ パ ル タン ドゥ ム ルポゼ

第3章 感情表現編

☐ へとへとだ。	**Je suis épuisé(e).** ジュ スュイ ゼピュイゼ	
☐ 退屈だ。	**Je m'ennuie.** ジュ マンニュイ	
☐ つまらない。	**C'est ennuyeux.** セ タンニュイウ	
☐ そんな古い話は退屈だ。他の話をしよう。	**Cette vieille histoire m'ennuie.** セトゥ ヴィエ イストゥワール マンニュイ **Parlons d'autre chose.** パルロン ドトゥル ショーズ	

疑う　　　　　　　　　　　　　　　　　Disc 1 69

☐ 本当?	**C'est vrai ?** セ ヴレ
☐ 本当にそう思う?	**Tu crois vraiment ?** テュ クルワ ヴレマン
☐ 冗談でしょ?	**Tu plaisantes ?** テュ プレザントゥ
☐ よく言うよ!	**Tu parles !** テュ パルル
☐ 確かなの?	**Tu en es sûr(e) ?** テュ アン ネ スュール
☐ おかしいなあ。	**C'est bizarre.** セ ビザール

□そんなばかな!	**Ça m'étonnerait !**
□信じられない。	**Je n'y crois pas.**
□まさか!	**Mon œil !**
□彼は本当のことを言ってないと思うね。	**À mon avis, il ne dit pas la vérité.**

つらい・苦しい　　Disc 1　70

□苦しいです。	**C'est dur.**
□つらいです。	**J'ai de la peine.**
□つらいことだ。	**C'est pénible.**
□そのニュースを聞くと本当につらいです。	**Ça me fait vraiment de la peine d'entendre cette nouvelle.**
□痛ましいことだ!	**C'est affreux !**
□その問題で苦しんでいます。	**Ce problème me tourmente.**

非難する

- 君のせいだ!
  C'est de ta faute !
  セ ドゥタ フォトゥ

- 度を超してるよ!
  Tu exagères !
  テュ エグザジェール

- おおげさだよ。
  Il ne faut pas exagérer.
  イル ヌ フォ パ エグザジェレ

- そんなことするなんて、よくないよ!
  Ce n'est pas bien de faire ça !
  ス ネ パ ビアン ドゥフェール サ

- そんなこと言うべきじゃないよ!
  Tu ne devrais pas dire ça !
  テュ ヌ ドゥヴレ パ ディール サ

- 人の悪口を言うのはよくないよ!
  Ce n'est pas bien de dire du mal des autres !
  ス ネ パ ビアン ドゥ ディール デュ マル デ ゾトゥル

- 人前でそんなことするものじゃないよ!
  Ça ne se fait pas devant les gens !
  サ ヌ ス フェ パ ドゥヴァン レ ジャン

- ちょっとは人のこと考えたら!
  Pense un peu aux autres !
  パンス アン プ オ ゾトゥル

- だから言ったでしょ!
  Je te l'avais bien dit !
  ジュ トゥ ラヴェ ビアン ディ

- 本当にお人好しなんだから!
  Tu es vraiment naïf(naïve) !
  テュ エ ヴレマン ナイフ(ナイーヴ)

□もったいない!	**C'est du gaspillage !**	
	セ デュ ガスピヤージュ	
□それじゃ足りないよ!	**Ça ne suffit pas !**	
	サ ヌ スュフィ パ	
□言い訳にならないね!	**Ce n'est pas une excuse !**	
	ス ネ パ ユ ネクスキューズ	

後悔する・反省する　　Disc 1　72

□後悔しています。	**Je regrette.**	
	ジュ ルグレトゥ	
□ばかなことをした。	**J'ai fait une bêtise.**	
	ジェ フェ ユヌ ベティーズ	
□間違っていた。	**C'était une erreur.**	
	セテ デュ ネルール	
□軽率だった。	**J'ai été imprudent(e).**	
	ジェ エテ アンプリュダン(トゥ)	
□あんなことしなければよかった。	**Je n'aurais pas dû faire ça.**	
	ジュ ノレ パ デュ フェール サ	
□彼に言っておけばよかった。	**J'aurais dû le prévenir.**	
	ジョレ デュ ル プレヴニール	
□分かっていたら…。	**Si j'avais su...**	
	スィ ジャヴェ スュ	
□気がとがめる。	**J'ai mauvaise conscience.**	
	ジェ モヴェーズ コンスィアンス	

第3章　感情表現編

121

☐ もう二度とあんなことはしないよ。	**Je ne le referai plus jamais.** ジュ ヌ ル ルフレ プリュ ジャメ	

うんざりする　　　　　　　　　　　　　　Disc 1 ｜ 73

☐ もうたくさん!	**J'en ai assez !** ジャン ネ アセ
	C'est assez ! セ タセ
☐ うんざりだ!	**J'en ai marre !** ジャン ネ マール
☐ 働くのはもううんざりだ。	**J'en ai marre de travailler.** ジャン ネ マール ドゥ トゥラヴァィエ
☐ 何もかもうんざり!	**Je suis las(lasse) de tout !** ジュ スュイ ラ （ラス） ドゥ トゥ
☐ その話ならもう十分!	**Ça suffit, cette histoire !** サ スュフィ セ ティストワール
☐ 口喧嘩はやめてよ!	**Arrêtez de vous disputer !** アレテ ドゥ ヴ ディスピュテ

122

第 4 章

意思表現編

自分の考えをはっきり言うのがフランス流。黙っていては、何も考えていないと思われてしまいます。「ウイ」「ノン」から、聞き返したり、頼んだりする表現、自分のしたいこと、意見を述べるための基本の表現を活用して、理解を深め合いましょう。

1 希望・意思・意見を言う

フランス語で堂々と意見を交わすための表現を覚えましょう。

希望・意思を伝える　　　Disc 1　74

- □ フランスで1年間過ごそうと考えています。

    J'envisage de passer une année en France.

- □ ヨーロッパの都市巡りをする計画があります。

    J'ai le projet de faire le tour des grandes villes européennes.

- □ 学校に登録するつもりです。

    J'ai l'intention de m'inscrire dans une école.

- □ 8月にはパリへ出発すると決めました。

    J'ai décidé de partir pour Paris dès le mois d'août.

- □ ホームステイをするつもりです。

    Je compte habiter dans une famille d'accueil.

- □ 郊外に住みます。

    Je vais habiter en banlieue.

□ワンルームマンションを借りるつもりです。	**Je pense louer un studio.** ジュ パンス ルエ アン ステュディオ	
□残業はしたくないんだけど。	**Je ne voudrais pas faire d'heures supplémentaires.** ジュ ヌ ヴドゥレ パ フェール ドゥール スュプレマンテール	
□タクシーで帰るのはいやだ。	**Je n'ai pas envie de rentrer en taxi.** ジュ ネ パ アンヴィ ドゥ ラントゥレ アン タクシ	
□遅れたくありません。	**Je ne veux pas être en retard.** ジュ ヌ ヴ パ エトゥラン ルタール	
□出かける気になれない。	**Ça ne me dit rien de sortir.** サ ヌ ム ディ リアンドゥ ソルティール	
□団体旅行をするつもりはありません。	**Je ne compte pas voyager en groupe.** ジュ ヌ コントゥ パ ヴィアジェ アン グルプ	
□このバッグを買うのはやめたよ。	**Je ne vais pas acheter ce sac.** ジュ ヌ ヴェ パ アシュテ ス サク	

確認する Disc 1 75

□パスポートを確かに持ちましたか。	**Vous avez bien pris votre passeport ?** ヴ ザヴェ ビアン プリ ヴォトゥル パスポール
□待ってください、確かめます。	**Attendez, je vérifie.** アタンデ ジュ ヴェリフィ
□もちろんです!	**Mais oui !** メ ウィ

第4章 意思表現編

125

☐ いや、そうじゃない！	**Mais non !** メ ノン	
☐ 薬の有効期限を確かめましたか？	**Vous avez vérifié la date de** ヴ ザヴェ ヴェリフィエ ラ ダトゥ ドゥ **péremption du médicament ?** ペランプスィオン デュ メディカマン	
☐ ええ、もちろんですよ！	**Bien sûr !** ビアン スュール **Bien entendu !** ビアン ナンタンデュ	
☐ 鍵を持つのを忘れていませんよね？	**Vous avez bien pensé à prendre vos clefs ?** ヴ ザヴェ ビアン パンセ ア プランドゥル ヴォ クレ	
☐ そうだと思うけど。	**Je pense que oui.** ジュ パンス ク ウィ	
☐ 本当だってば。	**Je t'affirme que c'est vrai.** ジュ タフィルム ク セ ヴレ	

助言を求める・助言をする　　　　　　　　　Disc 1　76

☐ アドバイスをいただきたいのですが。	**J'ai un conseil à vous demander.** ジェ アン コンセイユ ア ヴ ドゥマンデ	
☐ 何をしたらいいでしょうか？	**Qu'est-ce que je pourrais faire ?** ケ ス ク ジュ プレ フェール	
☐ もっといい考えをお持ちですか？	**Vous avez une meilleure idée ?** ヴ ザヴェ ユヌ メイウー リデ	
☐ 何か提案がありますか？	**Avez-vous une proposition à me faire ?** アヴェ ヴ ユヌ プロポズィスィオン ア ム フェール	

☐ 私の立場だったら、どうなさいますか？	Qu'est-ce que vous feriez à ma place ?	
☐ その人に会いにいくのがいいと思いますか？	Est-ce que vous pensez que je devrais aller voir cette personne ?	
☐ 電話するのがいい考えだと思いますか？	Est-ce que vous croyez que c'est une bonne idée de téléphoner ?	
☐ 少し待つようお勧めします。	Je vous conseille d'attendre un peu.	
☐ 待った方がいいでしょう。	Vous devriez attendre.	
☐ 私だったら、すぐに会いに行くでしょうね。	Si j'étais vous, j'irais la voir sur le champ.	
☐ すぐに関わるのはお勧めしませんよ。	Je vous déconseille d'intervenir tout de suite.	
☐ あきらめた方がいいですよ。	Vous feriez mieux de renoncer.	

☐ その人と直接お話なさった方がいいでしょうね。	**Il vaudrait mieux parler directement avec cette personne.** イル ヴォドゥレ ミウ パルレ ディレクトゥマン アヴェック セトゥ ペルソヌ

意見を求める・意見を言う　　　　　Disc 1　77

☐ どう思いますか？	**Qu'en pensez-vous ?** カン パンセ ヴ
☐ あなたのお考えでは？	**À votre avis ?** ア ヴォトゥ ラヴィ
☐ この人についてどう思いますか？	**Que pensez-vous de cette personne ?** ク パンセ ヴ ドゥ セトゥ ペルソヌ
☐ 私の考えをどう思う？	**Qu'est-ce que tu penses de mon idée ?** ケ ス ク テュ パンス ドゥ モン ニデ
☐ 思っていることを言ってください。	**Dites-moi ce que vous pensez.** ディトゥ ムワ ス ク ヴ パンセ
☐ いいと思いますか？	**Vous trouvez ça bien ?** ヴ トゥルヴェ サ ビアン
☐ この件についてご意見をいただきたいのですが。	**J'aimerais avoir votre opinion sur cette affaire.** ジェムレ アヴワール ヴォトゥ ロピニオン スュル セ タフェール
☐ この問題についてのあなたの見解はどうですか？	**Quel est votre point de vue sur ce problème ?** ケ レ ヴォトゥル プワン ドゥ ヴュ スュル ス プロブレム

□ それはいいと思います。	**Je trouve que c'est bien.**
□ 問題があると思います。	**Je pense qu'il y a un problème.**
□ それはいい解決策だと思います。	**Je crois que c'est une bonne solution.**
□ いい考えだとは思いません。	**Je ne pense pas que ce soit une bonne idée.**
□ 私の考えでは、状況を判断するには早すぎます。	**À mon avis, il est trop tôt pour juger de la situation.**
□ 私が思うに、彼は来ませんね。	**D'après moi, il ne viendra pas.**
□ 私としては、彼は勤勉な人だと思います。	**Personnellement, je le trouve travailleur.**
□ 彼女が間違っているように思われます。	**Il me semble qu'elle a tort.**
□ 彼はまだ迷っているような気がします。	**J'ai l'impression qu'il hésite encore.**
□ 私もそう思います。	**Je pense la même chose.**

第4章 意思表現編

□ 私はそうは思いません。	**Je ne pense pas ça.**	ジュ ヌ パンス パ サ
□ 私には分かりません。	**Moi, je ne sais pas.**	ムワ ジュ ヌ セ パ
□ まったくその通りです。	**C'est exactement ça.**	セ テグザクトゥマン サ
□ それはいい。	**C'est bien.**	セ ビアン
□ その方がいい。	**C'est mieux.**	セ ミウ
□ もっともだ。	**C'est raisonnable.**	セ レゾナーブル
□ 理にかなっている。	**C'est logique.**	セ ロジク
□ ちょっとやっかいだ。	**C'est un peu compliqué.**	セ タン プ コンプリケ
□ 難しすぎる。	**C'est trop difficile.**	セ トゥロ ディフィスィル
□ 一概には言えません。	**Ça dépend.**	サ デパン
□ 人それぞれだ。	**Chacun son opinion.**	シャカン ソン ノピニオン

賛成する　　　　　　　　　　　　　　　　　　Disc 1 ｜78

- 私は賛成ですよ。　　**Moi, je suis pour.**
  ムワ ジュ スュイ プール

- あなたの考えに賛成です。　　**Je suis d'accord avec vous.**
  ジュ スュイ ダコール アヴェク ヴ

- まったく同感です。　　**Je suis entièrement d'accord.**
  ジュ スュイ アンティエールマン ダコール

- 同じ意見だよ。　　**Je suis de ton avis.**
  ジュ スュイ ドゥ トン ナヴィ

- おっしゃるとおりです。　　**Vous avez raison.**
  ヴ ザヴェ レゾン

- まったくだ。　　**Tout à fait.**
  トゥ タ フェ

- 素晴らしい考えだ!　　**Excellente idée !**
  エクセラン ティデ

- 確かに!　　**C'est sûr !**
  セ スュール

- 反対じゃないよ。　　**Je ne suis pas contre.**
  ジュ ヌ スュイ パ コントゥル

反対する　　　　　　　　　　　　　　　　　　Disc 1 ｜79

- 反対です。　　**Je suis contre.**
  ジュ スュイ コントゥル

第4章　意思表現編

☐	あなたの考えには賛成できません。	**Je ne suis pas d'accord avec vous.**
☐	君とは意見が違うな。	**Je ne suis pas de ton avis.**
☐	まったく同意見とはいえません。	**Je ne suis pas tout à fait de votre avis.**
☐	間違っていますよ。	**Vous avez tort.**
☐	そう考えるのは間違っていますよ。	**Vous avez tort de penser cela.**
☐	そんなはずはない！	**C'est impossible !**
☐	それはいい考えじゃない。	**Ce n'est pas une bonne idée.**
☐	違いますよ！	**Ce n'est pas vrai !**
☐	とんでもない！	**Pas question !**
☐	それは論外だ！	**C'est hors de question !**
☐	異議があります。	**J'ai une objection.**

肯定する   Disc 1] 80

□ はい。   **Oui.**
                      ウィ

□ はい、そうです。   **Oui, c'est ça.**
                      ウィ セ サ

□ はい、もちろん！   **Mais oui !**
                      メ ウィ

□ もちろん！   **Bien sûr !**
                      ビアン スュール

□ 確かに！   **Sûrement !**
                      スュールマン

□ はい、確かだよ！   **Oui, j'en suis sûr(e) !**
                      ウィ ジャン スュイ スュール

□ 請合います。   **Je vous assure.**
                      ジュ ヴ ザスュール

否定する   Disc 1] 81

□ いいえ。   **Non.**
                      ノン

□ いいえ。   **Si.**
                      スィ
                      ※否定の問いに対して、肯定の内容の返事をするときに使います。
                      Vous n'êtes pas japonais?（あなたは日本人ではないんですか）
                      Si, je suis japonais.（いいえ、私は日本人です）

第4章 意思表現編

☐ いいえ、そうではありません。	**Non, ce n'est pas cela.** ノン　ス　ネ　パ　スラ
☐ いえいえ!	**Mais non !** メ　ノン
☐ ああ、そうじゃない!	**Ah, non !** ア　ノン
☐ いいえ、全然。	**Non, pas du tout.** ノン　パ　デュ　トゥ
☐ いいえ、一度も。	**Non, jamais.** ノン　ジャメ
☐ もちろん違うよ!	**Bien sûr que non !** ビアン スュール　ク　ノン
☐ いや、そんなことはないよ!	**Non, ce n'est pas possible !** ノン　ス　ネ　パ　ポスィーブル

あいまいな答え・ためらっているとき　　Disc 1 　82

☐ たぶん。	**Peut-être.** プテトゥル
☐ おそらく。	**Probablement.** プロバブルマン
☐ そうかもしれない。	**C'est possible.** セ　ポスィーブル
☐ ありえないことじゃない。	**Ce n'est pas impossible.** ス　ネ　パ　ザンポスィーブル

☐ 見たところでは。	**Apparemment.** アパラマン	
☐ そうみたいです。	**On dirait que oui.** オン ディレ ク ウィ	
☐ そう思いますが。	**Je pense.** ジュ パンス ※そうは思いません。 Je ne crois pas.	
☐ 私の知る限りでは。	**Autant que je sache.** オタン ク ジュ サシュ	
☐ そうだといいけど。	**J'espère.** ジェスペール	
☐ どちらとも言えない。	**Oui et non.** ウィ エ ノン	
☐ はっきりは言えないけど。	**Je ne suis pas sûr(e).** ジュ ヌ スュイ パ スュール	
☐ 答えにくいです。	**C'est difficile à dire.** セ ディフィスィラ ディール	
☐ 場合によります。	**Ça dépend.** サ デパン ※人によります。 Ça dépend des gens. 　天気によります。 Ça dépend du temps.	
☐ 考えておきます。	**Je vais voir.** ジュ ヴェ ヴワール	
☐ えーと…。	**Euh…** ウー	

第4章 意思表現編

□ええと、なんと言ったかな…。	**Comment dit-on déjà…?** コマン　　ディトン　デジャ	
□どう言ったらいいか。	**Comment dire…?** コマン　　ディール	
□よく考えてみます。	**Je vais réfléchir.** ジュ ヴェ レフレシール	
□ちょっと考えさせてください。	**Laissez-moi un peu de temps pour** レセ　　ムワ アン プ ドゥ タン プール **réfléchir.** レフレシール	

2. 知る・理解する・許可を求める

基本的な意思疎通ができるようにしっかり覚えましょう。

知る・理解する　　　　　　　　　　　　　　　　　Disc 1　83

- [ ] 分かる?

  Tu comprends ?
  テュ　コンプラン

- [ ] 分かった?

  Tu as compris ?
  テュ ア　コンプリ
  ※分からなかった?　Tu n'as pas compris ?

- [ ] 私の言ってることが分かる?

  Tu vois ce que je veux dire ?
  テュ ヴワ ス　ク ジュ ヴ ディール

- [ ] そのこと、知ってる?

  Tu le sais ?
  テュ ル　セ
  ※知らない?　Tu ne sais pas ?

- [ ] そのこと、知っていた?

  Tu le savais ?
  テュ ル　サヴェ
  ※知らなかったの?　Tu ne savais pas ?

- [ ] 了解。

  D'accord.
  ダコール

- [ ] 分かりました。

  J'ai compris.
  ジェ　コンプリ

- [ ] 分かったと思います。

  Je crois avoir compris.
  ジュ クルワ アヴォワール　コンプリ

- [ ] よし、分かった!

  Ça y est, j'ai compris !
  サ イ エ ジェ　コンプリ

第4章　意思表現編

□ああ、そうだったんだ。	**Ah, je comprends maintenant.**	ア ジュ コンプラン マントゥナン
□うん、分かっているよ。	**Oui, je comprends.**	ウィ ジュ コンプラン
□ああ、そうですか。	**Ah bon.**	ア ボン
□言いたいことは分かるよ。	**Je vois ce que tu veux dire.**	ジュ ヴワ ス ク テュ ヴ ディール
□うん、知っているよ。	**Oui, je sais.**	ウィ ジュ セ
□うん、そのこと知っていたよ。	**Oui, je le savais.**	ウィ ジュ ル サヴェ
□うん、そのこと聞いたよ。	**Oui, j'en ai entendu parler.**	ウィ ジャン ネ アンタンデュ パルレ

知らない・理解できない　　　Disc 1　84

□分かりません。	**Je ne comprends pas.**	ジュ ヌ コンプラン パ
□よく分かりません。	**Je ne comprends pas très bien.**	ジュ ヌ コンプラン パ トゥレ ビアン
□全然分からなかった。	**Je n'ai pas du tout compris.**	ジュ ネ パ デュ トゥ コンプリ
□どういう意味ですか？	**Qu'est-ce que ça veut dire ?**	ケ ス ク サ ヴ ディール

□ 何が言いたいの？	**Qu'est-ce que tu veux dire ?**
□ 何が言いたいのかよく分からないよ。	**Je ne comprends pas ce que tu veux dire.**
□ 本当に、まったく分からないんだ。	**Je n'y comprends vraiment rien.**
□ 知りません。	**Je ne sais pas.**
□ 難しすぎて全然分からないよ！	**Ça me dépasse complètement !**
□ そんなの知らないよ。	**Je n'en sais rien.**
□ 全然知らないよ。	**Je n'en ai aucune idée.**
□ 不可解だ。	**C'est un mystère.**
□ 降参だよ！	**Je donne ma langue au chat !**
□ 全然知らなかった。	**Je ne savais pas du tout.**
□ いいえ、あまりよく知りません。	**Non, je ne sais pas très bien.**

第4章 意思表現編

聞き返す　　　　　　　　　　　　　　　　　　　　　Disc 1　85

何ですか？	**Pardon ?** パルドン
何とおっしゃったのですか？	**Qu'est-ce que vous avez dit ?** ケ　ス　ク　ヴ　ザヴェ　ディ
だれ？	**Qui ça ?** キ　サ
なに？	**Quoi ?** クワ
何のことをお話ですか？	**De quoi parlez-vous ?** ドゥ　クワ　パルレ　ヴ
もう一度言っていただけますか？	**Vous pourriez répéter, s'il vous plaît ?** ヴ　プリエ　レペテ　スィル　ヴ　プレ
もう少しゆっくり話していただけるでしょうか？	**Vous pourriez parler un peu moins vite, s'il vous plaît ?** ヴ　プリエ　パルレ　アン　プ　ムワン　ヴィトゥ　スィル　ヴ　プレ

頼む・許可を求める　　　　　　　　　　　　　　　　Disc 1　86

すみません、お頼みしたいことがあるんですが。	**Excusez-moi, j'ai quelque chose à vous demander.** エクスキュゼ　ムワ　ジェ　ケルク　ショーズ　ア　ヴ　ドゥマンデ
お願いがあるのですが。	**J'ai un service à vous demander.** ジェ　アン　セルヴィ　サ　ヴ　ドゥマンデ

☐ この原稿を訳すのを手伝っていただけますか？	**Pourriez-vous m'aider à traduire ce texte ?**
☐ 携帯の番号をいただけますか？	**Pourrais-je avoir votre numéro de portable ?**
☐ 辞書をお持ちじゃないですか？	**Vous n'auriez pas un dictionnaire ?**
☐ ちょっとお時間、いいですか？	**Je peux vous voir un moment ?**
☐ ここに座ってもいいですか？	**Est-ce que je peux m'asseoir ici ?**
☐ コンピューターをお借りしてもいいですか？	**Puis-je utiliser votre ordinateur ?**
☐ よろしいですか？	**Vous permettez ?**
☐ 見てもいい？	**Je peux regarder ?**
☐ 扉を閉めてもいいですか？	**Vous permettez que je ferme la porte ?**

第4章 意思表現編

☐ 窓を開けたらご迷惑ですか？	**Est-ce que ça vous dérange si j'ouvre la fenêtre ?**	
☐ 早退してもかまわないでしょうか？	**Ça ne vous ennuie pas si je pars en avance ?**	
☐ 出てもいいですか？	**Est-ce que je peux sortir ?**	
☐ ここで煙草を吸ってもいいですか？	**Est-ce que c'est permis de fumer ici ?**	
☐ 写真を撮ってもいいですか？	**Est-ce autorisé de prendre des photos ?**	
☐ ここに駐車してもいいですか？	**Ai-je le droit de me garer à cet endroit ?**	

許可する・許可しない　　　Disc 1 87

☐ いいですよ！

※質問例　Je peux prendre cette chaise ?
（この椅子、使ってもいいですか）

Allez-y !

☐ うん、いいよ。

※質問例　On peut inviter Jean, ce soir ?
（今晩、ジャンをよんでもいい）

Oui, d'accord.

※質問例　Je peux commander une autre bouteille de rouge ?
（赤ワインをもう一本、頼んでもいいですか）

☐ いいですよ。	**Si vous voulez.** スィ　ヴ　ヴレ
☐ もちろん、いいですよ。	**Oui, bien sûr, vous pouvez.** ウィ　ビアン　スュール　ヴ　プヴェ
☐ はい、できます。	**Oui, c'est permis.** ウィ　セ　ペルミ
☐ 何の問題もありません。	**Il n'y a aucun problème.** イル　ニ　ア　オカン　プロブレム
☐ そうなさりたいのなら。	**Si cela vous fait plaisir.** スィ　スラ　ヴ　フェ　プレズィール
☐ お好きなようにしてください。	**Faites comme vous voulez.** フェトゥ　コム　ヴ　ヴレ
☐ いいえ、それは無理です。	**Non, ce n'est pas possible.** ノン　ス　ネ　パ　ポスィーブル
☐ いいえ、できません。	**Non, vous ne pouvez pas.** ノン　ヴ　ヌ　プヴェ　パ
☐ 申し訳ありませんが、ちょっと難しいです。	**Je suis désolé(e), mais c'est un peu difficile.** ジュ スュイ デゾレ　メ　セ タン プ ディフィスィル

第4章　意思表現編

□ いいえ、禁止されています。	**Non, c'est interdit.** ノン　セ　タンテルディ

理由を尋ねる・説明する　　Disc 1　88

□ どうして？	**Pourquoi ?** プルクワ
□ なぜ遅れたの？	**Pourquoi es-tu arrivé(e) en retard ?** プルクワ　エテュ　アリヴェ　アン　ルタール
□ どういう理由で？	**Pour quelle raison ?** プール　ケル　レゾン
□ どうしたの？	**Qu'est-ce qu'il y a ?** ケ　ス　キ　リ　ア
□ なぜなのか話してください。	**Dites-moi pourquoi.** ディトゥ　ムワ　プルクワ
□ わけを説明します。	**Je vais vous expliquer pourquoi.** ジュ　ヴェ　ヴ　ゼクスプリケ　プルクワ
□ 電車に乗り遅れたからです。	**Parce que j'ai raté le train.** パルス　ク　ジェ　ラテ　ル　トゥラン
□ よく分からなかったものですから。	**C'est que je n'ai pas bien compris.** セ　ク　ジュ　ネ　パ　ビアン　コンプリ
□ 理由は、息子の病気です。	**La raison, c'est que mon fils est malade.** ラ　レゾン　セ　ク　モン　フィス　エ　マラドゥ

会話を進めるための表現　　Disc 1　89

□ それで？	**Et alors ?** エ　アロール

□ それから?	**Et ensuite ?** エ アンスュイトゥ	
□ それでいったいなぜ?	**Et pourquoi donc ?** エ ブルクワ ドンク	
□ 話してください。	**Je vous écoute.** ジュ ヴ ゼクートゥ	
□ ほかには何が?	**Y a-t-il autre chose ?** イ ア ティル オトゥル ショーズ	
□ 結局、どうなったの?	**Comment ça s'est terminé ?** コマン サ セ テルミネ	
□ とても知りたいんだけど。	**J'aimerais bien savoir.** ジェムレ ビアン サヴワール	
□ 説明してもらえない?	**Tu ne veux pas m'expliquer ?** テュ ヌ ヴ パ メクスプリケ	
□ どうしてそうなの?	**Comment ça se fait ?** コマン サ ス フェ	
□ どうして?	**Pourquoi ?** ブルクワ	
□ 何でそうなったの?	**C'est à cause de quoi ?** セ タ コーズ ドゥ クワ	
□ どう、みんなうまくいってる?	**Alors, tout se passe bien ?** アロール トゥ ス パス ビアン	

第4章 意思表現編

□ うまくいったの？	**Ça s'est bien passé ?**	
□ どうしてそんなことに？	**Comment c'est arrivé ?**	
□ 要点を話してください。	**Racontez-moi l'essentiel.**	
□ 何について？	**C'est à quel sujet ?**	
□ ところで…。	**Au fait…**	
□ ああそうだ（それで思い出したけど）…。	**Ça me rappelle que…**	
□ ああ、思い出した！	**Ça y est, je m'en souviens !**	
□ またにしよう。	**On verra.**	

順序立てて話す   Disc 1　90

□ えーと、こういうことだったんだよ。	**Eh bien, voilà.**	
□ 最初は、うちに帰り着いてね…。	**Au début, je suis arrivé(e) chez moi...**	
□ まず、ドアが開いていたのが分かったんだ。	**D'abord, j'ai vu la porte ouverte.**	

☐ それから、靴がごちゃごちゃになっているのに気がついた。	**Ensuite**, j'ai remarqué que les chaussures étaient en désordre.
☐ その次に、家に入ったんだよ。	**Et puis**, je suis entré(e).
☐ 入ったとき、物音が聞こえたんだ。	**Quand** je suis entré(e), j'ai entendu du bruit.
☐ 突然、ドアがばたんと閉まった。	**Tout à coup**, la porte a claqué.
☐ それで、びっくりとして、大声を上げたんだ。	**Alors**, j'ai sursauté et j'ai crié fort.
☐ でも、ただ風が吹いたせいだったんだ。	**Mais** ce n'était qu'un coup de vent.
☐ その間に、隣の人たちが心配して来てくれたんだ。	**Entre-temps**, les voisins sont arrivés inquiets.
☐ みんなで家中を見て回った。	**Ensemble**, nous avons inspecté toute la maison.

☐ しばらくすると、カーテンが動いているのが見えた。	**Au bout de quelque temps, on a vu le rideau remuer.**
☐ そのあと、何と猫だったのが分かった。	**Après, nous avons découvert que c'était un chat.**
☐ そういうわけで、ほっとしたんだ。	**Donc, j'étais rassuré(e).**
☐ 少し後で、みんなは帰っていった。	**Un peu plus tard, tout le monde est reparti.**
☐ とうとう、この猫をならした。	**Enfin, j'ai apprivoisé ce chat.**
☐ 最後に、この猫を飼うことに決めたんだ。	**Finalement, j'ai décidé de garder ce chat.**
☐ 結局のところ、怖い思いをしたけど、すべては上手くいったんだ。	**En conclusion, j'ai eu peur mais tout s'est bien fini.**

第5章

レストラン・カフェ編

訪れた土地の料理を味わうのも旅の楽しみの一つです。世界三大料理の一つ、フランス料理ならなおのこと。レストランで、おしゃべりに花を咲かせながら、舌鼓を打つフランス人に倣って、私たちもおいしい時間を楽しみましょう。レストランの予約、注文、お勘定まで、大事な表現を取り上げました。

1 レストラン

予約・注文からお勘定まで、レストランで食事をするときの必須フレーズです。

店を選ぶ　　　　　　　　　　　　　　　　　　　　Disc 1　91

- □ この辺においしいレストランはありますか？
  Est-ce qu'il y a un bon restaurant par ici ?
  エス キ リ ア アン ボン レストラン パー リスィ

- □ この店はおいしくて値段も手ごろです。
  On mange bien dans ce restaurant et en plus, les prix sont raisonnables.
  オン マンジュ ビアン ダン ス レストラン エ アン プリュス レ プリ ソン レゾナーブル

- □ 一流レストランに行ってみたいです。
  Je voudrais aller dans un grand restaurant.
  ジュ ヴドゥレ アレ ダン ザン グラン レストラン

- □ 何を召し上がりたいですか？
  Que voudriez-vous manger ?
  ク ヴドゥリエ ヴ マンジェ

- □ フランスの伝統料理を味わってみたいです。
  Je voudrais goûter la cuisine traditionnelle française.
  ジュ ヴドゥレ グテ ラ キュイズィヌ トゥラディスィオネル フランセーズ

- □ イタリア料理を食べたいです。
  Je voudrais manger italien.
  ジュ ヴドゥレ マンジェ イタリアン

- □ インド料理は好きですか？
  Aimez-vous la cuisine indienne ?
  エメ ヴ ラ キュイズィヌ アンディエヌ

☐ 食べられないものはありますか？	**Y a-t-il quelque chose que vous ne pouvez pas manger ?** イ アティル ケルク ショーズ ク ヴ ヌ プヴェ パ マンジェ
☐ 牡蠣以外なら何でも食べられます。	**Je peux manger de tout, sauf des huîtres.** ジュ プ マンジェ ドゥ トゥ ソフ デ ズュイトゥル

予約する　　　　　　　　　　　　　　Disc 1　92

☐ 予約が必要ですか？	**Il faut réserver ?** イル フォ レゼルヴェ
☐ 予約をしたいのですが。	**Je voudrais faire une réservation.** ジュ ヴドゥレ フェール ユヌ レゼルヴァスィオン
☐ 今夜の8時に予約したいのですが、大丈夫ですか？	**Je voudrais réserver une table pour ce soir, vingt heures. Est-ce possible ?** ジュ ヴドゥレ レゼルヴェ ユヌ ターブル プール ス スワール ヴァン トゥール エ ス ポスィーブル
☐ 何名様ですか？	店員 **C'est pour combien de personnes ?** セ プール コンビアン ドゥ ペルソヌ
☐ 4名です。	**Pour quatre personnes.** プール カトゥル ペルソヌ
☐ はい、大丈夫です。	店員 **Oui, c'est possible.** ウィ セ ポスィーブル
☐ 申し訳ありませんが、今夜は満席です。	店員 **Désolé(e), mais ce soir, c'est complet.** デゾレ メ ス スワール セ コンプレ

第5章　レストラン・カフェ編

☐ 予約を取り消したいのですが。	**Je voudrais annuler ma réservation.** ジュ ヴドゥレ アニュレ マ レゼルヴァスィオン	

店に入る Disc 1 — 93

☐ いらっしゃいませ。
【店員】
Bonsoir, Messieurs-Dames.
ボンスワール　メスィゥ　ダーム
※男性と女性の複数の客に向かって言うときは、Monsieur, Madameの複数形を使います。縮めて Messieurs-Dames と言うことがあります。

☐ こんばんは。岡田です。予約をしています。
Bonsoir. C'est Monsieur Okada.
ボンスワール　セ　ムスィゥ　オカダ
J'ai réservé une table.
ジェ　レゼルヴェ　ユヌ　ターブル

☐ 岡田の名前で、4人、予約しています。
J'ai réservé quatre couverts au
ジェ　レゼルヴェ　カトゥル　クヴェール　オ
nom de Okada.
ノン　ドゥ　オカダ

☐ 予約をしていないのですが、席はありますか？
Je n'ai pas réservé, mais y a-t-il de
ジュ　ネ　パ　レゼルヴェ　メ　イ ア ティル ドゥ
la place ?
ラ　プラス

☐ 何名様ですか？
【店員】
Vous êtes combien ?
ヴ　ゼトゥ　コンビアン

☐ 2人です。
Nous sommes deux.
ヌ　ソム　ドゥ

☐ 混んでいますので、少しお待ちいただきます。
【店員】
Il y a du monde, il faut attendre un peu.
イリア デュ モンドゥ　イル フォ　アタンドゥ ラン プ

☐ 窓の近くの席がいいのですが。	**Je préférerais une table près de la fenêtre.** ジュ プレフェルレ ユヌ ターブル プレ ドゥ ラ フネートゥル	
☐ こちらへどうぞ。	店員 **Par ici, s'il vous plaît.** パー リスィ スィル ヴ プレ	

注文する　　　　　　　　　　　　　　　　　　　Disc 1　94

☐ お願いします！	**S'il vous plaît !** スィル ヴ プレ
☐ メニューをお願いします。	**Apportez-moi la carte, s'il vous plaît.** アポルテ ムワ ラ カルトゥ スィル ヴ プレ
☐ 食前酒を召し上がりますか？	店員 **Désirez-vous un apéritif ?** デズィレ ヴ アン ナペリティフ
☐ キールをお願いします。	**Un kir, s'il vous plaît.** アン キール スィル ヴ プレ
☐ ご注文はお決まりですか？	店員 **Vous avez choisi ?** ヴ ザヴェ ショワズィ
☐ 何をいただくか、決めかねています。	**Je ne sais pas quoi prendre.** ジュ ヌ セ パ クワ プランドゥル
☐ 何がお勧めですか？	**Que nous recommandez-vous ?** ク ヌ ルコマンデ ヴ
☐ お店の自慢料理は何ですか？	**Quelle est la spécialité de la maison ?** ケ レ ラ スペスィアリテ ドゥ ラ メゾン
☐ 本日のお勧め料理は何ですか？	**Quel est le plat du jour ?** ケ レ ル プラ デュ ジュール

第5章　レストラン・カフェ編

☐ 舌平目のムニエルでございます。	**店員** **Une sole meunière, Monsieur (Madame).** ユヌ ソル ムニエール ムスィウ （マダム）
☐ ラタトゥイユはどんな料理ですか？	**Qu'est-ce que c'est, une ratatouille ?** ケ ス ク セ ユヌ ラタトゥイユ
☐ 野菜の料理で、ズッキーニ、なす、トマト、ピーマンを煮込んだものです。	**店員** **C'est un plat de légumes avec des** セ タン プラ ドゥ レギュム アヴェク デ **courgettes, des aubergines, des tomates** クルジェトゥ デ ゾベルジヌ デ トマトゥ **et des poivrons cuits lentement.** エ デ プワヴロン キュイ ラントゥマン
☐ この中に何が入っていますか？	**Qu'est-ce qu'il y a dedans ?** ケ ス キ リ ア ドゥダン
☐ 20ユーロのコースにします。	**Je prends le menu à vingt euros.** ジュ プラン ル ムニュ ア ヴァン ウーロ
☐ 私も同じものをいただきます。	**Je prends la même chose.** ジュ プラン ラ メム ショーズ
☐ 前菜としてニース風サラダをいただきます。	**Comme entrée, je vais prendre une** コ マントゥレ ジュ ヴェ プランドゥル ユヌ **salade niçoise.** サラドゥ ニスワーズ
☐ メインは何をおとりになりますか？	**店員** **Qu'est-ce que vous prenez comme** ケ ス ク ヴ プルネ コム **plat principal ?** プラ プランスィパル

☐ ブフ・ブルギニヨン（ブルゴーニュ風牛肉の赤ワイン煮）にします。	**Je vais prendre un bœuf bourguignon.** ジュ ヴェ プランドゥル アン ブフ ブルギニョン
☐ ステーキはどんな焼き加減がお好みですか？	店員 **Quelle cuisson désirez-vous pour le steak ?** ケル キュイソン デズィレ ヴ プール ル ステク
☐ ウェルダンでお願いします。	**Bien cuit, s'il vous plaît.** ビアン キュイ スィル ヴ プレ ※レア bleu　ミディアムレア saignant　ミディアム à point
☐ 付け合わせは何になさいますか？	店員 **Quelle garniture désirez-vous ?** ケル ガルニテュール デズィレ ヴ
☐ フライドポテトでお願いします。	**Des frites, s'il vous plaît.** デ フリトゥ スィル ヴ プレ
☐ お飲み物は何になさいますか？	店員 **Qu'est-ce que vous prenez comme boisson ?** ケ ス ク ヴ プルネ コム ブワソン
☐ ワインリストをお願いします。	**Apportez-moi la carte des vins, s'il vous plaît.** アポルテ ムワ ラ カルトゥ デ ヴァン スィル ヴ プレ
☐ 赤ワインは何がありますか？	**Qu'est-ce que vous avez comme vins rouges ?** ケ ス ク ヴ ザヴェ コム ヴァン ルージュ

第5章 レストラン・カフェ編

☐ 白ワインはどれが お勧めですか？	**Qu'est-ce que vous nous conseillez comme vin blanc ?** ケ ス ク ヴ ヌ コンセイエ / コム ヴァン ブラン	

☐ この料理に合うワインはどれですか？
Quel vin va bien avec ce plat ?
ケル ヴァン ヴァ ビアン アヴェクス プラ

☐ ロゼをボトルで1本いただきます。
On va prendre une bouteille de rosé.
オン ヴァ プランドゥル ユヌ ブテイユ ドゥ ロゼ
※グラスで un verre de rosé　ピッチャーで un pichet de rosé

☐ 炭酸入りミネラルウォーターをください。
Apportez-nous de l'eau minérale gazeuse, s'il vous plaît.
アポルテ ヌ ドゥ ロ ミネラル / ガズーズ スィル ヴ プレ
※炭酸なしのミネラルウォーター　de l'eau non-gazeuse

☐ お水（水道水）をお願いします。
Une carafe d'eau, s'il vous plaît.
ユヌ カラフ ド スィル ヴ プレ

☐ パンをください。
Du pain, s'il vous plaît.
デュ パン スィル ヴ プレ

☐ 取り皿を2枚、お願いします。
Pourriez-vous nous apporter deux assiettes ?
プリエ ヴ ヌ ザポルテ ドゥ / ザスィエトゥ

☐ チーズのトレーをお持ちします。
【店員】
Je vous apporte le plateau de fromages.
ジュ ヴ ザポルトゥ ル プラト ドゥ フロマージュ

☐ デザートは何になさいますか？
【店員】
Qu'est-ce que vous prenez comme dessert ?
ケ ス ク ヴ プルネ コム / デセール

156

□チョコレートムースをお願いします。	**Une mousse au chocolat, s'il vous plaît.** ユヌ ムー ソ ショコラ スィル ヴ プレ	
□コーヒーはコースについていますか。	**Le café est compris dans le menu ?** ル カフェ エ コンプリ ダン ル ムニュ	
□濃いめのコーヒーをお願いします。	**Un café bien serré, s'il vous plaît.** アン カフェ ビアン セレ スィル ヴ プレ	

味わう　　　　　　　　　　　　　　　　　　　Disc 1　95

□美味しそう!	**Ça a l'air bon !** サ ア レール ボン
□いい匂い!	**Ça sent bon !** サ サン ボン
□どうやって食べるのか見せていただけませんか?	**Pouvez-vous me montrer comment** プヴェ ヴ ム モントゥレ コマン **on mange ce plat ?** オン マンジュ ス プラ
□すごく美味しい!	**C'est délicieux !** セ デリスィウ
□あまり美味しくない。	**Ce n'est pas très bon.** ス ネ パ トゥレ ボン
□辛い!	**C'est épicé !** セ テピセ ※塩辛い salé　甘い sucré　脂っこい gras　あっさりしている léger　パリパリしている croustillant
□ボリュームがあるね!	**C'est copieux !** セ コピウ

第5章 レストラン・カフェ編

☐ 調味料が足りない気がします。	Ça ne m'a pas l'air assez assaisonné.	
☐ ちょっと味が濃すぎます。	C'est un peu trop fort.	
☐ かたいね、この肉!	Elle est dure, cette viande !	
☐ このボルドーは子羊のステーキとよく合いますね。	Ce bordeaux va très bien avec le steak d'agneau.	
☐ とてもおいしかったです。	Le repas était très bon.	

苦情を言う　　　　　　　　　　　　　　　Disc 1 ⏵ 96

☐ 料理がまだ来ていません。	Je ne suis pas encore servi(e).	
☐ これは注文していません。	Je n'ai pas commandé cela.	
☐ この肉、よく焼けていません。	Cette viande n'est pas assez cuite.	

勘定　　　　　　　　　　　　　　　　　Disc 1 ⏵ 97

☐ お勘定をお願いします。	L'addition, s'il vous plaît.	

☐ 計算ミスだと思います。	**Je crois qu'il y a une erreur dans l'addition.** ジュ クルワ キ リ ア ユ ネルール ダン ラディスィオン
☐ カードは使えますか？	**Acceptez-vous les cartes de crédit ?** アクセプテ ヴ レ カルトゥ ドゥ クレディ
☐ カードはお使いになれません。	店員 **Nous n'acceptons pas les cartes de crédit.** ヌ ナクセプトン パ レ カルトゥ ドゥ クレディ
☐ 別々に払います。	**On paye séparément.** オン ペィユ セパレマン
☐ 今回は私が払います。	**Je vous invite cette fois-ci.** ジュ ヴ ザンヴィトゥ セトゥ フワ スィ
☐ 割り勘にしませんか？	**On partage ?** オン パルタージュ

第5章 レストラン・カフェ編

2 カフェ・ファーストフード

カフェ、ファーストフード店で使う表現を覚えておきましょう。

カフェ　　　　　　　　　　　　　　　　　　　　　　　　　Disc 1　98

□コーヒー飲む?	**On va prendre un café ?** オン ヴァ プランドゥル アン カフェ
□中の席より、外の席の方がいいね。	**Je préfère en terrasse plutôt qu'à l'intérieur.** ジュ プレフェール アン テラス プリュト カ ランテリウール
□コーヒーを一杯ください。	**Un café, s'il vous plaît.** アン カフェ スィル ヴ プレ
□カフェインなしのコーヒーはありますか?	**Vous avez du décaféiné ?** ヴ ザヴェ デュ デカフェイネ
□ハーブティーは何がありますか?	**Qu'est-ce que vous avez comme infusions ?** ケ ス ク ヴ ザヴェ コ マンフュズィオン
□砂糖とミルクをください。	**Du sucre et du lait, s'il vous plaît.** デュ スュクル エ デュ レ スィル ヴ プレ
□生ビールを一杯ください。	**Une pression, s'il vous plaît.** ユヌ プレスィオン スィル ヴ プレ
□ハムのサンドウィッチをください。	**Un sandwich au jambon, s'il vous plaît.** アン サンドゥウィチ オ ジャンボン スィル ヴ プレ

□マスタードを入れないでください。	**Sans moutarde, s'il vous plaît.** サン　ムタルドゥ　スィル　ヴ　プレ

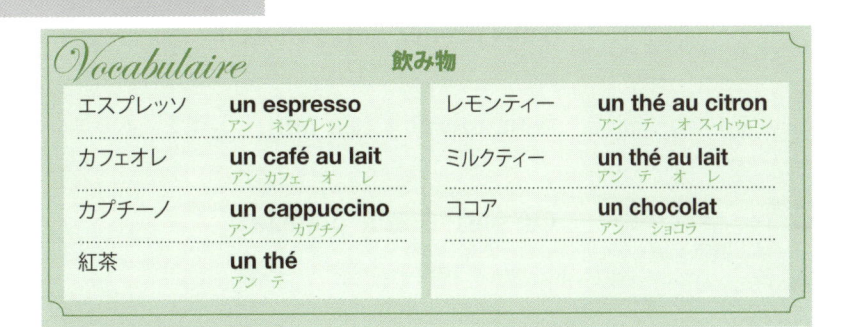

Vocabulaire　飲み物

エスプレッソ	**un espresso** アン　ネスプレッソ	レモンティー	**un thé au citron** アン　テ　オ　スィトゥロン
カフェオレ	**un café au lait** アン　カフェ　オ　レ	ミルクティー	**un thé au lait** アン　テ　オ　レ
カプチーノ	**un cappuccino** アン　カプチノ	ココア	**un chocolat** アン　ショコラ
紅茶	**un thé** アン　テ		

ファーストフード　　　Disc 1　99

□お持ち帰りですか、こちらで召し上がりますか？	店員 **C'est pour emporter ou pour manger sur place ?** セ　プー　ランポルテ　ウ　プール　マンジェ　スュル　プラス
□ここで食べます。	**C'est pour manger ici.** セ　プール　マンジェ　イスィ
□持ち帰りです。	**C'est pour emporter.** セ　プー　ランポルテ
□ハンバーガーとコーラをお願いします。	**Un hamburger et un coca, s'il vous plaît.** アン　アンブルゲル　エ　アン　コカ　スィル　ヴ　プレ
□コーラのサイズはMとLどちらにしますか？	店員 **Vous prenez un coca M ou L ?** ヴ　プルネ　アン　コカ　エム　ウ　エル

第5章　レストラン・カフェ編

☐ 氷を入れないでください。	**Sans glaçon, s'il vous plaît.**	サン グラソン スィル ヴ プレ
☐ 他にご注文はありますか？	店員 **Vous prenez autre chose ?**	ヴ プルネ オトゥル ショーズ
☐ いえ、これだけです。	**Non, merci. C'est tout.**	ノン メルスィ セ トゥ
☐ トレーはどこに置けばいいですか？	**Où pose-t-on le plateau ?**	ウ ポズ トン ル プラト

第 6 章

買 い 物 編

フランスでは、どの町でも、毎週決まった日に市（マルシェ）が立ちます。新鮮な野菜、果物、肉や魚、巡るだけでも楽しいマルシェでちょっとお買い物。デパート、ブティックでの買い物で役立つ表現、パン屋さんやスーパーで使う表現も取り上げています。

1 デパート・ブティック

自分が買いたい商品をしっかり手に入れるための基本フレーズです。

店に行く　　　　　　　　　　　　　　　　Disc 2　1

☐ デパートに買い物に行きます。

Je vais faire du shopping au grand magasin.
ジュ ヴェ フェール デュ ショピング オ グラン マガザン

☐ 定休日は何曜日ですか？

Quels sont les jours de fermeture ?
ケル ソン レ ジュール ドゥ フェルムテュール

店員
☐ この店は日曜以外は毎日営業しています。

Ce magasin est ouvert tous les jours sauf le dimanche.
ス マガザン エ トゥヴェール トゥ レ ジュール ソフ ル ディマンシュ

☐ 営業時間はいつですか？

Quelles sont les heures d'ouverture ?
ケル ソン レ ズール ドゥヴェルテュール

店員
☐ 朝 10 時から夜 8 時までです。

C'est de dix heures à vingt heures.
セ ドゥ ディ ズール ア ヴァン トゥール

商品を探す　　　　　　　　　　　　　　　Disc 2　2

店員
☐ 何かお探しですか？

Vous cherchez quelque chose ?
ヴ シェルシェ ケルク ショーズ

☐ ネクタイ売り場を探しています。

Je cherche le rayon cravates.
ジュ シェルシュ ル レィオン クラヴァトゥ

☐ 靴売り場はどこですか？	**Où est le rayon chaussures, s'il vous plaît ?**
☐ 3階です。	店員 **C'est au deuxième étage.**

Vocabulaire — 売り場

婦人服売り場	**le rayon femmes**
アクセサリー売り場	**le rayon accessoires**
紳士服売り場	**le rayon hommes**
子供服売り場	**le rayon enfants**
おもちゃ売り場	**le rayon jouets**
時計売り場	**le rayon horlogerie**
インテリア用品売場	**le rayon maison**
化粧品売り場	**le rayon beauté**

第6章 買い物編

☐ うかがっていますか？	店員 **On s'occupe de vous ?**
☐ 見ているだけです。	**Je regarde seulement.**
☐ 薄手のコートを探しています。	**Je cherche un manteau léger.**
☐ どんなタイプのものがありますか？	**Qu'est-ce que vous avez comme modèle ?**

□	いろいろあります。	**店員** **Vous avez le choix.** ヴ ザヴェル シュワ
□	最近、これが流行っています。	**店員** **C'est à la mode en ce moment.** セ タ ラ モードゥ アン ス モマン
□	ショーウィンドーにある靴を見せてください。	**Montrez-moi les chaussures qui sont en vitrine, s'il vous plaît.** モントゥレ ムワ レ ショスュール キ ソン タン ヴィトゥリヌ スィル ヴ プレ
□	左側（右側）のです。	**Celles de gauche(droite).** セル ドゥ ゴーシュ（ドゥルワトゥ）
□	バッグを探しているんですが。	**Je cherche un sac.** ジュ シェルシュ アン サク
□	プレゼント用です。	**C'est pour offrir.** セ プー ロフリール
□	ご予算は？	**店員** **Quel est votre budget ?** ケ レ ヴォトゥル ビュヂェ
□	このオー・ド・トワレの見本がありますか？	**Vous avez des échantillons pour cette eau de toilette ?** ヴ ザヴェ デ ゼシャンティオン プール セ ト ドゥトワレトゥ
□	香水は、瓶でお求めですか、それともスプレーですか？	**店員** **Vous voulez ce parfum en flacon ou en atomiseur ?** ヴ ヴレ ス パルファン アン フラコン ウ アン ナトミズール

□ こちらの商品は切らしております。	店員 **Cet article est épuisé.** セ タルティクル エ テピュイゼ	

サイズ・色について　　　　　　　　Disc 2　3

□ サイズはおいくつですか？	店員 **Quelle est votre taille ?** ケ レ ヴォトゥル タィユ
□ 38 です。	**Je fais du trente-huit.** ジュ フェ デュ トゥランテュイトゥ
□ 靴のサイズはおいくつですか？	店員 **Quelle est votre pointure ?** ケ レ ヴォトゥル プワンテュール
□ 40 です。	**Je chausse du quarante.** ジュ ショス デュ カラントゥ
□ 40 は切らしています。	店員 **Nous n'avons plus de quarante.** ヌ ナヴォン プリュ ドゥ カラントゥ
□ こちらをお試しください。	店員 **Pouvez-vous essayer celles-ci ?** プヴェ ヴ エセイエ セル スィ
□ もっと大きいサイズはありますか？	**Vous avez la taille au-dessus ?** ヴ ザヴェ ラ タィユ オ ドゥスュ
□ もっと小さいサイズはありますか？	**Vous avez la taille en dessous ?** ヴ ザヴェ ラ タィユ アン ドゥス
□ これの S サイズはありますか？	**Vous l'avez en S ?** ヴ ラヴェ アン エス
□ そちらはワンサイズです。	店員 **C'est une taille unique.** セ テュヌ タィユ ユニク

第6章　買い物編

☐ これのベージュはありますか？	**Vous l'avez en beige ?** ヴ　ラヴェ　アン ベージュ	

Vocabulaire　色

黄色	**jaune** ジョーヌ	ピンク	**rose** ローズ
赤	**rouge** ルージュ	グレー	**gris** グリ
白	**blanc** ブラン	紫	**violet** ヴィオレ
黒	**noir** ヌワール	茶色	**brun** ブラン
緑	**vert** ヴェール	栗色	**marron** マロン
青	**bleu** ブル	オレンジ	**orange** オランジュ

素材について　　　　　　　　　　　　　　　Disc 2　4

☐ 生地は何ですか？　　**C'est en quoi ?**
　　　　　　　　　　　セ　タン　クワ

店員
☐ 絹です。　　**C'est en soie.**
　　　　　　セ　タン　スワ

☐ この素材は何ですか？　**Qu'est-ce que c'est comme matière ?**
　　　　　　　　　　　ケ　ス　ク　セ　コム　マティエール

店員
☐ 牛革です。　　**C'est du cuir de vache.**
　　　　　　　セ　デュ キュイール ドゥ ヴァシュ

☐ 布製の軽いバッグがほしいんですが。　**Je voudrais un sac léger en tissu.**
　　　　　　　　　　　　　　　　　ジュ　ヴドゥレ　アン サク　レジェ アン ティスュ

Vocabulaire — 素材

綿	**en coton** アン コトン	麻	**en lin** アン ラン
ウール	**en laine** アン レーヌ	革	**en cuir** アン キュイール
ナイロン	**en nylon** アン ニロン		

値段について　　　　　　　　　　　　　　　　Disc 2 — 5

□ おいくらですか？
C'est combien ?
セ　コンビアン

□ このバッグ、いくらですか？
Combien coûte ce sac ?
コンビアン　クトゥ　ス　サク

□ ちょっと高いですね。
C'est un peu cher.
セ　タン　プ　シェール

□ すごく高い！
C'est hors de prix !
セ　オール　ドゥ　プリ

□ もっと安いのはありませんか？
Avez-vous quelque chose de moins cher ?
アヴェ　ヴ　ケルク　ショーズ　ドゥ　ムワン　シェール

□ もう少し安くしてもらえませんか？
Vous ne pourriez pas me faire un prix ?
ヴ　ヌ　プリエ　パ　ム　フェール　アン　プリ

□ もう値引きしてあります。
店員
Mais, c'est déjà une promotion.
メ　セ　デジャ　ユヌ　プロモスィオン

□ 安いですね。
C'est bon marché.
セ　ボン　マルシェ

第6章　買い物編

□すごく安い！	**C'est donné !** セ　ドネ	

□いまお買い得になっています。 【店員】
En ce moment, il y a des prix très intéressants.
アン ス モマン　イリア デ プリ トゥレ ザンテレサン

□いまバーゲンをやっていますか？
Vous faites des soldes en ce moment ?
ヴ フェトゥ デ ソルドゥ アン ス モマン

□当店の商品はすべて 30 パーセント引きになっています。 【店員】
Il y a trente pour cent de remise sur tous nos articles.
イリア トゥラントゥ プール サン ドゥ ルミーズ スュル トゥ ノ ザルティクル

商品についての感想　　　　　　　　　　Disc 2　6

□このデザインが好きです。
J'aime ce modèle.
ジェム ス モデル

□ヒールが高すぎます。
Les talons sont trop hauts.
レ タロン ソン トゥロ オ

□もっと幅の広いのがありますか？
Est-ce que vous avez un modèle plus large ?
エ ス ク ヴ ザヴェ アン モデル
プリュ ラルジュ

□どっちの方が似合うと思いますか？
À votre avis, lequel me va le mieux ?
ア ヴォトゥ ラヴィ　ルケル ム ヴァ ル ミウ

□こちらの方です。 【店員】
Celui-ci.
スリュイ スィ

□そちらの方が好みなのですが。	**Je préférerais celui-là.** ジュ プレフェルレ スリュイ ラ	
□スカートによくお似合いです。	店員 **Ça va bien avec votre jupe.** サ ヴァ ビアン アヴェク ヴォトゥル ジュプ	
□こちらのお色がよくお似合いです。	店員 **Cette couleur vous va bien.** セトゥ クルール ヴ ヴァ ビアン	
□ちょっと派手すぎないですか？	**Ce n'est pas un peu trop voyant ?** ス ネ パ アン プ トゥロ ヴゥィアン	
□迷っています。	**J'hésite.** ジェズィトゥ	
□またにします。	**Je vais réfléchir.** ジュ ヴェ レフレシール	

第6章 買い物編

Vocabulaire — 衣服

Tシャツ	**un tee-shirt**		ジーンズ	**un jean**
ブラウス	**un chemisier**		パンツ	**un pantalon**
ワイシャツ	**une chemise**		スカート	**une jupe**
セーター	**un pull**		ワンピース	**une robe**
カーディガン	**un cardigan**		スーツ	**un tailleur**
アンサンブル	**un ensemble**		背広	**un costume**
ジャケット	**une veste**		コート	**un manteau**
ベスト	**un gilet**		レインコート	**un imperméable**

靴

サンダル	**des sandales**
パンプス	**des escarpins**
ブーツ	**des bottes**
ハイヒール	**des chaussures à talons hauts**
ローヒール	**des chaussures à talons plats**
バスケットシューズ	**des baskets**

試着する　　Disc 2 – 7

- 試着してもいいですか？
  Je peux essayer ?

- 試着室はどこですか。
  Où sont les cabines d'essayage ?

- 店の奥、右側です。 〈店員〉
  Au fond du magasin à droite.

□ ぴったりです。　**C'est juste à ma taille.**
セ　ジュス　タ　マ　タィユ

□ 合いません。　**Ça ne me va pas.**
サ　ヌ　ム　ヴァ　パ

□ 小さすぎます。　**C'est trop petit.**
セ　トゥロ　プティ
※大きすぎ　trop grand

□ 長すぎます。　**C'est trop long.**
セ　トゥロ　ロン
※短すぎ　trop court

□ きつすぎます。　**C'est trop serré.**
セ　トゥロ　セレ
※ゆるすぎ　trop large

Vocabulaire

小物

スカーフ	**un foulard** (アン フラール)
マフラー	**une écharpe** (ユ ネシャルプ)
ネクタイ	**une cravate** (ユヌ クラヴァトゥ)
ベルト	**une ceinture** (ユヌ サンテュール)
手袋	**des gants** (デ ガン)
帽子	**un chapeau** (アン シャポ)
ハンカチ	**un mouchoir** (アン ムシュワール)
財布	**un portefeuille** (アン ポルトゥフゥィユ)
ハンドバッグ	**un sac à main** (アン サカ マン)
リュックサック	**un sac à dos** (アン サカ ド)
めがね	**des lunettes** (デ リュネトゥ)
サングラス	**des lunettes de soleil** (デ リュネトゥ ドゥ ソレイユ)
コンタクトレンズ	**des verres de contact** (デ ヴェール ドゥ コンタクトゥ)
腕時計	**une montre** (ユヌ モントゥル)
傘	**un parapluie** (アン パラプリュイ)

アクセサリー

イヤリング	**des boucles d'oreilles** (デ ブクル ドレイユ)
ネックレス	**un collier** (アン コリエ)
ブレスレット	**un bracelet** (アン ブラスレ)
指輪	**une bague** (ユヌ バグ)
ブローチ	**une broche** (ユヌ ブロシュ)
ペンダント	**un pendentif** (アン パンダンティフ)
金のネックレス	**une chaîne en or** (ユヌ シェヌ アンノール)

商品を買う

□これをいただきます。	**Je prends ça.** ジュ プラン サ
□レジはどこですか？	**Où est la caisse ?** ウ エ ラ ケス
□プレゼント用に包装していただけますか？	**Vous pouvez faire un paquet-cadeau ?** ヴ プヴェ フェール アン パケ カド
□お支払いはどうなさいますか？【店員】	**Vous payez comment ?** ヴ ペイエ コマン
□現金でお支払いですか、それとも小切手ですか？【店員】	**Vous réglez en espèces ou par chèque ?** ヴ レグレ アン ネスペス ウ パル シェク
□クレジットカードで払います。	**Je paye avec une carte de crédit.** ジュ ペイユ アヴェ キュヌ カルトゥドゥ クレディ
□身分証明書はお持ちですか？【店員】	**Avez-vous une pièce d'identité ?** アヴェ ヴ ユヌ ピエス ディダンティテ
□JCBカードは使えますか？	**Je peux payer avec la carte JCB ?** ジュ プ ペイエ アヴェクラ カルトゥ ジセベ
□分割払いになさいますか、一括払いになさいますか？【店員】	**Vous souhaitez payer en une ou plusieurs fois ?** ヴ スエテ ペイエ アン ニュヌ ウ プリュズィウール フワ

第6章 買い物編

	店員
□お客様のカードは効かないようです。	**Votre carte ne passe pas.** ヴォトゥル カルトゥ ヌ パス パ
□でも、今までに問題があったことはないです。	**Mais je n'ai jamais eu de problème** メ ジュ ネ ジャメ ユ ドゥ プロブレム **avec cette carte.** アヴェク セトゥ カルトゥ
□日本円は使えますか？	**Vous acceptez les yens ?** ヴ ザクセプテ レ イエン
□このワインを私の日本の住所へ送っていただけますか？	**Vous pourriez expédier ces vins à** ヴ プリエ エクスペディエ セ ヴァン ア **mon adresse au Japon ?** モン ナドゥレ ソ ジャポン
□送料はいくらかかりますか？	**Il faut compter combien pour les** イル フォ コンテ コンビアン プール レ **frais d'expédition ?** フレ デクスペディスィオン

返品・交換　　　　　　　　　　　　Disc 2　9

□取り替えてください。服にシミがついています。	**C'est pour un échange. Le vêtement** セ プー ラン ネシャンジュ ル ヴェトゥマン **est taché.** エ タシェ
□引き取っていただけますか？	**Vous pourriez le reprendre ?** ヴ プリエ ル ルプランドゥル
□だめですね、お品物はバーゲン商品ですから。 [店員]	**Non, parce que l'article était en** ノン パルス ク ラルティクル エテ タン **soldes.** ソルドゥ

☐ これを取り替えていただけますか？	**Pourriez-vous me le changer, s'il vous plaît ?** プリエ　ヴ　ム　ル　シャンジェ　スィル　ヴ　プレ
☐ はい、もちろんです。同じタイプのものがあるか、見て来ます。	店員 **Oui, bien sûr, mais je vais voir si nous avons le même modèle en stock.** ウィ　ビアン スュール　メ　ジュ ヴェ ヴワール スィ ヌ　ザヴォン ル　メム　モデル　アン ストク
☐ 払い戻してほしいのですが。	**Je voudrais me faire rembourser.** ジュ ヴドゥレ　ム フェール　ランブルセ
☐ レシートはお持ちですか？	店員 **Vous avez le ticket de caisse ?** ヴ　ザヴェル　ティケ　ドゥ　ケス

第6章　買い物編

パン屋・マルシェ・スーパー

楽しく買い物するために、自分の欲しいものをしっかり伝えられるようにしましょう。

買い物に行く

□冷蔵庫がほとんど空だ、買い物に行かなきゃ。	**Le frigo est presque vide, il faut faire les courses.**
□スーパーで買い物をします。	**Je fais les courses au supermarché.**
□近所の店で買い物をします。	**Je fais les courses dans les magasins du quartier.**
□買い物リストを書きました。	**J'ai fait une liste de courses.**
□ミネラルウォーター、バター、ジャム、牛乳、チーズが要ります。	**Il faut de l'eau minérale, du beurre, de la confiture, du lait et du fromage.**
□今日はマルシェで買い物するけど、一緒に来る？	**Aujourd'hui, je vais faire mon marché, tu viens ?**

□ バゲット1本とクロワッサン3個を買ってきて。	**Va acheter une baguette et trois croissants.** ヴァ アシュテ ユヌ バゲトゥ エ トゥルワ クルワサン

パン屋で　　　　　　　　　　Disc 2　11

□ こんにちは。バゲット1本とイチゴのタルトを2個ください。	**Bonjour Madame, je voudrais une baguette et deux tartelettes aux fraises.** ボンジュール マダム ジュ ヴドゥレ ユヌ バゲトゥ エ ドゥ タルトゥレ ト フレーズ
□ いくらになりますか？	**Ça fait combien ?** サ フェ コンビアン
□ 3ユーロ50セントです。	店員 **Ça fait trois euros cinquante.** サ フェ トゥルワ ズーロ サンカントゥ
□ すみません、小銭がなくて。	**Désolé(e), je n'ai pas de monnaie.** デゾレ ジュ ネ パ ドゥ モネ
□ クロワッサンはまだありますか？	**Est-ce qu'il vous reste des croissants ?** エス キル ヴ レストゥ デ クルワサン
□ 今度の日曜日のために誕生日ケーキを注文したいのですが。	**J'aimerais commander un gâteau d'anniversaire pour dimanche.** ジェムレ コマンデ アン ガト ダニヴェルセール プール ディマンシュ

マルシェで　　　　　　　　　　Disc 2　12

□ いらっしゃい、マダム、何にしますか？	店員 **Madame, vous désirez ?** マダム ヴ デジレ

第6章　買い物編

☐ ピーマン2個とアプリコットを1キロください。	Je voudrais deux poivrons et un kilo d'abricots.	
☐ ジャガイモを1袋ください。	Un sac de pommes de terre, s'il vous plaît.	
☐ さやインゲンを400グラムぐらいください。	Mettez-moi environ quatre cents grammes de haricots verts, s'il vous plaît.	
☐ サクランボを500グラムください。	Une livre de cerises, s'il vous plaît.	
☐ 卵、1ダースください。	Une douzaine d'œufs, s'il vous plaît.	
☐ はい、こちらです。ほかには？	[店員] Voilà Madame. Et avec ceci ?	
☐ それだけです。	C'est tout, merci.	
☐ これは何ですか？	Qu'est-ce que c'est ?	
☐ 鯛の一種です。	[店員] C'est une espèce de daurade.	
☐ 1キロあたりいくらですか？	Le kilo, c'est combien ?	

- □このソーセージ、1個いくらですか？
Ces saucissons, c'est combien la pièce ?
セ ソスィソン セ コンビアン ラ ピエス

- □このトマト、いくらですか？
Ces tomates, elles sont à combien ?
セ トマトゥ エル ソンタ コンビアン

- □ハムを5切れください。
Cinq tranches de jambon, s'il vous plaît.
サンク トゥランシュ ドゥ ジャンボン スィル ヴ プレ

- □イチゴを1パックください。
Mettez-moi une barquette de fraises, s'il vous plaît.
メテ ムワ ユヌ バルケトゥ ドゥ フレーズ スィル ヴ プレ

スーパーで
Disc 2] 13

- □カートを持って来てくれる？
Tu prends un caddie ?
テュ プラン アン カディ
※かご　un panier

- □すみません、乳製品売り場はどこですか？
Excusez-moi, je cherche le rayon crémerie, s'il vous plaît.
エクスキュゼ ムワ ジュ シェルシュ ル レィヨン クレムリ スィル ヴ プレ
※野菜果物売り場　le rayon fruits et légumes
　家庭用品売り場　le rayon entretien
　飲料水売り場　le rayon boissons

- □全部買ったからレジに行こう。
J'ai tout, je passe à la caisse.
ジェ トゥ ジュ パス ア ラ ケス

- □家まで配達していただけますか？
Faites-vous des livraisons à domicile ?
フェトゥ ヴ デ リヴレゾン ア ドミスィル

第6章　買い物編

□ はい、店の者がお宅までお持ちします。

店員
Oui, un employé peut vous apporter vos achats chez vous.
ウィ アン ナンプルワィエ プ ヴ ザポルテ ヴォ ザシャ シェ ヴ

Vocabulaire 店

パン屋	**boulangerie** ブランジュリ	薬局	**pharmacie** ファルマスィ
お菓子屋	**pâtisserie** パティスリ	衣料品店	**magasin de vêtements** マガザン ドゥ ヴェトゥマン
魚屋	**poissonnerie** ポワソヌリ	靴屋	**magasin de chaussures** マガザン ドゥ ショスュール
肉屋	**boucherie** ブシュリ	クリーニング店	**pressing** プレスィング
食料品店	**épicerie** エピスリ	美容院	**salon de coiffure** サロン ドゥ コワフュール
文房具店	**papeterie** パプトゥリ		
本屋	**librairie** リブレリ		

※「～の店に、店で」は、à をつけて à la boulangerie のように言います。

第7章

観光編

世界遺産を数多く有するフランス、どこに出かけてもすばらしい発見があります。花の都パリや地方都市を楽しむのも良し、自然豊かな田舎を訪れるのも良し。ツアーに参加して、お城巡りをするのもいいでしょう。また、個人で、お目当ての絵画を見に美術館へ。映画、観劇、スポーツ観戦、旅の楽しみに事欠きません。そんな折に使いたい表現を集めました。

1 地図と道順

観光に地図は必須アイテムです。地図を手にして、街を散策しましょう。

地図を入手する・行き先を聞く　　Disc 2 14

□観光案内所はどこですか？	**Où est l'office du tourisme ?** ウ エ ロフィス デュ トゥリスム
□町の地図はありますか？	**Auriez-vous un plan de la ville ?** オリエ ヴ アン プラン ドゥ ラ ヴィル
□すみません。	**Pardon, Monsieur.** パルドン ムスィウ **Excusez-moi, Monsieur.** エクスキュゼ ムワ ムスィウ
□リヨン駅はどこですか？	**Où est la gare de Lyon, s'il vous plaît ?** ウ エ ラ ガール ドゥ リオン スィル ヴ プレ
□駅へ行きたいのですが。	**Pour aller à la gare, s'il vous plaît ?** プール アレ ア ラ ガール スィル ヴ プレ ※メトロの駅　la station　鉄道の駅　la gare
□マルモッタン美術館へ行く道を教えていただけませんか？	**Pourriez-vous m'indiquer le chemin** プリエ ヴ マンディケ ル シュマン **pour aller au musée Marmottan ?** プール アレ オ ミュゼ マルモタン
□すみません、この辺りの者ではないんです。	**Désolé(e), je ne suis pas d'ici.** デゾレ ジュ ヌ スュイ パ ディスィ

184

□あそこのお巡りさんに聞いてみてください。	**Demandez à l'agent de police, là-bas.** ドゥマンデ ア ラジャン ドゥ ポリス ラ バ
□最初の通りを右に曲がってください。	**Prenez la première rue à droite.** プルネ ラ プルミエール リュ アドゥルワトゥ
□2つ目の信号を左に曲がってください。	**Tournez à gauche au deuxième feu.** トゥルネ ア ゴーシュ オ ドゥズィエム フ
□まっすぐ行ってください。	**Allez tout droit.** アレ トゥ ドゥルワ
□通りの突き当りです。	**C'est au bout de la rue.** セ ト ブ ドゥラ リュ
□道の反対側です。	**C'est de l'autre côté de la rue.** セ ドゥ ロトゥル コテ ドゥラ リュ
□この先、右側の角です。	**C'est au coin de la rue, à droite.** セ ト クワン ドゥラ リュ アドゥルワトゥ
□表示が出ていますよ。	**Vous verrez, c'est indiqué.** ヴ ヴェレ セ タンディケ
□交差点を渡ってください。	**Passez le carrefour.** パセ ル カルフール
□広場を横切ってください。	**Traversez la place.** トゥラヴェルセ ラ プラス

第7章 観光編

□ アンヴァリッドはこの方角でしょうか？	**Les Invalides, c'est bien dans cette direction ?**	

□ はい、この通りをこのまま行ってください。 **Oui, suivez cette rue.**

□ 公園の向かいにあります。 **C'est en face du jardin public.**

□ 駅の前にあります。 **C'est devant la gare.**
※後ろに derrière

□ 歩くとどのくらいかかりますか？ **Ça prend combien de temps, à pied ?**

□ 遠いですか？ **C'est loin ?**

□ 5分くらいです。 **C'est à cinq minutes.**

□ 歩いて行けますか？ **On peut y aller à pied ?**

□ 遠いので、地下鉄に乗ってください。 **C'est loin. Prenez donc le métro.**

□ 何線に乗ればいいですか？ **Quelle ligne dois-je prendre ?**

☐ 最寄り駅は何駅ですか？	**Quelle est la station la plus proche ?** ケ　レラ　スタスィオンラ　プリュ　プロシュ
☐ 道に迷いました。	**Je me suis perdu(e).** ジュ　ム　スュイ　ペルデュ
☐ この地図のどこにいるか教えていただけませんか？	**Pourriez-vous m'indiquer où je** プリエ　ヴ　マンディケ　ウ ジュ **suis, sur cette carte ?** スュイ　スュル セトゥ　カルトゥ
☐ この通りは何といいますか？	**Comment s'appelle cette rue ?** コマン　サペル　セトゥ　リュ

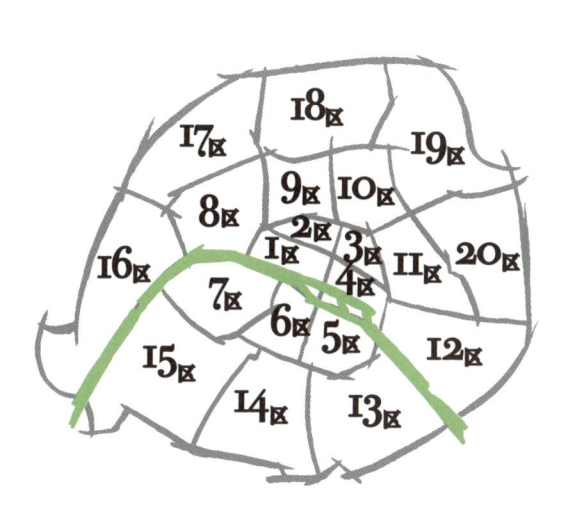

第7章　観光編

② ツアーに参加する

ツアーに申し込むときや観光先で使う表現を覚えましょう。

ツアーに参加する　　　　　　　　　　　　　　　Disc 2 15

□ どんなツアーがありますか？
Qu'est-ce qu'il y a comme tours organisés ?
ケ ス キ リ ア コム トゥール オルガニゼ

□ この地方の観光名所は何ですか？
Quels sont les sites touristiques intéressants dans cette région ?
ケル ソン レ スィトゥ トゥリスティク アンテレサン ダン セトゥ レジオン

□ この市内観光はどこを回りますか？
Quel est l'itinéraire de ce tour de la ville ?
ケ レ リティネレール ドゥ ス トゥール ドゥ ラ ヴィル

□ バトームッシュはどこで乗れますか？
Où est-ce qu'on peut prendre le bateau-mouche ?
ウ エ ス コン プ プランドゥル ル バトムーシュ

□ 夜のクルージングは何時ですか？
Les croisières du soir, c'est à quelle heure ?
レ クルワズィエール デュ スワール セ タ ケ ルール

□ エッフェル塔に登りたいんですが。
Je voudrais monter à la tour Eiffel.
ジュ ヴドゥレ モンテ ア ラ トゥー レフェル

188

☐	ジヴェルニーに日帰りで行きたいのですが。	**Je voudrais faire l'aller-retour Paris-Giverny en une journée.** ジュ ヴドゥレ フェール ラレ ルトゥール パリ ジヴェルニ アン ユヌ ジュルネ
☐	ロワール川お城巡りの観光バスツアーはありますか。	**Est-ce qu'il y a des excursions en car pour visiter les châteaux de la Loire ?** エス キリア デゼクスキュルスィオンアンカール プール ヴィズィテ レ シャト ドゥラ ルワール
☐	料金に食事代は含まれていますか？	**Les repas sont-ils inclus dans le prix du voyage ?** レ ルパ ソンティル アンクリュ ダン ル プリ デュヴワィアージュ
☐	日本語が話せるガイドはいますか？	**Y a-t-il un guide qui parle japonais ?** イ アティル アン ギドゥ キ パルル ジャポネ
☐	この建物は何ですか？	**Qu'est-ce que c'est, ce bâtiment ?** ケ スク セ ス バティマン
☐	古い劇場です。	**C'est un théâtre ancien.** セ タン テアトゥル アンスィアン
☐	世界遺産に指定されています。	**Il est classé patrimoine mondial.** イ レ クラセ パトゥリムワヌ モンディアル
☐	どの時代のものですか？	**Ça date de quelle époque ?** サ ダトゥドゥ ケ レポク
☐	17世紀のものです。	**Ça date du dix-septième siècle.** サ ダトゥ デュ ディセティエム スィエクル

第7章 観光編

☐ 当時のものですか、復元されたものですか？	**Le bâtiment est d'époque ou il a été restauré ?**
☐ 中を見られますか？	**On peut le visiter ?**
☐ 入場料はいくらですか。	**C'est combien, l'entrée ?**
☐ ガイドつきの見学はありますか？	**Est-ce qu'il y a des visites guidées ?**
☐ 見学時間はどれくらいありますか？	**On a combien de temps pour visiter ?**
☐ 何時に集合ですか？	**On se retrouve à quelle heure ?**
☐ 1時間後にここで集合です。	**On se retrouve ici dans une heure.**
☐ トイレはどこですか？	**Où sont les toilettes, s'il vous plaît ?**
☐ 写真を撮ってもいいですか？	**Est-ce qu'on peut prendre des photos ?**
☐ 写真を撮っていただけませんか？	**Pourriez-vous nous prendre en photo ?**

☐この辺りにお土産屋はありますか？	**Est-ce qu'il y a une boutique de souvenirs par ici ?** エス キ リ ア ユヌ ブティク ドゥ スヴニール パー リスィ
☐お土産にお勧めのものはありますか？	**Que me conseillez-vous comme souvenir ?** ク ム コンセィエ ヴ コム スヴニール
☐この土地の特産品は何ですか？	**Quelle est la spécialité de cette région ?** ケ レラ スペスィアリテ ドゥ セトゥ レジオン
☐セーヴル焼きです。	**C'est la porcelaine de Sèvres.** セラ ポルスレヌ ドゥ セーヴル
☐この土地の郷土料理は何ですか？	**Quelles sont les spécialités culinaires locales ?** ケル ソン レ スペスィアリテ キュリネール ロカル
☐ブイヤベースです。	**C'est la bouillabaisse.** セ ラ ブィアベス

第7章 観光編

3 美術館

お目当ての名画が観られるように、美術館の情報を得るための表現を覚えましょう。

美術館へ行く　　　　　　　　　　　　　　Disc 2　16

- マネの『笛を吹く少年』が見たいのですが。
  Je voudrais voir *Le fifre* de Manet.
  ジュ ヴドゥレ ヴワール ル フィフル ドゥ マネ

- オルセー美術館で見られますよ。
  Vous pouvez le voir au musée d'Orsay.
  ヴ プヴェル ヴワール オ ミュゼ ドルセ

- オーディオガイドはありますか？
  Y a-t-il un audio-guide ?
  イ ア ティル アン ノディオ ギドゥ

- ガイドつき見学は何時ですか？
  C'est à quelle heure, la visite guidée ?
  セ タ ケ ルール ラ ヴィズィトゥ ギデ

- 手荷物預かり所にバッグを預けられますか？
  Puis-je déposer mes sacs à la consigne ?
  ピュイ ジュ デポゼ メ サク ア ラ コンスィーニュ

- 館内にレストランがありますか？
  Y a-t-il un restaurant dans le musée ?
  イ ア ティル アン レストラン ダン ル ミュゼ

- ロダン美術館に行くのにどこで降りたらいいですか？
  Pour aller au musée Rodin, à quelle station dois-je descendre ?
  プール アレ オ ミュゼ ロダン ア ケル スタスィオン ドゥワ ジュ デサンドゥル

☐ 夜間開館日は何曜日ですか？	**Quel jour est-ce que le musée est ouvert la nuit ?**	ケル ジュール エ ス ク ル ミュゼ エ トゥヴェール ラ ニュイ
☐ 水曜日と金曜日です。	**Le mercredi et le vendredi.**	ル メルクルディ エル ヴァンドゥルディ
☐ 休館日はいつですか？	**Quel jour est-il fermé ?**	ケル ジュール エティル フェルメ
☐ 火曜日です。	**Le mardi.**	ル マルディ
☐ 入場無料です。	**L'entrée est gratuite.**	ラントゥレ エ グラテュイトゥ
☐ 並ばなければいけないのですか？	**Il faut faire la queue ?**	イル フォ フェール ラ ク
☐ 特別展を見るのに別のチケットが必要ですか？	**Faut-il un autre billet pour voir l'exposition temporaire ?**	フォ ティル アン ノトゥル ビエ プール ヴワール レクスポズィスィオン タンポレール

※常設展　l'exposition permanente.

☐ 時間指定のチケットはどこで買えますか？	**Où peut-on acheter des tickets «coupe-file» ?**	ウ プトン アシュテ デ ティケ クプ フィル
☐ フナックで買えます。	**On peut en acheter à la Fnac.**	オン プ アン ナシュテ ア ラ フナック

※Fnac　書籍、オーディオ、カメラ製品などを扱うチェーンストアです。プレイガイドもあり、チケットの購入ができます。

第7章　観光編

4 コンサート・観劇

自分の行きたいコンサートや舞台のチケットをとれるようにするための必須フレーズです。

コンサートへ行く　　Disc 2　17

- コンサートの前売券はどこで買えますか？
  Où est-ce qu'on peut acheter des billets de concert, à l'avance ?

- あちらの窓口です。
  【係員】
  Au guichet, là-bas.

- 11月10日のA席を2枚お願いします。
  Je voudrais deux places de catégorie A pour le dix novembre, s'il vous plaît.

- すみません、売り切れです。
  【係員】
  Désolé(e), tout est complet.

- いつならありますか？
  À quelle date est-ce qu'il reste des places ?

- 当日券は買えますか。
  On peut acheter les places le jour même ?

- 座席は指定席です。
  【係員】
  Les places sont numérotées.

- 1階の5列目です。
  【係員】
  C'est à l'orchestre, au cinquième rang.

☐ 指揮者は誰ですか？	**Qui est le chef d'orchestre ?** キ エ ル シェフ ドルケストゥル	
☐ オペラ座では何をやっていますか？	**Qu'est-ce qu'on donne à l'Opéra ?** ケ ス コン ドヌ ア ロペラ	
☐ 『白鳥の湖』です。	係員 **C'est *Le Lac des cygnes*.** セ ル ラック デ スィーニュ	
☐ 誰が主役を踊るのですか？	**Qui interprète le premier rôle ?** キ アンテルプレトゥル プルミエ ロール	
☐ 芝居のチケットを2枚持っています。ご一緒にいかがですか？	**J'ai deux places de théâtre. Vous venez avec moi ?** ジェ ドゥ プラス ドゥ テアートゥル ヴ ヴネ アヴェク ムワ	
☐ どの劇団ですか？	**C'est quelle troupe de théâtre ?** セ ケル トゥルプ ドゥ テアートゥル	
☐ 誰の演出ですか？	**Qui est le metteur en scène ?** キ エ ル メトゥー ラン セヌ	
☐ その芝居はいつまでやっていますか？	**Jusqu'à quand donne-t-on cette pièce ?** ジュスカ カン ドヌ トン セトゥ ピエス	
☐ ミュージカル『レ・ミゼラブル』は3ヶ月前からやっています。	係員 **La comédie musicale *Les Misérables* est donnée depuis trois mois.** ラ コメディ ミュズィカル レ ミゼラブル エ ドネ ドゥピュイ トゥルワ ムワ	

第7章 観光編

195

5 映画

上映中の映画の情報を聞き、フランスでも映画を楽しみましょう。

映画を見る　　　　　　　　　　　　　　　Disc 2 │ 18

□映画に行きませんか？	**Si on allait au cinéma ?** スィ オン ナレ オ スィネマ
□フランソワ・オゾンの最新作をもう観ましたか？	**Vous avez déjà vu le dernier film de** ヴ ザヴェ デジャ ヴュ ル デルニエ フィルム ドゥ **François Ozon ?** フランスワ オゾン
□話題になっています。	**On en parle beaucoup.** オン ナン パルル ボク
□見る価値があるそうです。	**Il paraît que ça vaut le coup.** イル パレ ク サ ヴォ ル ク
□新聞でとても好意的な批評を読みました。	**J'ai lu une critique très positive** ジェ リュ ユヌ クリティク トゥレ ポズィティヴ **dans le journal.** ダン ル ジュルナル
□映画館は満員でした。	**La salle de cinéma était comble.** ラ サル ドゥ スィネマ エテ コンブル
□いまどんないい映画をやっていますか？	**Qu'est-ce qu'il y a comme bons** ケ ス キ リ ア コム ボン **films, en ce moment ?** フィルム アン ス モマン

□新聞の映画演劇案内を見てください。	**Regardez le programme des spectacles dans le journal.**	
□どんな映画が見たいですか？	**Qu'est-ce que vous voulez voir comme film ?**	
□この映画、誰が出ているんですか？	**Qui est-ce qui joue dans ce film ?**	
□監督は誰ですか？	**Qui est le réalisateur ?**	
□ウッディ・アレンです。	**C'est Woody Allen.**	
□原語版ですか？	**C'est en version originale(V.O.) ?**	
□フランス語の字幕つきです。	**C'est sous-titré en français.**	
□フランス語の吹替版です。	**C'est la version française.**	
□どんなお話ですか？	**Quelle est l'histoire ?**	
□どこの映画館で上映していますか？	**Le film passe dans quelles salles ?**	

第7章 観光編

□上映時間はどれくらいですか？	**Le film dure combien de temps ?**	ル フィルム デュール コンビアン ドゥ タン
□次の上映は何時からですか？	**La prochaine séance est à quelle heure ?**	ラ プロシェヌ セアンス エ タ ケ ルール
□2枚ください。	**Deux places, s'il vous plaît.**	ドゥ プラス スィル ヴ プレ
□学生券を1枚ください。	**Une place étudiant, s'il vous plaît.**	ユヌ プラス エテュディアン スィル ヴ プレ

Le Tour de France

6 スポーツ観戦

スポーツ観戦やスポーツの話題を楽しむために、ここに紹介するフレーズを使ってみましょう。

スポーツ観戦　　　　　　　　　　　　　　　Disc 2　19

□サッカーの試合を観に行きませんか？	**Si on allait voir un match de football ?** スィ オン ナレ ヴワール アン マチ ドゥ フトゥボル
□どのチームの試合ですか？	**Un match entre quelles équipes ?** アン マチ アントゥル ケル ゼキプ
□フランスとイタリアです。	**Entre la France et l'Italie.** アントゥル ラ フランス エ リタリ
□ワールドカップの前の親善試合です。	**C'est un match amical avant la Coupe du Monde.** セ タン マチ アミカル アヴァン ラ クプ デュ モンドゥ
□試合はどこでありますか？	**Où aura lieu le match ?** ウ オラ リウ ル マチ
□サン・ドニのスタッド・ド・フランスです。	**Au Stade de France à Saint-Denis.** オ スタドゥ ドゥ フランス ア サン ドゥニ
□どちらのチームを応援しますか？	**Vous êtes pour quelle équipe ?** ヴ ゼトゥ プール ケ レキプ
□フランスチームがんばれ!	**Allez les Bleus !** アレ レ ブル
□どの選手が好きですか？	**Quel joueur aimez-vous ?** ケル ジュウール エメ ヴ

第7章 観光編

199

☐このチームに日本人選手はいますか？	**Y a-t-il des joueurs japonais dans cette équipe ?**
☐前半終了まであと5分です。	**Il reste cinq minutes avant la fin de la première mi-temps.**
☐この選手は反則で退場です。	**Ce joueur doit quitter le terrain pour une faute grave.**
☐フランスチームが2本のゴールを決めました。	**L'équipe française a marqué deux buts.**
☐試合は引き分けです。	**C'est un match nul.**
☐フランスが2対1でイタリアに勝ちました。	**La France a gagné deux-un contre l'Italie.**
☐テニスのフレンチオープンはどこで開かれますか？	**Où ont lieu les internationaux de France de tennis ?**
☐ローランギャロスです。	**C'est au stade Roland-Garros.**

☐	準々決勝の試合が雨で中止になりました。	**Les quarts de finale sont annulés à cause de la pluie.**
☐	フランスの選手が準決勝で勝ちました。	**Un joueur français a gagné la demi-finale.**
☐	女子決勝は何時からですか？	**C'est à quelle heure, la finale dames ?** ※男子決勝　la finale messieurs
☐	アメリカの選手がストレートで勝ちました。	**Une joueuse américaine a gagné deux sets d'affilée.**
☐	フランスでは、柔道が人気のスポーツですね。	**En France, le judo est un sport très populaire.**
☐	世界チャンピオンの選手がいます。	**On a des judokas champions du monde.**
☐	国内大会はベルシーの総合体育館であります。	**Les compétitions nationales ont lieu au palais omnisports de Paris-Bercy.**

第7章　観光編

☐ フィギュアスケートのヨーロッパ選手権を観に行きたいです。	Je voudrais aller voir le championnat d'Europe de patinage artistique.
☐ パリマラソンに参加する友達がいます。	J'ai une amie qui va participer au Marathon de Paris.
☐ 応援に行きましょう。	Allons l'encourager.
☐ ツールドフランスのフィニッシュが見たいのですが。	Je voudrais assister à l'arrivée du Tour de France.
☐ コンコルド広場近くは混雑しますよ。	Il y aura du monde près de la place de la Concorde.
☐ テレビで観た方がいいと思います。	Il vaudrait mieux la regarder à la télévision.

第8章

空港・機内・ホテル編

フランスの空の玄関、シャルル・ド・ゴール空港。フランス語のアナウンス、表示に従って、さあ、旅の第一歩を踏み出しましょう。機内、入国手続きで使う表現、ホテルの予約、フロント係との会話で使う表現など、旅に不可欠の表現を覚えましょう。

1 出発する空港で

搭乗手続きの際に使うフレーズは決まっているので、しっかりと覚えておきましょう。

搭乗手続き　　　　　　　　　　　　　　Disc 2 | 20

- ☐ 搭乗手続きはどちらですか？

  Où est l'enregistrement, s'il vous plaît ?
  ウ エ ランルジストゥルマン スィル ヴ プレ

- ☐ インターネットで搭乗手続きを済ませています。

  J'ai déjà fait l'enregistrement sur Internet.
  ジェ デジャ フェ ランルジストゥルマン スュー ランテルネトゥ

- ☐ エールフランスのカウンターはどこですか？

  Où est le comptoir d'Air France, s'il vous plaît ?
  ウ エ ル コントゥワール デール フランス スィル ヴ プレ

- ☐ 出発はターミナル2Eです。

  Le départ est au terminal deux E.
  ル デパール エ ト テルミナル ドゥ ウ

- ☐ 荷物を預けたいです。

  Je voudrais enregistrer mes bagages.
  ジュ ヴドゥレ アンルジストゥレ メ バガージュ

- ☐ こちらがお預けになるお荷物ですか？

  【空港係員】
  Ce sont vos bagages à enregistrer ?
  ス ソン ヴォ バガー ジャ アンルジストゥレ

- ☐ こちらのスーツケースには壊れやすいものが入っています。

  Il y a des objets fragiles dans cette valise.
  イリア デ ゾブジェ フラジル ダン セトゥ ヴァリーズ

☐お荷物が重量オーバーになっています。	空港係員	**Vous avez un excédent de bagages.** ヴ ザヴェ アン ネクセダン ドゥ バガージュ
☐荷物の一部を機内持ち込みの方に入れます。		**Je vais mettre une partie de mes** ジュ ヴェ メトゥル ユヌ パルティ ドゥ メ **affaires dans mes bagages à main.** ザフェール ダン メ バガー ジャ マン
☐パスポートと航空券をお願いします。	空港係員	**Votre passeport et votre billet, s'il** ヴォトゥル パスポール エ ヴォトゥル ビエ スィル **vous plaît.** ヴ プレ
☐窓側の席になさいますか、通路側になさいますか？	空港係員	**Vous préférez une place côté fenêtre** ヴ プレフェレ ユヌ プラス コテ フネートゥル **ou côté couloir ?** ウ コテ クルワール
☐通路側をお願いします。		**Côté couloir, s'il vous plaît.** コテ クルワール スィル ヴ プレ
☐隣り合った席がいいです。		**Nous voudrions deux places à côté** ヌ ヴドゥリオン ドゥ プラス ア コテ **l'une de l'autre.** リュヌ ドゥ ロトゥル
☐こちらが搭乗券です。	空港係員	**Voilà votre carte d'embarquement.** ヴワラ ヴォトゥル カルトゥ ダンバルクマン
☐ご搭乗は10時15分からで、53番ゲートです。	空港係員	**Embarquement à dix heures quinze,** アンバルクマン ア ディ ズール カンズ **porte cinquante-trois.** ポルトゥ サンカントゥ トゥルワ

第8章 空港・機内・ホテル編

☐ 行ってらっしゃいませ！	空港係員 **Bon voyage !** ボン ヴワィアージュ	
☐ 搭乗までに、免税店で少し買い物をしたいな。	**En attendant l'embarquement, je** アン ナタンダン ランバルクマン ジュ **veux faire quelques achats dans les** ヴ フェール ケルク ザシャ ダン レ **boutiques hors taxes.** ブティク オール タクス	

搭乗する　　　　　　　　　　　　　　　Disc 2　21

☐ 搭乗はもう始まっています。お急ぎください。	空港係員 **L'embarquement a déjà commencé.** ランバルクマン ア デジャ コマンセ **Dépêchez-vous !** デペシェ ヴ	
☐ 搭乗ゲートはどこですか？	**Où est la porte d'embarquement ?** ウ エ ラ ポルトゥ ダンバルクマン	
☐ 手荷物検査が混んでいます。	**Il y a beaucoup de monde au** イリア ボク ドゥ モンドゥ オ **contrôle des bagages à main.** コントゥロル デ バガー ジャ マン	
☐ このペットボトルは持ち込めません。	空港係員 **Vous ne pouvez pas prendre cette** ヴ ヌ プヴェ パ プランドゥル セトゥ **bouteille plastique en cabine.** ブテイユ プラスティク アン カビヌ	
☐ 靴を脱いでください。	空港係員 **Déchaussez-vous, s'il vous plaît.** デショセ ヴ スィル ヴ プレ	

□パスポートと搭乗券を見せてください。

空港係員

Votre passeport et votre carte
ヴォトゥル　パスポール　エ　ヴォトゥル　カルトゥ
d'embarquement, s'il vous plaît.
　　ダンバルクマン　　　スィル　ヴ　　プレ

第8章　空港・機内・ホテル編

② 飛行機

機内でできるだけ快適に過ごすために、基本フレーズを上手に活用しましょう。

機内での会話

□ シートベルトをお締めください。	客室乗務員 **Attachez votre ceinture, s'il vous plaît.** アタシェ ヴォトゥル サンテュール スィル ヴ プレ
□ 携帯電話の電源をお切りください。	客室乗務員 **Éteignez votre portable, s'il vous plaît.** エテニェ ヴォトゥル ポルターブル スィル ヴ プレ
□ お飲み物はいかがですか？	客室乗務員 **Vous désirez une boisson ?** ヴ デズィレ ユヌ ブワソン
□ お肉とお魚、どちらになさいますか？	客室乗務員 **Vous prendrez de la viande ou du poisson ?** ヴ プランドゥレ ドゥ ラ ヴィアンドゥ ウ デュ プワソン
□ 魚をお願いします。	**Du poisson, s'il vous plaît.** デュ プワソン スィル ヴ プレ
□ トレーを下げていただけますか？	**Pourriez-vous desservir, s'il vous plaît ?** プリエ ヴ デセルヴィール スィル ヴ プレ
□ 毛布をもう一枚お願いします。	**Je pourrais avoir une couverture supplémentaire, s'il vous plaît.** ジュ プレ アヴワール ユヌ クヴェルテュール スュプレマンテール スィル ヴ プレ

□バッグを荷物入れに入れたいのですが。	**Je voudrais mettre mon sac dans le compartiment à bagages.** ジュ ヴドゥレ メトゥル モン サク ダン ル コンパルティマン ア バガージュ
□すみませんが、通していただけますか。	**Excusez-moi, je voudrais passer.** エクスキュゼ ムワ ジュ ヴドゥレ パセ
□席を替わってもいいですか？	**Est-ce que je peux changer de place ?** エス ク ジュ プ シャンジェ ドゥ プラス
□席を倒してもいいですか？	**Est-ce que je peux incliner mon siège ?** エス ク ジュ プ アンクリネ モン スィエージュ
□あとどれくらいで着きますか？	**On arrive dans combien de temps ?** オン ナリーヴ ダン コンビアン ドゥ タン
□3時間です。現地時間の18時につきます。	客室乗務員 **Dans trois heures. On arrive à dix-huit heures, heure locale.** ダン トゥルワ ズール オン ナリーヴ ア ディズュイ トゥール ウール ロカル
□時差は何時間ですか？	**Il y a combien d'heures de décalage horaire ?** イリア コンビアン ドゥール ドゥ デカラージュ オレール
□8時間です。	客室乗務員 **Huit heures.** ユイ トゥール
□テーブルを元の位置にお戻しください。	客室乗務員 **Relevez votre tablette, s'il vous plaît.** ルルヴェ ヴォトゥル タブレトゥ スィル ヴ プレ

第8章 空港・機内・ホテル編

□座席を元の位置に
お戻しください。

客室乗務員

Redressez le dossier de votre siège,
ルドゥレセ　ル　ドスィエ　ドゥ ヴォトゥル スィエージュ
s'il vous plaît.
スィル ヴ プレ

3 到着した空港で

入国審査官や税関職員との会話をスムーズに行うための重要表現を覚えましょう。

入国審査　　　　　　　　　　　　　　　　　　Disc 2　23

□ 入国の目的は何ですか？
空港係員
Quel est le but de votre venue en France ?
ケ　レ　ル ビュトゥ ドゥ ヴォトゥル ヴニュ アン フランス

□ 観光です。
C'est pour faire du tourisme.
セ　プール フェール デュ　トゥリスム

□ 仕事です。
Je viens pour mon travail.
ジュ ヴィアン プール　モン トゥラヴァィユ

□ 勉強です。
Je viens pour mes études.
ジュ ヴィアン プール　メ　ゼテュドゥ

□ 滞在期間はどれくらいですか？
空港係員
Combien de temps restez-vous ?
コンビアン　ドゥ　タン　レステ　ヴ

□ フランスでの宿泊先はどちらですか？
空港係員
Quelle est votre adresse en France ?
ケ　レ　ヴォトゥ ラドゥレス アン　フランス

□ 友人宅です。
Je séjourne chez un ami.
ジュ セジュルヌ　シェ　ザン　ナミ

□ ホテルです。
Je descends dans un hôtel.
ジュ　デサン　　ダン　ザン　ノテル

第8章　空港・機内・ホテル編

211

荷物を受け取る

- 国際線のお客様は荷物をおとりになる前に、パスポートコントロールにお進みください。

  空港係員
  Votre vol est international. Avant de récupérer vos bagages de soute, vous devez passer le contrôle de l'immigration.

- その後、荷物を持って、税関にお進みください。

  空港係員
  Puis, avec vos bagages, vous passerez à la douane.

- お乗り継ぎの方は、ご搭乗まで待合室においでください。

  空港係員
  Les passagers en correspondance vont dans les salles d'attente jusqu'à l'embarquement.

- 荷物はどこで受け取るのですか？

  Où est-ce qu'on récupère les bagages ?

- カートが1台要ります。

  J'ai besoin d'un chariot.

- 私のスーツケースが出てきません。

  Ma valise n'est pas arrivée.

- 預かり証を持って荷物サービスに行ってください。

  空港係員
  Vous allez au service bagages avec votre récépissé.

☐ 見つかり次第、ホテルにお届けいたします。	空港係員 **Dès que nous la retrouvons, nous la faisons livrer à votre hôtel.** デ ク ヌ ラ ルトゥルヴォン ヌ ラ フゾン リヴレ ア ヴォトゥ ロテル

税関申告　　　　　　　　　　　　　　　　Disc 2 25

☐ 申告するものは何もありませんか？	空港係員 **Vous n'avez rien à déclarer ?** ヴ ナヴェ リアン ナ デクラレ
☐ 何もありません。	**Je n'ai rien à déclarer.** ジュ ネ リアン ナ デクラレ
☐ いえ、あります。ビデオカメラです。	**Si, une caméra vidéo.** スィ ユヌ カメラ ヴィデオ

第8章　空港・機内・ホテル編

4 ホテル

ホテルでの宿泊を楽しむために、ここで紹介する必須フレーズを使ってみましょう。

予約する　Disc 2　26

□ 予約をお願いします。
Le service de réservation, s'il vous plaît.
ル セルヴィス ドゥ レゼルヴァスィオン スィル ヴ プレ

□ いつからのお泊りでいらっしゃいますか？
フロント係
À partir de quand réservez-vous ?
ア パルティール ドゥ カン レゼルヴェ ヴ

□ 5月7日からです。
À partir du sept mai.
ア パルティール デュ セトゥ メ

□ 何泊のご予定ですか？
フロント係
Combien de nuits pensez-vous rester ?
コンビアン ドゥ ニュイ パンセ ヴ レステ

□ 2泊の予定です。
Je resterai deux nuits.
ジュ レストゥレ ドゥ ニュイ

□ 何名様ですか？
フロント係
Pour combien de personnes ?
プール コンビアン ドゥ ペルソヌ

□ シングルかツインのどちらの部屋がご希望ですか？
フロント係
Vous désirez une chambre simple ou
ヴ デズィレ ユヌ シャンブル サンプル ウ
une chambre à deux lits ?
ユヌ シャンブル ラ ドゥ リ

□ シャワーつきかバスつきの部屋のどちらがよろしいですか？
フロント係
Vous préférez une chambre avec
ヴ プレフェレ ユヌ シャンブル アヴェク
douche ou avec salle de bains ?
ドゥーシュ ウ アヴェク サル ドゥ バン

	フロント係	
☐申し訳ございませんが、満室です。	Je suis désolé(e), mais l'hôtel est complet. ジュ スュイ デゾレ　メ　ロテル エ　コンプレ	

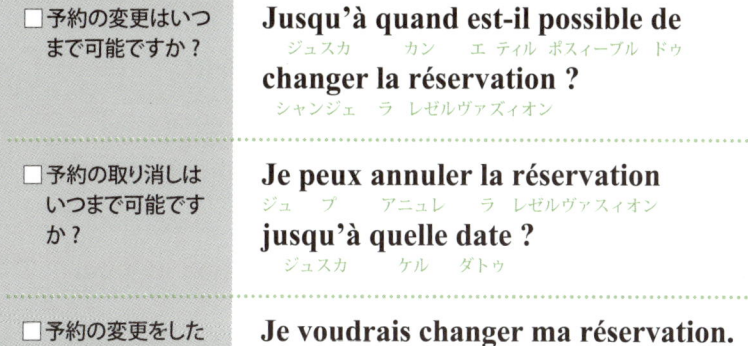

☐シングルの部屋は満室です。
フロント係
Nous n'avons plus de chambres simples.
ヌ　ナヴォン プリュ ドゥ シャンブル　サンプル

☐一泊おいくらですか？
C'est combien, la nuit ?
セ　コンビアン　ラ ニュイ

☐朝食はついていますか？
Le petit déjeuner est-il compris ?
ル プティ　デジュネ　エ ティル コンプリ

☐朝食は別料金です。
フロント係
C'est petit déjeuner non compris.
セ プティ　デジュネ　ノン　コンプリ

☐禁煙ルームをお願いします。
Je voudrais une chambre
ジュ　ヴドゥレ　ユヌ　シャンブル
non-fumeurs, s'il vous plaît.
ノン　フュムール　スィル ヴ　プレ

予約を変更する・取り消す　　Disc 2　27

☐予約の変更はいつまで可能ですか？
Jusqu'à quand est-il possible de
ジュスカ　　カン　エ ティル ポスィーブル ドゥ
changer la réservation ?
シャンジェ　ラ レゼルヴァスィオン

☐予約の取り消しはいつまで可能ですか？
Je peux annuler la réservation
ジュ プ　アニュレ　ラ レゼルヴァスィオン
jusqu'à quelle date ?
ジュスカ　　ケル　ダトゥ

☐予約の変更をしたいです。
Je voudrais changer ma réservation.
ジュ ヴドゥレ　シャンジェ　マ レゼルヴァスィオン

第8章　空港・機内・ホテル編

215

☐ チェックイン日を5月7日から10日に変更できますか？	**Est-ce possible de changer la date du sept au dix mai ?** エス ポスィーブル ドゥ シャンジェ ラ ダトゥ デュ セトゥ オ ディ メ	
☐ 予約の取り消しをしたいです。	**Je voudrais annuler ma réservation.** ジュ ヴドゥレ アニュレ マ レゼルヴァスィオン	

チェックイン・チェックアウト　　　　　Disc 2　28

☐ 今晩、まだ空いている部屋がありますか？	**Y a-t-il encore des chambres pour ce soir ?** イ ア ティル アンコール デ シャンブル プール ス スワール	
☐ インターネットで予約しています。	**J'ai réservé par Internet.** ジェ レゼルヴェ パー ランテルネトゥ ※電話で　par téléphone	
☐ どちら様でしょうか…。	フロント係 **Vous êtes Monsieur…?** ヴ ゼトゥ ムスィウ	
☐ 岡田の名前で予約しています。	**Bonjour, j'ai réservé au nom de Okada.** ボンジュール ジェ レゼルヴェ オ ノン ドゥ オカダ	
☐ 少々お待ちください。	フロント係 **Un instant, s'il vous plaît.** アン ナンスタン スィル ヴ プレ	
☐ はい、35号室をご用意してあります。	フロント係 **Oui, vous avez la chambre trente-cinq.** ウィ ヴ ザヴェ ラ シャンブル トゥラントゥ サンク	
☐ 岡田様のお名前でのご予約はありません。	フロント係 **Il n'y a pas de réservation au nom de Okada.** イル ニ ア パ ドゥ レゼルヴァスィオン オ ノン ドゥ オカダ	

□でも、9月6日にちゃんと予約をしましたよ。	Mais j'ai bien fait une réservation le six septembre.
□申し訳ありませんが、お客様のご予約は入っておりません。 [フロント係]	Excusez-moi, mais votre réservation n'est pas enregistrée.
□中庭に面した静かな部屋をお願いします。	Je voudrais une chambre tranquille côté cour. ※眺めのいい部屋 une chambre avec une belle vue
□鍵をどうぞ。 [フロント係]	Voici votre clé.
□部屋は何階ですか？	La chambre est à quel étage ?
□朝食はどこですか？	Où est servi le petit déjeuner ?
□朝食は何時から何時までですか？	On peut prendre le petit déjeuner de quelle heure à quelle heure ?
□インターネット接続ができますか？	Est-ce qu'on peut avoir accès à Internet dans votre hôtel ?

第8章 空港・機内・ホテル編

□はい、どこでも無線LANをご利用いただけます。	**フロント係** **Oui, partout avec WIFI.** ウィ パルトゥ アヴェク ウィフィ
□無料です。	**フロント係** **C'est gratuit.** セ グラテュイ
□有料です。	**フロント係** **C'est payant.** セ ペィアン
□フロントでアクセスコードを聞いてください。	**ホテル従業員** **Il faut demander un code d'accès à la réception.** イル フォ ドゥマンデ アン コドゥ ダクセ ア ラ レセプスィオン
□チェックアウトは何時までですか？	**À quelle heure dois-je libérer la chambre ?** ア ケ ルール ドゥワ ジュ リベレ ラ シャンブル
□チェックアウトをお願いします。	**Ma note, s'il vous plaît.** マ ノトゥ スィル ヴ プレ
□この20ユーロは何ですか？	**Qu'est-ce que c'est, ces vingt euros ?** ケ ス ク セ セ ヴァン トゥーロ
□こちらはお電話代です。	**フロント係** **Ce sont vos communications.** ス ソン ヴォ コミュニカスィオン
□電話は使っていませんよ。	**Je n'ai pas téléphoné.** ジュ ネ パ テレフォネ
□間違いじゃないでしょうか。	**Il y a certainement une erreur.** イリア セルテヌマン ユ ネルール

フロントで　　　Disc 2 ｜ 29

- 鍵を預けます。

  Je vous laisse ma clé.
  ジュ　ヴ　レス　マ　クレ

- 鍵をお願いします。35号室です。

  Je voudrais ma clé, s'il vous plaît.
  ジュ　ヴドゥレ　マ　クレ　スィル　ヴ　プレ
  C'est la chambre trente-cinq.
  セ　ラ　シャンブル　トゥラントゥサンク

- 私宛てのメッセージはありませんか？

  Est-ce qu'il y a des messages pour moi ?
  エス　キ　リ　ア　デ　メサージュ　プール　ムワ

- スーツケースを預かっていただけますか？

  Est-ce que je peux laisser ma valise ?
  エス　ク　ジュ　プ　レセ　マ　ヴァリーズ

ルームサービス　　　Disc 2 ｜ 30

- ルームサービスをお願いします。

  Le service d'étage, s'il vous plaît.
  ル　セルヴィス　デタージュ　スィル　ヴ　プレ

- 朝食を持って来ていただけませんか？

  Pourriez-vous m'apporter le petit déjeuner, s'il vous plaît ?
  プリエ　ヴ　マポルテ　ル　プティ　デジュネ　スィル　ヴ　プレ

- お部屋は何番ですか？

  係員
  Quel est le numéro de votre chambre ?
  ケ　レ　ル　ニュメロ　ドゥ　ヴォトゥル　シャンブル

- 入ってください。

  Entrez.
  アントゥレ

第8章　空港・機内・ホテル編

☐ 部屋につけておいてください。	**Vous mettrez ça sur ma note, s'il vous plaît.** ヴ メトゥレ サ スュル マ ノトゥ スィル ヴ プレ

困ったとき Disc 2 31

☐ お湯が出ません。	**Il n'y a pas d'eau chaude.** イル ニ ア パ ド ショードゥ
☐ 水が漏れています。	**Il y a une fuite d'eau.** イリア ユヌ フュイトゥ ド
☐ エアコンが故障しています。	**La climatisation est en panne.** ラ クリマティザスィオン エ タン パヌ
☐ トイレットペーパーが切れています。	**Il n'y a plus de papier-toilette.** イル ニ ア プリュ ドゥ パピエ トゥワレトゥ
☐ 隣の部屋がうるさくて眠れません。	**Il y a trop de bruit dans la chambre d'à côté. Je n'arrive pas à dormir.** イリア トゥロ ドゥ ブリュイ ダン ラ シャンブル ダ コテ ジュ ナリーヴ パ ア ドルミール
☐ 部屋に鍵を置き忘れました。	**J'ai oublié ma clé dans la chambre.** ジェ ウブリエ マ クレ ダン ラ シャンブル

第9章

交通編

パリでの移動は便利なメトロで。バスも共通のチケットで乗れます。居ながらにして名所巡りのできるバスで市内観光を楽しみましょう。遠出は、郊外電車、TGVで。窓口で切符を買うときの表現を活用しましょう。レンタカーを借りる場合の表現も取り上げました。

1 航空券を買う

フランスで航空券を購入する場合、ここのフレーズを覚えておきましょう。空の旅への第一歩です。

航空券を買う　　　　Disc 2 32

- 飛行機の切符を予約したいのですが。
Je voudrais réserver un billet d'avion, s'il vous plaît.

- エコノミークラスで席はありますか？
Est-ce qu'il y a une place en économique ?
※ビジネスクラスで　en classe affaires

- 航空会社はどこでもいいです。
Peu importe la compagnie aérienne.

旅行代理店
- 満席です。
Il n'y a plus de places.

- キャンセル待ちします。
J'attends une annulation.

- 予約の確認をしたいのですが。
Je voudrais confirmer ma réservation.

② 電車

パリでの移動はメトロ、遠出は郊外電車、TGV で。切符の購入などの必須フレーズを覚えましょう。

メトロ・RER

- [ ] メトロの路線図をください。
  Je voudrais un plan du métro, s'il vous plaît.

- [ ] 回数券をください。
  Un carnet, s'il vous plaît.

- [ ] モンパルナスに行くのは何号線ですか？
  Pour aller à Montparnasse, c'est quelle ligne ?

- [ ] トロカデロでナシオン方面行きの 6 号線に乗り換えてください。
  Changez à Trocadéro et prenez la ligne six en direction de Nation.

- [ ] プランタンに行くにはどの出口から出ればいいですか？
  Quelle est la sortie pour aller au Printemps ?

- [ ] ベルサイユ行きは、どのホームですか？
  Quel est le quai pour Versailles ?

第9章 交通編

☐ 乗り換えなければ なりませんか？	**Il faut changer de ligne ?** イル フォ　シャンジェ ドゥ リーニュ

☐ RER の C 線で一本 で行けます。	駅員 **On peut y aller directement avec le** オン プ イ アレ　ディレクトゥマン アヴェク ル **RER C.** エールウエール セ ※ RER は Réseau Express Régional（首都圏高速交通網）の略でパリ 　と近郊を結ぶ公共交通機関です。A、B、C、D、E の 5 つの線があ 　ります。
☐ メトロの終電は何 時ですか？	**À quelle heure est le dernier métro ?** ア ケ　ルール エル デルニエ メトゥロ
☐ 切符を間違えて買 ってしまいました。	**Je n'ai pas acheté le bon ticket.** ジュ ネ パ アシュテ ル ボン ティケ

国鉄　　　　　　　　　　　　　　　　　　　　　　Disc 2　34

☐ ナントまで片道をお 願いします。	**Je voudrais un aller simple pour** ジュ ヴドゥレ アン ナレ サンプル プール **Nantes, s'il vous plaît.** ナントゥ スィル ヴ プレ
☐ パリ、ルマンの往復 をお願いします。	**Je voudrais un aller-retour Paris-Le** ジュ ヴドゥレ アン ナレ ルトゥール パリ ル **Mans, s'il vous plaît.** マン スィル ヴ プレ
☐ パリからグルノーブ ルまで 2 等の禁煙 席をお願いします。	**Un aller Paris-Grenoble, en seconde** アン ナレ パリ グルノーブル アン スゴンドゥ **classe, non-fumeurs, s'il vous plaît.** クラス ノン フュムール スィル ヴ プレ ※ 1 等　première classe

□大人2枚、子供1枚、お願いします。	**Deux adultes et un enfant, s'il vous plaît.**	

ドゥ　ザデュルトゥ エ アン ナンファン スィル ヴ プレ

□10時発のTGVを予約したいのですが。

Je voudrais réserver une place dans le TGV de dix heures.
ジュ ヴドゥレ　レゼルヴェ　ユヌ　プラス　ダン
ル テジェヴェ ドゥ ディ　ズール

※TGVはtrain à grande vitesse（超高速列車）の略で、フランスの新幹線と言われています。

□ランスまでいくらですか？

C'est combien, pour Reims ?
セ　　コンビアン　　プール　　ランス

□28ユーロです。

駅員
C'est vingt-huit euros.
セ　　ヴァンテュイ　　ウーロ

□切符を改札機に入れるのを忘れないでください。

駅員
N'oubliez pas de composter votre billet.
ヌブリエ　　パ　ドゥ　コンポステ　ヴォトゥル
ビエ

□車内で検札があります。

駅員
Il y a un contrôle des billets dans le train.
イリア アン コントゥロル　デ　ビエ　ダン ル
トゥラン

□ルーアンへはどの電車に乗ればいいですか？

C'est quel train pour Rouen ?
セ　ケル　トゥラン プール　ルーアン

□各駅停車ですか？

C'est un omnibus ?
セ　タン　ノムニビュス

第9章 交通編

□ボルドー行きは何番線から出ますか？		Le train pour Bordeaux part de quelle voie ?
□3番線からです。	駅員	De la voie numéro trois.
□カンヌに行くにはどこで乗り換えたらいいですか？		Où est-ce qu'on change pour Cannes ?
□次の急行は何時ですか？		À quelle heure est le prochain express ?
□トゥールに行く始発列車は何時ですか？		À quelle heure est le premier train pour Tours ?
□電車は何時に着きますか？		Le train arrive à quelle heure ?
□車掌に聞いてください。		Demandez au contrôleur.
□20時30分に着きます。	駅員	Il arrive à vingt heures trente.

□この席は空いて
　いますか？

Cette place est libre ?
セトゥ　プラス　エ　リーブル

第9章 交通編

３ バス・タクシー・レンタカー

行き先を確認できれば一安心。パリでの車移動は居ながらにして名所巡りが楽しめます。

バス　　　　　　　　　　　　　　　　　　　　　　　Disc 2 ｜ 35

□ バスの停留所はどこですか？
Où est l'arrêt de bus, s'il vous plaît ?

□ このバスは空港行きですか？
Est-ce que ce bus va à l'aéroport ?

□ シャガール美術館に行くバス停留所はどこですか？
Où est l'arrêt de bus pour le musée Chagall ?

□ リュクサンブール公園へ行くバスはどの路線ですか？
Quelle est la ligne pour aller au jardin du Luxembourg ?

□ ポンピドゥーセンターに行くにはどこで降りたらいいですか？
Où est-ce qu'on descend pour le Centre Pompidou ?

□ パンテオンまであといくつですか？
Le Panthéon est dans combien d'arrêts ?

☐ バスティーユ広場に着いたら知らせてもらえますか？	**Pourriez-vous me dire quand on arrive à la place de la Bastille ?**
☐ 次のバスは何時ですか？	**Le prochain bus passe à quelle heure ?**
☐ バスターミナルに時刻表が全部出ていますよ。	**Vous pouvez trouver tous les horaires à la gare routière.**

タクシー　　　　　　　　　　　　　　　Disc 2　36

☐ タクシーを呼んでもらえますか？	**Pouvez-vous m'appeler un taxi ?**
☐ タクシーはどこで拾えますか？	**Où est-ce que je peux trouver un taxi ?**
☐ トランクを開けてもらえますか？	**Pourriez-vous ouvrir le coffre ?**
☐ どちらまで行きますか？ （運転手）	**Où allez-vous ?**
☐ モンパルナス駅までお願いします。	**Gare Montparnasse, s'il vous plaît.**
☐ この住所までお願いします。	**À cette adresse, s'il vous plaît.**

第9章　交通編

☐ 急いでいます。	**Je suis pressé(e).** ジュ スュイ プレセ
☐ 混んでいますよ。	運転手 **Il y a de la circulation.** イ リア ドゥ ラ スィルキュラスィオン
☐ ここで停めてください。	**Arrêtez-vous ici, s'il vous plaît.** アレテ ヴ イスィ スィル ヴ プレ
☐ ここで降ろしてください。	**Laissez-moi ici, s'il vous plaît.** レセ ムワ イスィ スィル ヴ プレ
☐ おつりはいりません。	**Gardez la monnaie.** ガルデ ラ モネ

レンタカーを借りる　　　　　Disc 2　37

☐ レンタカーの営業所はどこにありますか？	**Où se trouve l'agence de location de voitures ?** ウ ス トゥルーヴ ラジャンス ドゥ ロカスィオン ドゥ ヴワテュール
☐ 車を借りたいのですが。	**Je voudrais louer une voiture.** ジュ ヴドゥレ ルエ ユヌ ヴワテュール
☐ どのような車がいいですか？	従業員 **Quel type de voiture désirez-vous ?** ケル ティプ ドゥ ヴワテュール デズィレ ヴ
☐ Aクラスの車がいいです。	**Je voudrais une voiture de catégorie A.** ジュ ヴドゥレ ユヌ ヴワテュール ドゥ カテゴリ ア

☐ オートマ車がいいです。	**Je voudrais une voiture automatique.** ジュ ヴドゥレ ユヌ ヴワテュール オトマティク
☐ 四輪駆動車がいいです。	**Je voudrais un 4 × 4.** ジュ ヴドゥレ アン カトルカトル
☐ 1日いくらですか？	**C'est combien, la journée ?** セ コンビアン ラ ジュルネ
☐ 1週間の前払い割引はありますか？	**Vous avez des forfaits pour une semaine ?** ヴ ザヴェ デ フォルフェ プー リュヌ スメヌ
☐ 超過の場合、1キロ当たりいくらですか？	**Quel est le coût du kilomètre supplémentaire ?** ケ レ ル ク デュ キロメートゥル スュプレマンテール
☐ 保険料込みですか？	**L'assurance est comprise ?** ラスュランス エ コンプリーズ
☐ 乗り捨てできますか？	**Est-ce que je peux rendre la voiture dans une autre agence ?** エ ス ク ジュ プ ランドゥル ラ ヴワテュール ダン ズュ ノトゥル ラジャンス
☐ 国際免許証を持っていますか？	従業員 **Vous avez bien votre permis de conduire international ?** ヴ ザヴェ ビアン ヴォトゥル ペルミ ドゥ コンデュイール アンテルナスィオナル

第9章 交通編

231

□ 満タンにしてお返しください。

従業員
Avant de rendre le véhicule, vous devez faire le plein.
アヴァン ドゥ ランドゥル ル ヴェイキュル ヴ ドゥヴェ フェール ル プラン

□ 一番安いガソリンスタンドはどれですか？

Quelles sont les stations-service les moins chères ?
ケル ソン レ スタスィオン セルヴィス レ ムワン シェール

Vocabulaire 乗物

バス	**le bus** ル ビュス	船	**le bateau** ル バト
観光バス	**le car** ル カール	飛行機	**l'avion** ラヴィオン
路面電車	**le tram(way)** ル トゥラム(ウェ)	車	**la voiture** ラ ヴワテュール
タクシー	**le taxi** ル タクスィ	自転車	**le vélo** ル ヴェロ

第10章

芸術・文化編

芸術大国フランス。美術、音楽、文学、様々な分野ですばらしい芸術作品に出会うことができます。名画を前にしての感動をどう伝えたらいいでしょうか。印象に残った舞台、演奏を語りたい。各分野に特徴的な表現を使って感想を述べてみましょう。

1 美術

美術を語る表現を身につけ、名作に触れた感動を伝えましょう。

美術　　Disc 2 38

□ どんな絵が好きですか？	Quelle peinture aimez-vous ?
□ 印象派の絵が好きです。	J'aime la peinture impressionniste.
□ どんなジャンルの絵が好きですか？	Qu'est-ce que vous préférez comme genre de peinture ?
□ 風景画がとても好きです。	J'aime beaucoup le paysage.

Vocabulaire — 絵画

古典主義	le classicisme
写実主義	le réalisme
印象主義	l'impressionnisme
キュビスム	le cubisme
フォーヴィスム	le fauvisme
シュールレアリスム	le surréalisme
風俗画	la peinture de genre
歴史画	la peinture d'histoire
肖像画	le portrait
静物画	la nature morte

- ルーブル美術館のコレクションは様々な時代、国に渡っています。

    Les collections du Louvre couvrent différentes époques et différents pays.

- レオナルド・ダ・ヴィンチのモナリザに魅了されました。

    La Joconde **de Léonard de Vinci m'a fasciné(e).**

- 好きな画家は誰ですか？

    Quel est votre peintre préféré ?

- ゴッホです。

    C'est Van Gogh.

- 『夜のカフェテラス』はアルルで描かれました。

    Terrasse du café le soir **a été peint à Arles.**

- アール・ヌーヴォーは自然のフォルムに想を得ています。

    L'Art Nouveau a reçu son inspiration des formes de la nature.

- 現代アートはよく分かりません。

    Je ne comprends pas très bien l'art contemporain.

- ロダンの彫刻『接吻』はどのアングルから見ても美しいものです。

    La sculpture de Rodin *Le baiser* est belle à regarder sous tous les angles.

- ☐ 彫刻家セザール・バルダッチーニは映画のセザール賞のトロフィーをデザインしました。

  Le sculpteur César Baldaccini a dessiné le trophée du prix César de cinéma.

- ☐ ジャコメッティはさまざまな素材で彫刻作品を作っています。

  Giacometti a utilisé différents matériaux pour sa sculpture.

- ☐ このロマネスク様式の教会の入口は美しい半円アーチ形です。

  L'entrée de cette église romane a un bel arc en plein cintre.

- ☐ パリのノートルダム大聖堂はゴシック建築の代表的なものです。

  La cathédrale Notre-Dame de Paris est une des architectures représentatives de l'art gothique.

- ☐ 中世のステンドグラスは聖書の話を物語っています。

  Les vitraux qui datent du Moyen Âge illustrent l'histoire biblique.

- ☐ シャンボールの壮麗な城はルネサンス様式です。

  Le splendide château de Chambord est de style Renaissance.

- ☐ フランス式庭園では、刈り込まれた木々や、池、小道が幾何学的に配置されています。

  Dans les jardins à la française, les arbres taillés, les bassins et les allées sont agencés géométriquement.

- ☐ フラ・アンジェリコのフレスコ画は息をのむほど美しいです。

  Les fresques de Fra Angelico sont belles à couper le souffle.

- ☐ ル・コルビュジエは日本で人気があります。

  Le Corbusier est populaire au Japon.

- ☐ サヴォワ邸には、彼の建築的発想のすべてが見られます。

  Dans la Villa Savoye, on peut voir toutes ses inventions architecturales.

- ☐ ケ・ブランリー美術館には原始美術のオブジェが展示されています。

  Au musée du Quai Branly, on présente des objets de l'art premier.

- ☐ この革新的な建築の建物を設計したのはジャン・ヌーヴェルです。

  C'est Jean Nouvel qui a dessiné ce bâtiment à l'architecture novatrice.

第10章 芸術・文化編

2 映画

映画の感想が語れるようになれば、映画鑑賞の楽しみがぐんと広がります。

映画

Disc 2) 39

- [ ] どんな映画が好きですか？

  Quel genre de films aimez-vous ?

- [ ] 歴史映画が特に好きです。

  J'aime surtout les films à caractère historique.

  ※恋愛映画　les films d'amour　アクション映画　les films d'action
  ホラー映画　les films d'épouvante　アニメ　les dessins animés

- [ ] これはヌーヴェル・ヴァーグの記念碑的作品です。

  C'est un film monument, de la nouvelle vague.

- [ ] ゴダールの映画はどうでしたか？

  C'était comment, ce film de Godard ?

- [ ] この監督の傑作の一つだと思います。

  Je pense que c'est un des chefs-d'œuvre de ce réalisateur.

□『エディット・ピアフ〜愛の讃歌〜』はピアフの波乱に富んだ生涯を描いたものです。	*La Môme* raconte la vie mouvementée d'Édith Piaf.
□どうだった?	Alors, c'était comment ?
□とても面白かったです。	C'était très intéressant.
□素晴らしかったです。	C'était magnifique.
□感動的でした。	C'était émouvant.
□あまり面白くなかったです。	Ce n'était pas très intéressant.
□長くてつまらなかったです。	C'était long et ennuyeux.
□最低だった。	C'était nul.
□主演男優(女優)は主人公(ヒロイン)を見事に演じています。	L'acteur(L'actrice) principal(e) a très bien joué le rôle du héros (de l'héroïne).

第10章 芸術・文化編

- ☐この翻案は原作とずいぶん違っています。 **Cette adaptation est très éloignée de l'original.**
  セ タダプタスィオン エ トゥレ ゼルワニェ ドゥ ロリジナル

- ☐音楽が気に入りました。 **La musique m'a plu.**
  ラ ミュズィク マ プリュ

- ☐音楽が映像とあまり合っていません。 **La musique ne va pas bien avec les images.**
  ラ ミュズィク ヌ ヴァ パ ビアン アヴェク レ ズィマージュ

- ☐場面が本当に芸術的に撮られています。 **Les prises de vue sont vraiment artistiques.**
  レ プリーズ ドゥ ヴュ ソン ヴレマン アルティスティク

- ☐ストーリーがいいです。 **L'intrigue est bonne.**
  ラントゥリーグ エ ボヌ

- ☐その映画はどこで撮影されたのですか？ **Où est-ce que le film a été tourné ?**
  ウ エ ス ク ル フィルム ア エテ トゥルネ

3 音楽

音楽を語る表現を身につけて、コンサート後の会話に花を咲かせましょう。

音楽　　　　　　　　　　　　　　　　　　　　　　Disc 2 ｜ 40

☐ どんな音楽が好きですか？
Quel genre de musique aimez-vous ?
ケル　ジャンル　ドゥ　ミュズィク　エメ　ヴ

☐ クラシックです。
J'aime la musique classique.
ジェム　ラ　ミュズィク　クラスィク

☐ ピアノ曲が特に好きです。
J'aime surtout les morceaux de piano.
ジェム　スュルトゥ　レ　モルソ　ドゥ　ピアノ

☐ ジャンルを問わず聴きます。
J'écoute n'importe quel genre de musique.
ジェクートゥ　ナンポルトゥ　ケル　ジャンル　ドゥ　ミュズィク

☐ ロベルト・シューマンはロマン派の作曲家です。
Robert Schumann est un compositeur romantique.
ロベール　シュマン　エ　タン　コンポズィトゥール　ロマンティク

☐ 指揮者はベルリオーズの『幻想交響曲』を巧みに振りました。
Le chef d'orchestre a bien interprété *la Symphonie fantastique* de Berlioz.
ル　シェフ　ドルケストゥル　ア　ビアン　ナンテルプレテ　ラ　サンフォニ　ファンタスティク　ドゥ　ベルリオーズ

第10章　芸術・文化編

☐ ヴァイオリンのソロ演奏が素晴らしかったです。	**Le violoniste a joué merveilleusement en solo.**	
☐ この歌手の声質はバリトンです。	**Ce chanteur a une voix de baryton.** ※ テノール ténor　バス basse 　ソプラノ soprano　アルト alto	
☐ セルジュ・ゲンズブールは日本でも人気のあるシンガーソングライターです。	**Serge Gainsbourg est un chanteur-compositeur qui est aussi populaire au Japon.**	
☐ 彼のシャンソンは歌詞もメロディーも変化に富んでいます。	**Les mélodies et les paroles de ses chansons sont très variées.**	

Vocabulaire　音楽

バロック音楽	**la musique baroque**	ポップス	**le pop / la pop**
古典派音楽	**la musique classique**	ラップ	**le rap**
ロマン派音楽	**la musique romantique**	ロック	**le rock**
ジャズ	**le jazz**	協奏曲	**le concerto**
		交響曲	**la symphonie**
		オペラ	**l'opéra**

4 芝居・舞踊

芝居、舞踊を語る表現を知って、舞台鑑賞の楽しみを分かち合いましょう。

芝居・舞踊　　Disc 2　41

- 前衛劇が好きです。
  J'aime le théâtre d'avant-garde.

- アングラ劇団による上演です。
  C'est joué par une compagnie théâtrale underground.

- コメディー・フランセーズは古典作品も現代作品も取り上げています。
  La Comédie-Française présente des pièces classiques, mais aussi des pièces contemporaines.

- アヴィニョンの演劇祭は夏のヴァカンスの時期に開かれます。
  Le festival d'Avignon a lieu au moment des grandes vacances.

- 観客はその役者に盛大な拍手を送りました。
  Les spectateurs ont beaucoup applaudi l'acteur.

- 演出が独創的でした。
  La mise en scène était originale.

- ☐ 演出家はこの古代ギリシアの作品を現代風に脚色しました。

  Le metteur en scène a modernisé cette pièce antique.

- ☐ 舞台装置が凝っています。

  Le décor est raffiné.

- ☐ ダンサーの衣装は一流デザイナーがデザインしたものです。

  Les costumes des danseurs (danseuses) ont été dessinés par un grand couturier.

- ☐ ベジャールは世界的に知られる舞踊団を作り上げました。

  Béjart a constitué une troupe de danseurs mondialement connue.

- ☐ 一糸乱れぬ群舞でした。

  La danse de groupe était parfaitement synchronisée.

- ☐ エトワール二人の息がぴったり合ったパ・ド・ドゥでした。

  C'était un pas de deux que les deux étoiles ont dansé harmonieusement.

- ☐ クラシックバレエを現代風に振付けたものです。

  C'est un ballet classique dont la chorégraphie est moderne.

5 文学

文学作品を語る表現を身につけ、好きな本の話題で盛り上がるのもいいですね。

文学

Disc 2 42

□どんなジャンルの本が好きですか？	**Quel genre de livres aimez-vous ?**
□推理小説です。	**J'aime les romans policiers.** ※小説 les romans　戯曲 le théâtre　詩 la poésie エッセイ les essais
□ラクロの『危険な関係』は、書簡体小説の傑作です。	***Les Liaisons dangereuses*** **de Laclos est un chef-d'œuvre de roman épistolaire.**
□この作品は何度か映画化されています。	**Il y a plusieurs adaptations cinématographiques de cette œuvre.**
□好きな作家は誰ですか？	**Quel est votre écrivain préféré ?**
□スタンダールの作品が大好きです。	**J'aime beaucoup l'œuvre de Stendhal.**

☐ 小川洋子の小説を翻訳で読みました。	**J'ai lu un livre de Yoko Ogawa, traduit en français.**
☐ その本のテーマは何ですか？	**De quoi parle le livre ?**
☐ 世代を超えた友情です。	**Il parle de l'amitié entre deux générations.**
☐ モリエールの戯曲、『町人貴族』をフランス語で読みました。	**J'ai lu la pièce de Molière *Le Bourgeois Gentilhomme* en français.**
☐ ラシーヌの『フェードル』は古典悲劇の最高峰の一つです。	***Phèdre* de Racine est un des sommets de la tragédie classique.**
☐ ランボーの詩を声に出して読むのが好きです。	**J'aime lire à haute voix les poèmes de Rimbaud.**

- ☐ ボードレールは「小散文詩」で都市生活の感覚を見事に表現しています。

    Baudelaire, dans *Petits poèmes en prose*, traduit à merveille la sensibilité de la vie citadine.

- ☐ モンテーニュの『エッセイ』の新訳がいま進んでいます。

    La traduction des *Essais* de Montaigne est en train d'être refaite.

- ☐ 作品は哲学と自伝の二つの分野にまたがっています。

    L'ouvrage est situé entre la philosophie et l'autobiographie.

- ☐ ゾラは自然主義の作家です。

    Zola est un écrivain naturaliste.

- ☐ クロード・シモンの作品はヌーヴォー・ロマンと位置づけられています。

    L'œuvre de Claude Simon est assimilée au Nouveau Roman.

第10章 芸術・文化編

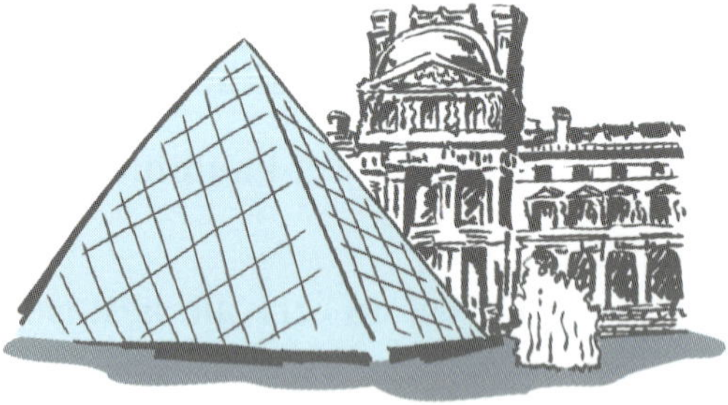

第11章

日本について語る編

相手の国について知りたい。出会いの場で自然に出てくる気持ちですね。日本の伝統文化や宗教について尋ねられることがあるでしょう。そんな問いに答える表現を収録しました。日本の人口から、行事や習慣に関する話題まで、取り上げています。

1 日本のみどころ

日本の観光と和食に関する表現です。日本のこともしっかり伝えられるようにしましょう。

日本のみどころ　　　　　　　　　　　　Disc 2　43

☐ ようこそ日本へ！

Bienvenue au Japon !
ビアンヴニュ　オ　ジャポン

☐ 日本は初めてですか？

C'est la première fois que vous venez au Japon ?
セ　ラ　プルミエール　フワ　ク　ヴ
ヴネ　オ　ジャポン

☐ いいえ、2度目です。

Non, c'est la deuxième fois.
ノン　セ　ラ　ドゥズィエム　フワ

☐ 日本はいかがですか？

Comment trouvez-vous le Japon ?
コマン　トゥルヴェ　ヴ　ル　ジャポン

☐ 日本が大好きです。

J'aime beaucoup le Japon.
ジェム　ボク　ル　ジャポン

☐ 観光地はどこがお勧めですか？

Quels sites touristiques me recommandez-vous ?
ケル　スィトゥ　トゥリスティク　ム
ルコマンデ　ヴ

☐ この旅行ガイドブックがとても役に立ちます。

Ce guide touristique est très utile.
ス　ギドゥ　トゥリスティク　エ　トゥレ　ズュティル

250

☐ 日本には温泉がどのくらいありますか。	**Combien de sources thermales y a-t-il au Japon ?**
☐ 約1万3000の温泉があります。	**Il y a environ treize mille sources thermales.**
☐ 九州の別府は温泉で有名です。	**La ville de Beppu dans l'île de Kyushu est célèbre pour ses sources thermales.**
☐ 富士山に登ったことがありますか？	**Avez-vous déjà fait l'ascension du mont Fuji ?**
☐ 富士山は日本で一番高い山です。	**Le mont Fuji est la plus haute montagne du Japon.**
☐ 日本を旅行する時は電車とバスが便利です。	**Pour voyager au Japon, les trains et les bus sont pratiques.**

日本について語る編 第11章

- ☐ 新幹線は時速300キロの超特急電車です。

  Le Shinkansen est un train super-express qui roule à trois cents kilomètres à l'heure.

- ☐ 紅葉を楽しむにはどこがいいですか？

  Où peut-on admirer les feuillages d'automne ?

- ☐ 京都の嵐山は紅葉でよく知られています。

  Arashiyama à Kyoto est très connu pour ses feuillages d'automne.

和食を楽しむ　　　　　　　　　　　　　Disc 2　44

- ☐ 日本料理では何が好きですか？

  Qu'est-ce que vous aimez dans la cuisine japonaise ?

- ☐ すき焼きとてんぷらが好きです。

  J'aime le sukiyaki et les tempuras.

- ☐ カツ丼や牛丼も食べてみてください。

  Goûtez les katsudon et les gyudon aussi.

☐ 嫌いな日本料理は何ですか？	**Quel plat n'aimez-vous pas dans la cuisine japonaise ?**	

☐ 納豆が嫌いです。 **Je n'aime pas le natto.**

☐ うどんとそばはどう違いますか？ **Quelle est la différence entre les udon et les soba ?**

☐ そばはそば粉から、うどんは小麦粉からできています。 **Les soba sont faites avec du sarrasin et les udon sont faits avec de la farine de blé.**

☐ 寿司を食べたことはありますか？ **Avez-vous déjà goûté les sushi ?**

2 日本の概略

日本の地理、歴史、伝統文化の概略を伝えるための表現を紹介します。

地理

□ 日本の面積は約37万平方キロメートルです。
Le Japon fait environ trois cent soixante-dix mille kilomètres carrés.

□ 日本列島の主な島は、北海道、本州、四国、九州です。
Les îles principales de l'archipel japonais sont Hokkaido, Honshu, Shikoku et Kyushu.

□ 国土の約60パーセントは山岳地帯です。
Environ soixante pour cent de la superficie du Japon est constituée de régions montagneuses.

□ 日本の人口はどれくらいですか？
Quelle est la population du Japon?

□ 約1億3000万人です。
Elle est d'environ cent trente millions d'habitants.

☐ 東京は人口 1300 万人の首都です。	**Tokyo est une capitale de treize millions d'habitants.**
☐ 日本では地震がよくあります。	**Au Japon, il y a souvent des tremblements de terre.**
☐ ほとんどの地域が温帯に属しています。	**La plupart des régions appartiennent à une zone tempérée.**
☐ フランスと同じように、四季があります。	**Comme la France, le Japon a quatre saisons.**

歴史 　　　　　　　　　　　　　　　　Disc 2 ｜ 46

☐ 京都は千年あまりの間、日本の都でした。	**Kyoto a été la capitale du Japon pendant plus de mille ans.**
☐ 京都には神社や寺がたくさんあります。	**Kyoto comporte beaucoup de temples shintoïstes et bouddhiques.**

- ☐ 奈良は古い都で、東大寺の大仏で有名です。

    Nara est une ancienne capitale connue pour son grand bouddha du temple Todaiji.

- ☐ 広島、長崎は原爆の悲劇を世界に語り続けています。

    Hiroshima et Nagasaki ne cessent de transmettre au monde entier la tragédie de la bombe atomique.

行事・伝統文化　　　Disc 2　47

- ☐ お正月は家族そろっておせち料理を食べ、新年を祝います。

    Pour le Nouvel An, on se réunit en famille et on mange l'osechi, pour fêter ensemble la nouvelle année.

- ☐ おせちは、お正月用の伝統料理のことです。

    L'osechi, c'est l'ensemble des plats traditionnels pour le Nouvel An.

- ☐ お正月には、多くの人が神社やお寺に行きます。

    Pour le Nouvel An, beaucoup de gens vont aux temples shintoïstes ou bouddhiques.

- ☐ 一年の健康と幸せを祈ります。

    Ils prient pour obtenir la santé et le bonheur pendant toute l'année.

- ☐ 満開の桜を見ることを花見をすると言います。

    Admirer les cerisiers en pleine floraison, c'est faire «hanami».

- ☐ 花を見ながら散歩をしたり、花の下で飲んだり食べたりします。

    On se promène en admirant les fleurs, on boit ou on mange sous les cerisiers.

- ☐ 夏は各地で花火大会が開かれます。

    Pendant l'été, de grands feux d'artifice sont donnés à travers tout le pays.

- ☐ 8月には仏教の行事、お盆があります。

    En août, il y a la fête bouddhique du «bon».

- ☐ お墓参りをし、先祖の霊の平安を祈ります。

    On prie pour le repos de l'âme des ancêtres, devant leur tombe.

日本について語る編　第11章

□お盆には、各地で祭りが催され、多くの人が踊ります。それを＜盆踊り＞と言います。	**Au moment du «bon», à travers le pays, on organise des fêtes, et on y danse. C'est le « bon odori ».**
□クリスマスは、家族や友達、恋人と祝います。	**On fête Noël en famille, entre amis ou avec son petit ami(sa petite amie).**
□宗教的な意味はありません。	**La fête de Noël n'a pas de sens religieux.**
□大晦日は、大掃除をします。	**Le dernier jour de l'année, on fait un grand ménage.**
□大晦日の夜、寺では除夜の鐘が鳴り響きます。	**Cette nuit-là, dans chaque temple, les cloches sonnent à minuit.**
□能は、14世紀に完成された日本で最も古い舞台芸術です。	**Le « no » a été perfectionné au quatorzième siècle, c'est l'art théâtral le plus ancien du Japon.**

- ☐ 主要登場人物は役に特有の面をつけます。

  Le personnage principal porte un masque propre à son rôle.

- ☐ 狂言は能とともに発展しました。

  Le kyogen s'est développé avec le «no».

- ☐ 狂言のせりふは日常的な笑いが元になっています。

  Les répliques du kyogen sont inspirées du comique de la vie quotidienne.

- ☐ 歌舞伎は、江戸時代に生まれました。

  Le kabuki a été créé à l'époque Edo.

- ☐ 文楽は、17世紀に大阪で誕生した人形劇です。

  Le bunraku est un spectacle de marionnettes né à Osaka au dix-septième siècle.

- ☐ 浮世絵は風俗画の一種で、江戸時代に庶民の間で発達しました。

  L'ukiyo-e est une forme de peinture de genre, elle s'est développée dans le milieu populaire à l'époque Edo.

- ☐ 浮世絵には、美女・役者・力士の似顔絵などが描かれました。

  L'ukiyo-e présente des portraits de beautés féminines, d'acteurs ou de lutteurs, etc.

- ☐ 浮世絵はフランスの印象派に影響を及ぼしました。

  L'ukiyo-e a exercé une influence sur les impressionnistes français.

- ☐ 漫画は現代日本の文化を発信するものとして、クールジャパンの原動力になっています。

  Les mangas, émetteurs de la culture contemporaine japonaise, sont à l'origine du Cool Japan.

- ☐ 相撲は日本の国技です。

  Le sumo est le sport national du Japon.

- ☐ 相撲は一年に6場所開催されます。

  Six fois par an ont lieu des tournois de sumo.

- ☐ 柔道は日本古来の武道のひとつです。

  Le judo est un des arts martiaux traditionnels du Japon.

☐オリンピックの正式種目になっています。	**Il est devenu une épreuve officielle des Jeux Olympiques.**	

☐剣道では、防具を付け、竹刀を使って戦います。

Pour pratiquer le kendo, on revêt une armure, et on se bat avec un sabre en bambou.

☐囲碁は盤面で白と黒の石を使うゲームです。

Dans le jeu de go, on utilise des pierres blanches et noires sur un plateau.

☐折り紙って何ですか？

Qu'est-ce que l'origami ?

☐紙を折って動物や花などを作ることです。

C'est l'art de créer des animaux, des fleurs, etc., en pliant des feuilles de papier.

☐茶の湯の特徴は何ですか？

Quelle est la caractéristique de la cérémonie du thé ?

日本について語る編 第11章

- 招待客がひとつの碗で同じお茶をまわして飲むことです。

  Les invités prennent du thé dans le même bol en passant ce bol parmi eux.

- 生け花は、花や植物を組み合わせ構成する伝統的芸術です。

  L'ikebana est l'art traditionnel d'arranger et de composer des fleurs et des plantes.

- 書道は、毛筆と墨で文字を形作る芸術です。

  La calligraphie est l'art de former les caractères de l'écriture au pinceau et à l'encre de Chine.

- 着物はお正月や成人式、結婚式などで着られます。

  On porte un kimono aux cérémonies du Nouvel An, fêtes de la majorité, mariages, etc.

- 浴衣は夏用の木綿の着物です。

  Le yukata est le kimono d'été en coton.

- 花火見物や盆踊りなどで着る人がたくさんいます。

  Il est porté par beaucoup de gens pour les feux d'artifice, le «bon odori».

☐ 日本料理では、多くの料理に季節感が盛り込まれています。	**La cuisine japonaise a beaucoup de plats liés aux saisons.**
☐ 醤油は、欠かすことのできない調味料です。	**La sauce de soja est le condiment indispensable.**

宗教

☐ 何か信仰をお持ちですか？	**Êtes-vous croyant(e) ?**
☐ 宗教は何ですか？	**Quelle est votre religion?**
☐ 特に宗教はありません。	**Je n'ai pas de religion.**
☐ 無神論者です。	**Je suis athée.**
☐ 仏教徒です。	**Je suis bouddhiste.**

- 神道と仏教は、宗教的実践というよりは、日本人の生活習慣に関わる概念です。

  Le shintoïsme et le bouddhisme sont plutôt des notions liées aux coutumes de la vie quotidienne des Japonais, que des pratiques religieuses.

- 神社には、入り口に聖域を示す鳥居があります。

  Dans les sanctuaires shintoïstes, il y a un portique appelé torii, qui indique l'entrée des lieux sacrés.

- 仏教は、6世紀半ばに日本に伝来しました。

  Le bouddhisme est venu au Japon au milieu du sixième siècle.

- 禅宗は仏教の宗派のひとつです。

  La doctrine zen est une branche du bouddhisme.

- 鎌倉時代に日本で広まりました。

  Elle s'est propagée au Japon à l'ère Kamakura.

☐ 座禅は、静座して精神を集中させることを目指します。

Le zazen se pratique en position assise et vise à concentrer l'esprit.

☐ 日本では、暦の年を表すのに、十二支を使うことがよくあります。

Les Japonais utilisent souvent les douze signes du zodiaque pour indiquer les années.

☐ 今年は、卯年です。

Cette année, c'est l'année du lapin.

日本語

Disc 2 49

☐ 日本語は、漢字、ひらがな、カタカナの3種類の文字を組み合わせて書きます。

Le japonais combine trois formes d'écritures: les caractères chinois ou kanjis, les hiraganas, et les katakanas.

☐ 漢字は音と意味を表します。

Les kanjis indiquent à la fois le son et le sens.

☐ ひらがなとカタカナは漢字から作られたものです。

Les hiraganas et les katakanas ont été fabriqués à partir des kanjis.

- ☐ ひらがなは、助詞や動詞、形容詞の送り仮名を書くのに使います。

Les hiraganas sont utilisés pour écrire les particules, la terminaison des verbes et des adjectifs.

- ☐ カタカナは、外国人や外国の土地の名前を書くのに使います。

Les katakanas sont utilisés pour écrire les noms de personnes ou de lieux étrangers.

第12章

恋　愛　編

愛する人との出会いに国境は存在しません。愛する気持ちをフランス語で伝えましょう。デートに誘う表現、愛を告白する表現など、はっきり思いを伝えることから、共に歩む道が始まります。

1 恋のはじまり

出会いからデートの誘い、愛の告白、結婚まで、思いを込めて使いたいフレーズです。

好きな人のことを話す　　　　　　　　　　　Disc 2　50

□まれに見る素敵な女性と出会ったよ。	J'ai rencontré une femme exceptionnelle.
□運命の人に出会った！	J'ai rencontré l'homme(la femme) de ma vie !
□とても優しい人と出会ったの。	J'ai rencontré un homme très gentil.
□すぐに好きになったんだ。	Je suis tombé(e) amoureux (amoureuse) tout de suite.
□彼(彼女)に一目ぼれです。	J'ai eu un coup de foudre pour lui(elle).
□彼が好きです。	Je suis amoureuse de lui.
□彼女が好きだ。	Je suis amoureux d'elle.

☐ 彼女のことをとても気に入っているんだ。	**Elle me plaît beaucoup.**	
☐ 彼ってすごい魅力があるの！	**Quel charme il a !**	
☐ 彼に絶対、もう一度会いたい。	**Je veux absolument le revoir.**	
☐ とても気が合うんだ。	**On s'entend vraiment très bien.**	
☐ 彼女に夢中だけど、片思いなんだ。	**Je suis fou d'elle, mais ce n'est pas réciproque.**	
☐ 私の彼です。	**C'est mon petit copain.**	
☐ ぼくの彼女だよ。	**C'est ma petite copine.**	

相手のことを聞く　　　　　　　　　　　　　Disc 2　51

☐ 付き合ってる人はいる？	**Tu as un copain(une copine) en ce moment ?**
☐ 彼女がいます。	**J'ai une copine.**
☐ 彼がいます。	**J'ai un copain.**

恋愛編　第12章

☐ 彼女とはどのくらい交際していますか？	**Depuis quand êtes-vous avec elle ?**
☐ 付き合って3年になります。	**Nous sommes ensemble depuis trois ans.**
☐ 彼女ができたばかりです。	**Je viens d'avoir une copine.**
☐ どんな人と結婚したいですか？	**Vous voulez vous marier avec quel type de personne ?**
☐ 背の高い人がいいです。	**J'aimerais quelqu'un de grand.**
☐ 優しい人がいいです。	**J'aimerais quelqu'un de gentil.**
☐ 高学歴で高収入の人がいいです。	**J'aimerais quelqu'un qui a des diplômes supérieurs et gagne bien sa vie.**
☐ いい人を紹介しましょう。	**Je vais vous présenter quelqu'un qui vous convient bien.**

☐ 彼（彼女）は私のタイプではありません。	Ce n'est pas mon genre.	

デート　　　　　　　　　　　　　　　　　　　Disc 2　52

☐ 今晩、暇？	Tu es libre ce soir ?
☐ 夕食、一緒にどう？	Si on dînait ensemble ?
☐ 明日、一緒に映画を見に行かない？	Si on allait voir un film ensemble demain ?
☐ どこで会う？	Où est-ce qu'on se retrouve ?
☐ 駅前のカフェに午後5時でどうかしら？	Ça te va, si on se donne rendez-vous à cinq heures du soir au café devant la gare ?
☐ 一緒にいてとても楽しかった。ありがとう。	J'ai passé un excellent moment avec toi. Je te remercie.
☐ また会えるといいな。	J'aimerais te revoir.

恋愛編

第12章

271

愛を告白する Disc 2 53

- 愛してる!
  Je t'aime !

- 私も愛してる!
  Je t'aime, moi aussi !

- 一緒にいると幸せだ。
  Je suis heureux(heureuse) avec toi.

- 一緒にいるとなんて気が和むんだろう!
  Comme c'est agréable avec toi !

- 君がいなかったら生きていけない。
  Je ne peux pas vivre sans toi.

- あなた(愛する人)!
  Mon amour !
  Mon cœur !
  Mon trésor !

- 愛しい人!
  Mon(Ma) chéri(e) !

結婚・同居 Disc 2 54

- 結婚してくれる?
  Tu veux te marier avec moi ?

- もちろん。
  Oui, bien sûr.

□ うれしい！ずっとこの時を待っていたのよ！	**Quelle joie ! J'attendais ce moment depuis longtemps !**
□ すぐには結婚したくないんだ。	**Je ne veux pas me marier tout de suite.**
□ まだそのことは考えていないんだ。	**Je n'ai pas encore réfléchi à la question.**
□ まだ約束する気になれないんだ。少し時間をちょうだい。	**Je ne me sens pas prêt(e) à m'engager, laisse-moi un peu de temps.**
□ 彼から結婚を申し込まれました。	**Il m'a demandée en mariage.**
□ 私たち結婚します。	**Nous allons nous marier.**
□ 彼は役所での結婚式だけにしたいんだけど、私は教会でも式を挙げたい。	**Il voudrait un mariage civil seulement, mais moi, j'aimerais aussi un mariage à l'église.**

恋愛編

第12章

□ パートナーと2年前から一緒に暮らしています。	**Avec mon compagnon** アヴェク モン コンパニョン **(ma compagne), nous vivons ensemble** (マ コンパーニュ) ヌ ヴィヴォン アンサンブル **depuis deux ans.** ドゥピュイ ドゥ ザン	
□ 私たちはPACS(民事連帯契約)を結んでいます。	**Nous sommes pacsés.** ヌ ソム パクセ ※PACS 異性カップル・同性カップルを問わず、法的婚姻関係にあるカップルと同等の権利を認める制度。	
□ 妊娠しています。	**J'attends un enfant.** ジャタン アン ナンファン	

2 失恋・別れ

いざというときのために覚えておきましょう。

失恋・別れ　　　　　　　　　　　　　　　Disc 2　55

□ 彼女にふられました。	**Elle m'a quitté.**
□ 彼は私を捨てました。	**Il m'a quittée.**
□ 私たちは先月別れました。	**Nous nous sommes séparés le mois dernier.**
□ あまり落ち込まないでください。	**Ne vous découragez pas.**
□ きっとまたいい人と出会えますよ。	**Vous aurez sûrement une autre rencontre.**
□ 私たちはしょっちゅう喧嘩をしています。	**On n'arrête pas de se disputer.**
□ 君とはもう一緒に暮らしたくない。	**Je n'ai plus envie de vivre avec toi.**
□ 別れた方がいい。	**Il vaut mieux qu'on se sépare.**

恋愛編　第12章

| □別居しています。 | **Nous vivons séparés.**
ヌ　ヴィヴォン　セパレ |
| □離婚しました。 | **Nous avons divorcé.**
ヌ　ザヴォン　ディヴォルセ |

第13章

トラブル編

旅行中の体調不良、けが、思わぬトラブル、万が一に備えてのフレーズ集です。医師とのやり取り、遺失物の届け出の際の表現などを取り上げました。

1 家の中で

家の中でトラブルが起こったときに必要になるフレーズです。

家の中で起きたトラブル　　　　　　　　　Disc 2　56

□ 停電だ!
Une coupure d'électricité !
ユヌ　クピュール　デレクトゥリスィテ

□ ブレーカーが落ちたみたいだ。
Les plombs doivent avoir sauté.
レ　プロン　ドゥワーヴ　アヴワール　ソテ

□ リビングの電球が切れた。
L'ampoule du living est grillée.
ランプール　デュ リヴィング　エ　グリエ

□ 蛍光灯を取り替えなきゃ。
Il faut changer le néon.
イル フォ　シャンジェ　ル　ネオン

□ 暖房が故障している。
Le chauffage est en panne.
ル ショファージュ　エ タン　パヌ

□ 洗濯機が変な音を立てている。
La machine à laver fait un bruit bizarre.
ラ　マシー　ナ ラヴェ　フェ アン ブリュイ
ビザール

□ トイレが詰まってしまった。
Les toilettes sont bouchées.
レ　トゥワレトゥ　ソン　ブシェ

□ 火事だ!
Au feu !
オ フ

□ 消防車を呼んで!
Appelle les pompiers !
アペル　レ　ポンピエ

☐ 雨で水浸しだ。	**Il y a une inondation à cause de la pluie.**
☐ エレベーターが止まっています。	**L'ascenseur est bloqué.**
☐ 管理人に知らせてあるので、業者がまもなく来ます。	**Le concierge est prévenu, le technicien va arriver.**
☐ 家に泥棒が入りました。	**Je me suis fait cambrioler.**
☐ 警察を呼んで!	**Appelle la police !**
☐ 扉がこじ開けられていました。	**La porte a été forcée.**
☐ 被害届けを出しに警察に行きます。	**Je vais faire la déclaration au commissariat.**

第13章 トラブル編

病気・怪我

症状を医師や薬剤師に正確に伝えることが重要です。

体調について話す　　　　　　　　　　　　　　　Disc 2　57

□ どうかしましたか？
Qu'est-ce que vous avez ?
ケ　ス　ク　ヴ　ザヴェ

□ 具合が悪そうですね。
Vous n'avez pas l'air en forme.
ヴ　ナヴェ　パ　レー　ラン　フォルム

□ 顔色が悪いですね。
Vous êtes pâle.
ヴ　ゼトゥ　パール

□ 調子が悪いの？
Ça ne va pas ?
サ　ヌ　ヴァ　パ

□ 気分が悪いんです。
Je ne me sens pas bien.
ジュ　ヌ　ム　サン　パ　ビアン

□ 風邪をひいています。
Je suis enrhumé(e).
ジュ　スュイ　ザンリュメ

□ インフルエンザにかかりました。
J'ai attrapé la grippe.
ジェ　アトゥラペ　ラ　グリプ

□ 怪我をしました。
Je me suis blessé(e).
ジュ　ム　スュイ　ブレセ

□ 自転車で転びました。
Je suis tombé(e) de vélo.
ジュ　スュイ　トンベ　ドゥ　ヴェロ
※バイクで　de moto　　階段で　dans les escaliers

□ぎっくり腰になりました。	**J'ai un lumbago.** ジェ アン ランバゴ	
□また花粉症が始まりました。	**Mon allergie aux pollens a recommencé.** モン ナレルジ オ ポレヌ ア ルコマンセ	
□もう良くなりましたか？	**Vous allez mieux maintenant ?** ヴ ザレ ミウ マントゥナン	
□良くなりました。	**Je me sens mieux.** ジュ ム サン ミウ	
□治りました。	**Je suis guéri(e).** ジュ スュイ ゲリ	
□お大事に!	**Soignez-vous bien !** スワニェ ヴ ビアン **Bon rétablissement !** ボン レタブリスマン	

病院に行く・診察を受ける　　Disc 2 58

□医者を呼びましょうか？	**Vous voulez qu'on appelle un médecin ?** ヴ ヴレ コン ナペル アン メドゥサン
□救急車を呼んでください。	**Appelez une ambulance, s'il vous plaît.** アプレ ユ ナンビュランス スィル ヴ プレ
□病院に行きます。	**Je vais à l'hôpital.** ジュ ヴェ ア ロピタル ※医者に　chez le médecin　　歯医者に　chez le dentiste

第13章 トラブル編

☐ 診察を受けたいのですが。	**Je viens pour une consultation.** ジュ ヴィアン プー リュヌ コンスュルタスィオン ※健康診断 des examens médicaux	
☐ 一般医の先生に診ていただきたいのですが。	**Je voudrais consulter un généraliste.** ジュ ヴドゥレ コンスュルテ アン ジュネラリストゥ ※専門医 un spécialiste	
☐ 9時に予約しています。	**J'ai rendez-vous à neuf heures.** ジェ ランデヴ ア ヌ ヴール	
☐ どうしましたか？	医者 **Qu'est-ce qui ne va pas ?** ケ ス キ ヌ ヴァ パ	
☐ 寒気がします。	**J'ai des frissons.** ジェ デ フリソン	
☐ 食欲がありません。	**Je n'ai pas d'appétit.** ジュ ネ パ ダペティ	
☐ 虫歯だと思います。	**Je pense que c'est une carie.** ジュ パンス ク セ テュヌ カリ	
☐ 喘息の発作です。	**J'ai une crise d'asthme.** ジェ ユヌ クリーズ ダスム	
☐ 右の耳の下が腫れています。	**Je suis enflé(e) sous l'oreille droite.** ジュ スュイ ザンフレ ス ロレイユ ドゥルワトゥ	
☐ どこが痛みますか？	医者 **Où avez-vous mal ?** ウ アヴェ ヴ マル	
☐ 胃が痛いんです。	**J'ai mal à l'estomac.** ジェ マ ラ レストマ	

☐ 鈍い痛みです。	**C'est une douleur sourde.** セ テュヌ ドゥルール スルドゥ	

※鋭い痛み　une douleur aiguë.

☐ その症状はいつからですか？	医者 **Quand est-ce que cela a commencé ?** カン テスク スラ ア コマンセ	
☐ 今朝からです。	**Depuis ce matin.** ドゥピュイ ス マタン	
☐ 今までに同じ問題がありましたか？	医者 **Avez-vous déjà eu le même problème ?** アヴェ ヴ デジャ ユ ル メム プロブレム	
☐ 慢性の病気を抱えていますか？	医者 **Avez-vous une maladie chronique ?** アヴェ ヴ ユヌ マラディ クロニク	
☐ はい、糖尿病です。	**Oui, je suis diabétique.** ウィ ジュスュイ ディアベティク	

※喘息　asthmatique

☐ 熱はありますか？	医者 **Vous avez de la fièvre ?** ヴ ザヴェ ドゥラ フィエーヴル	
☐ 38度あります。	**J'ai trente-huit de fièvre.** ジェ トゥランテュイトゥ ドゥ フィエーヴル	
☐ 日本人の平熱はだいたい36度5分です。	**La température normale des** ラ タンペラテュール ノルマル デ **Japonais est d'environ trente-six** ジャポネ エ ダンヴィロン トゥラントゥスィス **cinq.** サンク	

第13章 トラブル編

283

□ 診察しましょう。	医者	**Je vais vous ausculter.** ジュ ヴェ ヴ ゾスキュルテ
□ 息を深く吸ってください。	医者	**Respirez profondément.** レスピレ プロフォンデマン
□ 口を開けてください。	医者	**Ouvrez la bouche.** ウヴレ ラ ブシュ
□ ここが痛みますか？	医者	**Vous avez mal ici ?** ヴ ザヴェ マル イスィ
□ 血圧を測りましょう。	医者	**Je vais prendre votre tension.** ジュ ヴェ プランドゥル ヴォトゥル タンスィオン
□ 血圧がかなり高いですね。	医者	**Vous avez une tension trop haute.** ヴ ザヴェ ユヌ タンスィオン トゥロ オートゥ ※低い basse
□ やけどをしました。		**Je me suis brûlé(e).** ジュ ム スュイ ブリュレ
□ 目に何か入りました。		**J'ai quelque chose dans l'œil.** ジェ ケルク ショーズ ダン ルイユ
□ 足首をくじいたようです。		**Je crois que je me suis fait une** ジュ クルワ ク ジュ ム スュイ フェ ユ **entorse à la cheville.** ナントルス ア ラ シュヴィーユ
□ 骨折かもしれません。		**C'est peut-être une fracture.** セ プテトゥル ユヌ フラクテュール

□ 脚の骨を折りました。	**Je me suis cassé la jambe.** ジュ ム スュイ カセ ラ ジャンブ
□ 車椅子が必要になります。	医者 **Vous aurez besoin d'un fauteuil roulant.** ヴ ゾレ ブズワン ダン フォトゥィユ ルラン
□ 松葉杖が必要になります。	医者 **Vous aurez besoin de béquilles.** ヴ ゾレ ブズワン ドゥ ベキーユ
□ 先生、ひどいんでしょうか？	**C'est grave, docteur ?** セ グラーヴ ドクトゥール
□ 炎症があります。	医者 **Vous avez une inflammation.** ヴ ザヴェ ユ ナンフラマスィオン
□ 食中毒です。	医者 **Vous avez une intoxication alimentaire.** ヴ ザヴェ ユ ナントクスィカスィオン アリマンテール
□ 入院しなければなりませんか？	**Je dois être hospitalisé(e) ?** ジュ ドゥワ エートゥル オスピタリゼ
□ 手術を受けなければいけませんか？	**Je dois me faire opérer ?** ジュ ドゥワ ム フェール オペレ
□ レントゲン検査を受けていただきます。	医者 **Vous allez faire une radio.** ヴ ザレ フェール ユヌ ラディオ
□ 注射をします。	医者 **Je vais vous faire une piqûre.** ジュ ヴェ ヴ フェール ユヌ ピキュール

第13章 トラブル編

☐ 処方箋を書きます。	医者 **Je vais vous faire une ordonnance.** ジュ ヴェ ヴ フェール ユ ノルドナンス	
☐ 妊娠3ヶ月です。	**Je suis enceinte de trois mois.** ジュ スュイ アンサントゥ ドゥ トゥルワ ムワ	
☐ ペニシリンアレルギーがありますか？	医者 **Vous êtes allergique à la pénicilline ?** ヴ ゼトゥ アレルジク ア ラ ペニスィリヌ	
☐ いま薬を服用していますか？	医者 **Vous prenez des médicaments en ce moment ?** ヴ プルネ デ メディカマン アン ス モマン	
☐ 薬局に行ってください。	医者 **Allez à la pharmacie.** アレ ア ラ ファルマスィ	
☐ 健康保険請求書に記入をお願いします。	**Pouvez-vous me remplir cette feuille de soins, s'il vous plaît ?** プヴェ ヴ ム ランプリール セトゥ フゥィユ ドゥ スワン スィル ヴ プレ	
☐ どのくらいで治りますか？	**Dans combien de temps je serai guéri(e) ?** ダン コンビアン ドゥ タン ジュ スレ ゲリ	
☐ 旅行を続けても大丈夫ですか？	**Est-ce que je peux continuer à voyager ?** エ ス ク ジュ プ コンティニュエ ア ヴワィアジェ	

286

□ まだ具合が悪いようでしたら、1週間後においでください。

医者
Revenez me voir dans une semaine,
ルヴネ　ム　ヴワール　ダン　ズュヌ　スメヌ
si vous avez encore mal.
スィ　ヴ　ザヴェ　アンコール　マル

Vocabulaire　身体

頭	**la tête** ラ テトゥ	腕	**les bras** レ ブラ
髪	**les cheveux** レ シュヴ	手	**les mains** レ マン
目	**les yeux** レ ズィウ	指	**les doigts** レ ドゥワ
耳	**les oreilles** レ ゾレイユ	胸	**la poitrine** ラ プワトゥリヌ
鼻	**le nez** ル ネ	背	**le dos** ル ド
口	**la bouche** ラ ブシュ	腰	**les reins** レ ラン
唇	**les lèvres** レ レーヴル	腹	**le ventre** ル ヴァントゥル
歯	**les dents** レ ダン	脚	**les jambes** レ ジャンブ
舌	**la langue** ラ ラング	膝	**les genoux** レ ジュヌ
首	**le cou** ル ク	足	**les pieds** レ ピエ
肩	**les épaules** レ ゼポル		

第13章　トラブル編

薬局　　Disc 2 59

- ☐ 風邪薬が欲しいのですが。

  Je voudrais un médicament contre la grippe.
  ジュ ヴドゥレ アン メディカマン コントゥル ラ グリプ

- ☐ 子供用をお願いします。

  C'est pour un enfant.
  セ プー ラン ナンファン

- ☐ 処方箋はお持ちですか？

  [薬剤師] Vous avez une ordonnance ?
  ヴ ザヴェ ユ ノルドナンス

- ☐ 健康保険証はお持ちですか？

  [薬剤師] Vous avez un certificat d'assurance-maladie ?
  ヴ ザヴェ アン セルティフィカ ダシュランス マラディ

- ☐ 食後に飲む痛み止めをお出しします。

  [薬剤師] Je vous donne un antidouleur à prendre après les repas.
  ジュ ヴ ドヌ アン ナンティドゥルール ア プランドゥル アプレ レ ルパ

- ☐ この薬は空腹時に服用します。

  [薬剤師] Ce médicament se prend à jeun.
  ス メディカマン ス プラン ア ジャン

- ☐ カプセル剤と粉薬のどちらがいいですか？

  [薬剤師] Vous le préférez en gélules ou en sachets ?
  ヴ ル プレフェレ アン ジェリュル ウ アン サシェ

□切り傷に塗る軟膏をください。

Donnez-moi une pommade pour cette coupure.
ドネ ムワ ユヌ ポマドゥ プール セトゥ クピュール

□包帯は毎日替えてください。

薬剤師
Le pansement est à refaire tous les jours.
ル パンスマン エ タ ルフェール トゥ レ ジュール

□この目薬を1日に2回、2滴ずつさしてください。

薬剤師
Vous mettez deux gouttes de ce collyre deux fois par jour.
ヴ メテ ドゥ グトゥ ドゥ ス コリール ドゥ フワ パル ジュール

第13章 トラブル編

3 紛失・盗難

万が一、紛失・盗難に遭ったときに必要になるフレーズです。

紛失・盗難　　　　　　　　　　　　　　　Disc 2　60

- ☐ 電車にバッグを置き忘れました。

  J'ai oublié mon sac dans le train.
  ジェ ウブリエ モン サク ダン ル トゥラン

- ☐ 遺失物預かり所はどこですか？

  Où sont les objets trouvés ?
  ウ ソン レ ゾブジェ トゥルヴェ

- ☐ どんなバッグでしたか？

  Comment était votre sac ?
  コマン エテ ヴォトゥル サク

- ☐ クレジットカードをなくしました。

  J'ai perdu ma carte de crédit.
  ジェ ペルデュ マ カルトゥ ドゥ クレディ

- ☐ 紛失物の届出です。

  C'est pour une déclaration de perte.
  セ プー リュヌ デクララスィオン ドゥ ペルトゥ

- ☐ 警察に行きます。

  Je vais au commissariat.
  ジュ ヴェ オ コミサリア

- ☐ 盗難届を出しに来ました。

  Je viens faire une déclaration de vol.
  ジュ ヴィアン フェール ユヌ デクララスィオン ドゥ ヴォル

☐	この申告書に記入してください。	**Remplissez cette déclaration, s'il vous plaît.** ランプリセ　セトゥ　デクララスィオン　スィル　ヴ　プレ
☐	バッグを盗まれました。	**On m'a volé mon sac.** オン　マ　ヴォレ　モン　サク
☐	何が入っていましたか？	**Qu'est-ce qu'il contenait ?** ケ　ス　キル　コントゥネ
☐	キャッシュカード、現金、携帯です。	**J'avais ma carte bancaire, de l'argent liquide et mon portable.** ジャヴェ　マ　カルトゥ　バンケール　ドゥ　ラルジャン　リキドゥ　エ　モン　ポルターブル
☐	クレジットカードを無効にしたいです。	**Je voudrais faire opposition.** ジュ　ヴドゥレ　フェール　オポズィスィオン
☐	パスポートをなくしました。	**J'ai perdu mon passeport.** ジェ　ペルデュ　モン　パスポール
☐	どうしたらいいですか？	**Qu'est-ce que je dois faire ?** ケ　ス　ク　ジュ　ドゥワ　フェール
☐	日本大使館に行かなければなりません。	**Il faut aller à l'ambassade du Japon.** イル　フォ　アレ　ア　ランバサドゥ　デュ　ジャポン

第13章　トラブル編

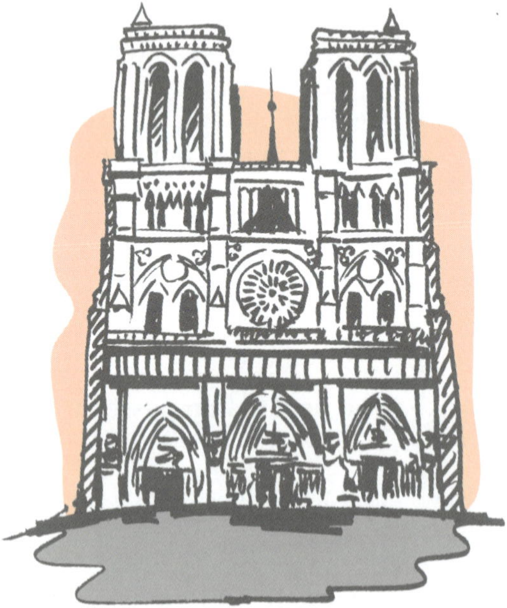

第14章

留学編

語学学校に短期留学、大学からの交換留学、美術や音楽の勉強でフランスへ。留学の形もいろいろです。留学準備、学校での登録、授業、試験など、さまざまな場面に対応する表現を取り上げました。絵を描いたり、音楽を奏でたりするときに使われる表現も挙げています。

1 フランスに留学する

留学する際に必要になるフレーズを紹介します。

留学準備 　　Disc 2 　61

- □ フランスに留学するつもりです。

  Je compte aller étudier en France.
  ジュ　コントゥ　アレ　エテュディエ　アン　フランス

- □ 美術学校に行きたいです。

  Je voudrais entrer dans une école des beaux-arts.
  ジュ　ヴドゥレ　アントゥレ　ダン　ズュ　ネコル　デ　ボザール

  ※料理学校　une école culinaire　モード学院　une école de mode
  バレエ学校　une école de danse

- □ パリに歌の研修を受けに行くつもりです。

  Je vais aller à Paris faire un stage de chant.
  ジュ　ヴェ　アレ　ア　パリ　フェール　アン　スタージュ　ドゥ　シャン

- □ 語学研修に参加するつもりです。

  Je vais suivre un stage linguistique.
  ジュ　ヴェ　スュイーヴル　アン　スタージュ　ランギュイスティク

- □ 夏の語学講座に出てみたいです。

  Je voudrais assister aux cours d'été de langue.
  ジュ　ヴドゥレ　アスィステ　オ　クール　デテ　ドゥ　ラング

- □ 中級クラスに出るつもりです。

  Je vais suivre les cours niveau intermédiaire.
  ジュ　ヴェ　スュイーヴル　レ　クール　ニヴォ　アンテルメディエール

  ※初心者クラス　niveau débutant　　上級クラス　niveau avancé

□パリ大学の文明講座を取ってみたいです。	**Je voudrais suivre le cours de Civilisation Française de la Sorbonne.**	
□国かロータリークラブの奨学金を得てフランスに留学したいです。	**Je voudrais faire mes études en France en obtenant une bourse d'État ou du Rotary Club.**	
□この2つの姉妹都市の間で交換留学の制度があります。	**Il y a un système d'échange d'étudiants entre ces deux villes jumelées.**	
□大学の語学コースは1年間ですか？	**Les cours de langues à l'université durent-ils un an ?**	
□グランゼコールに外国人向けの研修コースはありますか？	**Les grandes écoles proposent-elles leur formation aux étrangers ?**	
□1年滞在するので、長期滞在学生ビザが必要です。	**Comme je reste une année, j'ai besoin d'un visa étudiant long séjour.**	

第14章 留学編

295

☐ 論文指導教授の推薦状が必要です。	**Il faut une lettre de recommandation de votre directeur de thèse.**
☐ 大学の先生方に推薦状をお願いしました。	**J'ai demandé une lettre de recommandation à mes professeurs.**
☐ 留学するためにはDELFやDALFのような語学の資格が必要ですか？	**Un diplôme de langue comme le DELF ou le DALF est nécessaire pour faire ses études à l'étranger ?**
☐ どんな参考書がお勧めですか？	**Quels manuels me conseillez-vous ?**
☐ 大学の寮に入れますか？	**Puis-je entrer dans une résidence universitaire ?**
☐ 学校のサイトを見てください。ホームステイの情報が出ています。	**Consultez le site de l'école. Vous y trouverez des informations sur les séjours dans une famille française.**
☐ ホストファミリーが駅まで迎えに来てくれますか？	**La famille d'accueil viendra-t-elle me chercher à la gare ?**

留学生活　　　　　　　　　　　　　　　　　　　　Disc 2　62

□フランス語を勉強して1年になります。	**Ça fait un an que j'apprends le français.**
□2人の学生とルームシェアをしています。	**Je suis en colocation avec deux étudiants.**
□フランス人の友達がすぐにできました。	**Je me suis tout de suite fait des amis français.**
□ホストファミリーと一緒に朝食と夕食をとります。	**Je prends le petit déjeuner et le dîner avec la famille d'accueil.**
□昼食は学食で取ります。	**Je déjeune au resto U.** ※resto U は restaurant universitaire（学生食堂）の略で、話し言葉で使います。
□今夜、キャンパスでダンスの夕べがあります。	**Ce soir, on donne une soirée dansante au campus.**

第14章　留学編

- □ 週末には学校主催のエクスカーションによく参加します。

  Le week-end, je participe souvent aux excursions organisées par l'école.
  ル ウィケンドゥ ジュ パルティスィプ スヴァン オ ゼクスキュルスィオン オルガニゼ パル レコル

- □ 警察庁に滞在許可証を受け取りに行きます。

  Je vais chercher ma carte de séjour à la préfecture de police.
  ジュ ヴェ シェルシェ マ カルトゥ ドゥ セジュール ア ラ プレフェクテュール ドゥ ポリス

- □ 学生寮に住んでいます。

  J'habite dans un foyer d'étudiants.
  ジャビトゥ ダン ザン フワイエ デテュディアン

- □ 入室前に保証金を払い、現状証明書を書きました。

  J'ai versé la caution et j'ai écrit l'état des lieux avant de m'installer dans la chambre.
  ジェ ヴェルセ ラ コスィオン エ ジェ エクリ レタ デ リウ アヴァン ドゥ マンスタレ ダン ラ シャンブル

PARIS
FRANCE
LYON
BORDEAUX
NICE

2 学校で

学校での基本的なやりとりができるようになりましょう。

専攻と学年　　　Disc 2　63

- 文学部の学生です。

Je suis étudiant(e) en lettres.
ジュ スュイ ゼテュディアン(トゥ)アン レトゥル

- 哲学の勉強をしています。

Je fais des études de philosophie.
ジュ フェ デ ゼテュドゥ ドゥ フィロゾフィ

Vocabulaire　学問

文学	**lettres** レトゥル	薬学	**pharmacie** ファルマスィ
社会学	**sociologie** ソスィオロジ	化学	**chimie** シミ
教育学	**pédagogie** ペダゴジ	物理学	**physique** フィズィク
法学	**droit** ドゥルワ	工学	**ingénierie** アンジェニリ
政治学	**science politique** スィアンス ポリティク	歴史学	**histoire** イストゥワール
心理学	**psychologie** プスィコロジ	経済学	**science économique** スィアンス エコノミク
医学	**médecine** メドゥスィヌ		

第14章　留学編

☐ 大学1年生です。	**Je suis en première année de licence.** ジュ スュイ ザン プルミエー ラネ ドゥ リサンス ※大学2年生 en deuxième　大学3年生 en troisième	
☐ 学士を取った後、修士に進むつもりです。	**Après l'obtention de la licence, je prévois de faire un master.** アプレ ロプタンスィオン ドゥ ラ リサンス ジュ プレヴワ ドゥ フェール アン マステール	
☐ 修士1年生です。	**Je suis en première année de master.** ジュ スュイ ザン プルミエー ラネ ドゥ マステール	
☐ 修士の研究コースを選びました。	**J'ai choisi un master recherche.** ジェ シュワズィ アン マステール ルシェルシュ ※就職コース un master professionnel	
☐ 博士課程です。	**Je suis en doctorat.** ジュ スュイ ザン ドクトラ	

登録　　　　　　　　　　　　　　　　　　　Disc 2 ｜ 64

☐ 登録の締め切りはいつですか？	**Quelle est la date limite pour s'inscrire ?** ケ レ ラ ダトゥ リミトゥ プール サンスクリール
☐ 登録の書類はどこでもらえますか？	**Où est-ce qu'on retire les dossiers d'inscription ?** ウ エス コン ルティール レ ドスィエ ダンスクリプスィオン
☐ 書類はどこに出すんですか？	**Où est-ce qu'on dépose les dossiers ?** ウ エス コン デポーズ レ ドスィエ
☐ 写真は何枚要りますか？	**Il faut combien de photos ?** イル フォ コンビアン ドゥ フォト

☐ 最近撮った写真が3枚必要です。	**Il faut trois photos récentes.**	
☐ 外国人向けのフランス語講座に入りたいのですが。	**Je voudrais m'inscrire au cours de français pour les étrangers.**	
☐ 3ヶ月短期集中コースを取ります。	**Je suis un cours intensif de trois mois.**	
☐ 学生証はどこでもらえますか？	**Où est-ce qu'on retire la carte d'étudiant ?**	
☐ 教務課です。	**Vous pouvez la retirer au service pédagogique.**	
☐ 学生証は何に使えるんですか？	**Qu'est-ce qu'on peut faire avec la carte d'étudiant ?**	
☐ 学生証があれば学食が利用できます。	**Avec la carte d'étudiant, on peut aller au resto U.**	

第14章 留学編

☐ 学生証があれば、映画館、劇場、美術館、本屋などで学割がききます。	**Avec la carte d'étudiant, on a des réductions au cinéma, au théâtre, dans les musées, les libraries, etc.**
☐ 学割を利用するときは、学生証を見せてください。	**Quand vous voulez avoir le tarif étudiant, vous montrez votre carte d'étudiant.**

授業をとる　　　　　　　　　　　　　　Disc 2 65

☐ オリエンテーションはどこでありますか？	**Où est-ce que l'orientation a lieu ?**
☐ 講堂であります。	**Elle a lieu à l'amphithéâtre.**
☐ どれが必須科目ですか？	**Quels sont les cours obligatoires ?** ※選択科目　les cours facultatifs
☐ 履修案内に載っています。	**C'est écrit dans la brochure pédagogique.**
☐ このゼミは出席しなくてはいけないんですか？	**On est obligé d'assister à ce séminaire ?**

□ いいえ、選択制ですが、先生は出席を勧めています。	**Non, c'est optionnel, mais le professeur le recommande.**
□ どの授業に登録したの？	**Tu t'es inscrit(e) dans quels cours ?**
□ どの授業を取る？	**Qu'est-ce que tu prends comme cours ?**
□ マルティニ先生の授業を取るつもり。	**Je vais suivre les cours de Monsieur Martini.**
□ とても人気があるんだ。	**Ses cours sont très demandés.**
□ この先生、いい？	**Il est bien, ce prof ?** ※prof は professeur の略で、話し言葉で使います。
□ うん、すごく面白いよ。	**Oui, il est très intéressant.**
□ この先生、どう？	**Elle est comment, cette prof ?**
□ すごく厳しいらしいよ。	**On dit qu'elle est très sévère.**

第14章 留学編

☐ 宿題をいっぱい出すんだって。	**Elle donne beaucoup de travail, paraît-il.**	

| ☐ ロラン先生の発音は聞きやすいよ。 | **La prononciation de Monsieur Rolin est facile à comprendre.** |

| ☐ 文法は週に何時間あるの？ | **Tu as combien d'heures de grammaire par semaine ?** |

| ☐ 講義形式です。 | **C'est un cours magistral.** |

| ☐ この授業では、学生は順番に発表をしなければなりません。 | **Dans ce cours, les étudiants doivent faire des exposés à tour de rôle.** |

| ☐ 化学の授業では、週に1回、実習があります。 | **Dans le cours de chimie, il y a des T.P. une fois par semaine.** |

※T.P. は travaux pratiques（実習）の略です。

| ☐ ペリエ先生の授業はどの教室ですか？ | **Le cours de Madame Perrier, c'est dans quelle salle ?** |

☐ A 棟 3 階 22 番教室です。	**Ce cours a lieu dans le bâtiment A, salle vingt-deux au deuxième étage.**
☐ 今日は会話のクラスは休講だよ。	**Il n'y a pas de cours de conversation aujourd'hui.**

教室で   Disc 2   66

☐ 3 課を始めます。	**On va commencer la leçon trois.**
☐ 教科書の 15 ページを開いてください。	**Ouvrez vos livres page quinze.**
☐ 教科書を閉じてください。	**Fermez vos livres.**
☐ 聞いてください。	**Écoutez.**
☐ リピートしてください。	**Répétez.**
☐ 見てください。	**Regardez.**
☐ 答えてください。	**Répondez.**
☐ 話してください。	**Parlez.**

305

☐ 読んでください。	**Lisez.** リゼ	
☐ 書いてください。	**Écrivez.** エクリヴェ	
☐ 分かりましたか？	**Vous avez compris ?** ヴ ザヴェ コンプリ	
☐ 質問がありますか？	**Vous avez des questions ?** ヴ ザヴェ デ ケスティオン	
☐ 分からなかったら質問してください。	**Si vous ne comprenez pas, posez-** スィ ヴ ヌ コンプルネ パ ポゼ **moi des questions.** ムワ デ ケスティオン	
☐ 先生、質問があります。	**Madame(Monsieur), j'ai une question.** マダム ムスィウ ジェ ユヌ ケスティオン	
☐ この単語はどういう意味ですか？	**Que veut dire ce mot ?** ク ヴ ディール ス モ	
☐ もう少し大きな字で書いていただけませんか？	**Vous pourriez écrire** ヴ プリエ エクリール **un peu plus gros, s'il vous plaît ?** アン プ プリュ グロ スィル ヴ プレ	
☐ コピーをもう1枚いただけませんか？	**Vous pourriez me donner une autre** ヴ プリエ ム ドネ ユ ノトゥル **photocopie ?** フォトコピ	
☐ 講義録のプリントはどこでもらえますか？	**Où est-ce qu'on peut avoir le polycopié ?** ウ エス コン プ アヴワール ル ポリコピエ	

☐ 宿題は何ですか？	**Qu'est-ce qu'il y a à faire pour la prochaine fois ?**
☐ テストのために何を復習したらいいですか？	**Qu'est-ce qu'il faut réviser pour le test ?**
☐ これまでにやったところ全部です。	**Il faut réviser tout ce qu'on a fait jusque-là.**
☐ 明日、書き取りのテストをします。	**On fera une dictée demain.**

試験・成績・単位・論文　　Disc 2　67

☐ この授業は、平常点評価と期末試験のどちらですか？	**Dans ce cours, est-ce un contrôle continu ou un examen final ?**
☐ この授業は試験はありません。小論文提出のみです。	**Dans ce cours, il n'y a pas d'examen. Il faut juste rédiger une dissertation.**
☐ 午後、筆記試験があります。	**Il y aura un examen écrit cet après-midi.** ※口頭試験　un examen oral

第14章　留学編

☐	試験は選択式です。	**L'examen est un Q.C.M.** ※Q.C.M. は questionnaire à choix multiple（選択式問題）の略です。
☐	今度の小テストはいつ？	**C'est quand, les prochains partiels ?**
☐	もうすぐ試験なんだ。	**C'est bientôt les examens.**
☐	書き取りは得意だよ。	**Je suis fort(forte) en dictée.**
☐	和文仏訳は苦手なんだ。	**Je suis faible en thème.**
☐	図書館へ勉強しに行くんだ。	**Je vais travailler à la bibliothèque.**
☐	復習は終わった？	**Tu as fini tes révisions ?**
☐	発表の準備に何時間もかかったよ。	**J'ai mis des heures à préparer mon exposé.**
☐	いま、試験の真っ最中なんだ。	**Je suis en plein dans les examens.**
☐	試験どうだった？	**C'était comment, les examens ?**
☐	そんなに難しくなかった。	**Ce n'était pas très dur.**

□いつ結果が貼り出されるの？	**On affiche les résultats quand ?**
□文法の試験、受かったよ。	**J'ai passé l'examen de grammaire.**
□テストはいい成績だった？	**Tu as eu une bonne note au test ?**
□及第点だったよ。	**J'ai eu la moyenne.**
□美術史で20点満点中15点取ったよ。	**J'ai eu quinze sur vingt en histoire de l'art.**
□小論文で優を取ったよ。	**J'ai obtenu la mention très bien en dissertation.**
□成績証明書を頼むつもりなんだ。	**Je vais demander un relevé de notes.**
□1年生で何単位取れますか？	**On peut passer combien d'UV en première année ?** ※UV は unité de valeur（履修単位）の略です。
□文法の単位を取りました。	**J'ai eu l'UV de grammaire.**

第14章 留学編

☐ 英語の単位を落としました。	**J'ai raté l'UV d'anglais.** ジェ ラテ リュヴュ ダングレ	

☐ 前期の単位を全部取りました。

J'ai réussi toutes mes UV au
ジェ レユスィ トゥトゥ メズュヴェオ
premier semestre.
プルミエ スメストゥル
※後期 deuxième semestre

☐ 次の学年に進むのに何単位が必要ですか？

Combien d'UV sont nécessaires pour
コンビアン デュヴェ ソン ネセセール プール
passer dans l'année supérieure ?
パセ ダン ラネ スュペリウール

☐ 論文はどんなテーマを選びましたか？

Quel sujet avez-vous choisi pour
ケル スュジェ アヴェ ヴ シュワズィ プール
votre mémoire ?
ヴォトル メムワール

☐ 卒業論文の提出期限はいつですか？

Quelle est la date limite pour
ケ レ ラ ダトゥ リミトゥ プール
remettre le mémoire de licence ?
ルメトゥル ル メムワール ドゥ リサンス

☐ 博士論文を来月提出します。

Je dépose ma thèse le mois prochain.
ジュ デポーズ マ テーズ ル ムワ プロシャン

☐ 口頭審査が5月末に行われます。

La soutenance aura lieu fin mai.
ラ ストゥナンス オラ リウ ファン メ

3 絵を描く・音楽を奏でる

美術・音楽の勉強で留学する際には、ここで紹介するフレーズを覚えておきましょう。

絵を描く　　　　　　　　　　　　　　　　　Disc 2　68

- □ 学校で美術クラブに入っています。

  À l'école, je fais partie du club de dessin.

- □ 絵画教室でデッサンと水彩のレッスンを受けています。

  Je prends des cours de dessin et d'aquarelle dans un atelier.

- □ 油彩画の研修に参加しています。

  J'assiste à un stage de peinture à l'huile.

- □ 美術学校では彫刻科に属しています。

  À l'école des beaux-arts, je suis dans la section de sculpture.

- □ 版画の教室で木版、エッチング、リトグラフを学んでいます。

  Dans la classe de gravure, j'apprends la gravure sur bois, à l'eau-forte, et la lithographie.

第14章 留学編

- ☐ 水曜日は裸体モデルを描く授業がアトリエであります。

  Chaque mercredi, nous avons un cours de nu à l'atelier.

- ☐ 月に2回、ルーブル美術館へ巨匠たちの作品の模写をしに行きます。

  Nous allons faire des copies de maîtres au musée du Louvre deux fois par mois.

- ☐ レオナルド・ダヴィンチの習作をもとに油絵を描きます。

  Je fais une toile d'après une étude de Léonard de Vinci.

- ☐ 母の肖像画をパステルで描きます。

  Je fais un portrait de ma mère au pastel.

- ☐ 風景のスケッチをするためによく公園に行きます。

  Je vais souvent au parc pour faire des croquis de paysage.

- ☐ 戸外で描くために軽くて使いやすいイーゼルを買いました。

  J'ai acheté un chevalet léger et pratique pour dessiner en plein air.

☐ 絵の具、カンバス、筆を画材店Xで買います。	**J'achète mes tubes de peinture, mes toiles et mes pinceaux au magasin X.**	
☐ ヴェルニサージュは午後2時に始まります。	**Le vernissage de l'exposition commence à quatorze heures.**	

音楽を奏でる   Disc 2 69

☐ 6歳からピアノを弾いています。	**Je joue du piano depuis l'âge de six ans.**
☐ ソルフェージュの勉強のためにコンセルヴァトワールに行きました。	**Je suis allé(e) au conservatoire pour le solfège.**
☐ ピアノを個人の先生について習っています。	**Je prends des cours particuliers de piano.**
☐ 先生は日本で最も素晴らしいバッハ演奏家の一人です。	**Mon professeur est un des meilleurs interprètes de Bach, au Japon.**
☐ オーケストラで演奏しています。	**Je joue dans un orchestre.**

第14章 留学編

☐ 室内楽のサロンコンサートが月に1回開かれています。	**On donne un concert de musique de chambre chez un particulier une fois par mois.**
☐ 毎週、合唱団で歌っています。	**Je chante dans une chorale toutes les semaines.**
☐ 来週、コンサートを開きます。	**Nous faisons un concert la semaine prochaine.**
☐ リハーサルが19時からあります。	**La répétition a lieu à partir de dix-neuf heures.**
☐ シャンソンを習っています。	**Je suis des leçons de chanson française.**
☐ 作曲の勉強をしています。	**J'apprends la composition musicale.**
☐ チェロの曲を書いているところです。	**Je suis en train de composer un morceau de violoncelle.**

☐ まだインスピレーションが湧きません。	**Il me manque encore de l'inspiration.**
☐ ブザンソンの指揮者コンクールに出場するつもりです。	**Je vais me présenter au concours de chefs d'orchestre à Besançon.**
☐ 課題曲の楽譜を読み込んでいます。	**J'examine attentivement la partition du morceau imposé.**

第14章 留学編

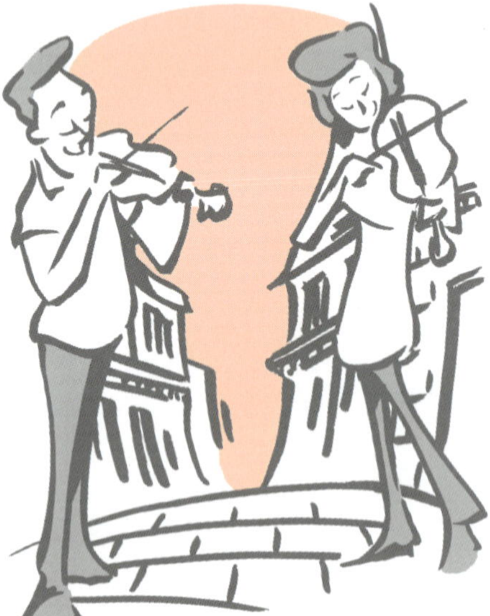

第15章

ビジネス編

会社での一日、会社の紹介に始まり、社内業務、会議でのプレゼンテーションですぐに使える表現を取り上げました。取引先訪問や交渉の場で使う表現も取り上げています。仕事の場での電話のやりとりも大切です。今や、ビジネスシーンに欠かせないコンピュータ、インターネットに関する表現も活躍する場が多いでしょう。

1. 会社で

取引先での自社紹介・自己紹介からオフィスでの一日まで会社に関する基本のフレーズです。

会社の組織・人事　　　　　　　　　　　　　　Disc 2　70

- □ フランス企業で働いています。

  Je travaille dans une entreprise française.
  ジュ トゥラヴァイユ ダン ズュ ナントゥルプリーズ フランセーズ

- □ 日仏合弁会社で働いています。

  Je travaille dans une coentreprise franco-japonaise.
  ジュ トゥラヴァイユ ダン ズュヌ コアントゥルプリーズ フランコ ジャポネーズ

- □ 本社はパリにあります。

  Le siège principal se trouve à Paris.
  ル スィエージュ プランスィパル ス トゥルーヴ ア パリ

- □ 東京支社に採用されました。

  Je suis embauché(e) à la succursale de Tokyo.
  ジュ スュイ アンボシェ ア ラ スュキュルサル ドゥ トキョ

- □ 何の会社ですか？

  Quel type de société est-ce ?
  ケル ティプ ドゥ ソスィエテ エ ス

- □ 化粧品会社です。

  C'est une société de produits de beauté.
  セ テュヌ ソスィエテ ドゥ プロデュイ ドゥ ボテ

☐ 会社でどんなお仕事をなさっているのですか？	**Dans votre société, qu'est-ce que vous faites ?** ダン ヴォトゥル ソスィエテ ケ スク ヴ フェトゥ	
☐ 経理の仕事をしています。	**Je suis dans la comptabilité.** ジュ スュイ ダン ラ コンタビリテ	
☐ 工場で品質管理の仕事をしています。	**Je suis dans le contrôle qualité à l'usine.** ジュ スュイ ダン ル コントゥロル カリテ ア リュズィヌ	
☐ 新製品開発を担当しています。	**Je m'occupe du développement des nouveaux produits.** ジュ モキュプ デュ デヴロプマン デ ヌヴォ プロデュイ	
☐ 社長に任命されました。	**J'ai été nommé(e) président(e).** ジェ エテ ノメ プレズィダン(トゥ)	
☐ 今度モロー氏が取締役に昇進します。	**Monsieur Moreau sera promu directeur.** ムスィウ モロ スラ プロミュ ディレクトゥール	
☐ 昇給しました。	**J'ai eu une augmentation de salaire.** ジェ ユ ユ ノグマンタスィオン ドゥ サレール	
☐ 地方に転勤になりました。	**Je suis muté(e) en province.** ジュ スュイ ミュテ アン プロヴァンス	
☐ 海外勤務になりました。	**Je suis muté(e) à l'étranger.** ジュ スュイ ミュテ ア レトゥランジェ	

第15章 ビジネス編

☐	単身赴任します。	**Je pars sans ma famille.**
☐	本社勤務の辞令をいただきました。	**J'ai été nommé(e) au siège principal.**
☐	定期的に部署異動があります。	**On nous fait régulièrement changer de poste.**
☐	こちらは同僚です。	**C'est un(une) collègue.**
☐	私たちは同期の入社です。	**Nous sommes entré(e)s dans la société la même année.**
☐	5年前に入社しました。	**Je suis entré(e) dans cette société il y a cinq ans.**
☐	今度の人事には納得がいきません。	**Je ne suis pas content(e) de la gestion actuelle du personnel.**
☐	給料が低すぎます。	**Mon salaire est trop bas.**

☐	もっと上のポストにつけると思っていました。	**Je comptais obtenir un poste plus élevé.**
☐	辞表を出すつもりです。	**Je vais donner ma démission.**
☐	転職します。	**Je vais changer de travail.**
☐	研修中です。	**Je suis stagiaire dans cette entreprise.**
☐	来年、定年退職します。	**Je serai à la retraite l'année prochaine.**
☐	部長が解雇されました。	**Le directeur(la directrice) a été licencié(e).**

第15章 ビジネス編

オフィスの一日

- 通常、会社には9時から17時までいます。
  Je suis au bureau de neuf heures à dix-sept heures.

- いつも時間厳守です。
  Je suis toujours ponctuel(le).

- タイムカードを押しましたか？
  Avez-vous pointé ?

- 会社に着いたら、まずメールをチェックします。
  En arrivant au bureau, je consulte mes mails.

- 会社はフレックスタイムを採用しています。
  Dans notre société, l'horaire est flexible.

- 毎週、月曜日に営業会議があります。
  Le lundi, on a la réunion commerciale.

- 社員食堂でお昼を食べます。
  Je déjeune à la cantine de l'entreprise.

□ お昼は同僚と近くのレストランで食べます。

Je déjeune avec mes collègues dans un restaurant du quartier.

□ 忙しい時はお昼を食べる時間がほとんどありません。

Quand j'ai beaucoup de travail, je n'ai que très peu de temps pour déjeuner.

□ クライアントとビジネスランチをすることがあります。

Il m'arrive de prendre un déjeuner d'affaires avec un client.

※ セミナーに参加する　d'assister à un séminaire
　研修を受ける　de faire un stage

□ 展示会に行って直帰します。

Je rentrerai directement chez moi après la visite du salon.

□ 帰る時間です。

C'est l'heure de rentrer.

□ 今夜は遅くまでやらなければなりません。

Je dois rester tard ce soir.

第15章　ビジネス編

休暇

- ちょっと具合が悪いので、今日は休ませていただけますか？
  Je me sens un peu mal. Puis-je m'absenter aujourd'hui ?

- 病気休暇中です。
  Je suis en congé maladie.
  ※出産休暇 congé maternité　育児休暇 congé parental

- 用事があるので、早退したいんですが。
  J'ai une démarche à faire, alors je voudrais quitter le bureau avant l'heure.

- 来週、有給休暇をとりたいのですが。
  Je voudrais prendre des congés payés la semaine prochaine.

作業の依頼

- この書類をコピーしていただけますか？
  Vous pouvez me photocopier ces documents, s'il vous plaît ?

- この書類をモローさんに至急ファックスしてください。
  Veuillez faxer immédiatement ces documents à Monsieur Moreau.

☐この書類をモローさんにメールで送ってください。	**Envoyez ces documents par mail à Monsieur Moreau.**
☐デュマさん宛の手紙を打ってください。	**Tapez la lettre adressée à Madame Dumas, s'il vous plaît.**
☐会議用の資料を準備してください。	**Préparez les documents pour la réunion, s'il vous plaît.**
☐ファイルの整理をしてください。	**Classez ces dossiers, s'il vous plaît.**
☐出張の報告書をお昼までに提出してください。	**Remettez-moi le compte-rendu de votre voyage d'affaires avant ce midi.**
☐この書類をフランス語に翻訳してください。	**Traduisez ces documents en français, s'il vous plaît.**
☐Y社のシモンさんとのアポイントをとってください。	**Prenez rendez-vous avec Monsieur Simon de la société Y, s'il vous plaît.**

第15章 ビジネス編

☐	明日のアポイントを取り消してください。	**Annulez le rendez-vous de demain, s'il vous plaît.** アニュレ ル ランデヴ ドゥ ドゥマン スィル ヴ プレ
☐	サプライヤーと連絡を取ってください。	**Prenez contact avec nos fournisseurs.** プルネ コンタクトゥ アヴェク ノ フルニスール
☐	Y社からの請求書です。支払いの手続きをしてください。	**Voilà la facture de la société Y.** ヴワラ ラ ファクチュール ドゥ ラ ソスィエテ イグレク **Réglez-la, s'il vous plaît.** レグレ ラ スィル ヴ プレ
☐	ロンドンへの出張手配をしていただけますか？	**Pouvez-vous vous occuper de mon voyage d'affaires à Londres, s'il vous plaît ?** プヴェ ヴ ヴ ゾキュペ ドゥ モン ヴワィアジュ ダフェール ア ロンドゥル スィル ヴ プレ
☐	ホテルをインターネットで予約してください。	**Réservez-moi un hôtel sur Internet.** レゼルヴェ ムワ アン ノテル スュー ランテルネトゥ
☐	日本支社長を空港まで迎えに行っていただけますか？	**Pouvez-vous aller chercher à l'aéroport le directeur de la succursale du Japon ?** プヴェ ヴ アレ シェルシェ ア ラエロポール ル ディレクトゥール ドゥ ラ スュキュルサル デュ ジャポン

会議

Disc 2 | 74

☐ 今日の会議は10時から第2会議室で開かれます。	**Aujourd'hui, la réunion aura lieu à partir de dix heures dans la salle de réunion deux.**	
☐ 議題は何ですか？	**Quel est le sujet ?**	
☐ 新製品の発売についてです。	**C'est le lancement de nos nouveaux produits.**	
☐ 社長が出席します。	**Le président sera présent.**	
☐ 副社長は海外出張中で欠席です。	**Le vice-président sera absent, parce qu'il est en voyage d'affaires à l'étranger.**	
☐ 始めに担当者のプレゼンテーションがあります。	**D'abord, le responsable va faire un exposé.**	

第15章 ビジネス編

☐ 市場の分析についてお話します。	**Nous allons vous parler de l'analyse du marché.**	ヌ ザロン ヴ パルレ ドゥ ラナリーズ デュ マルシェ
☐ お手元の資料をご覧ください。	**Regardez les documents que vous avez en main.**	ルガルデ レ ドキュマン ク ヴ ザヴェ アン マン
☐ この問題について、皆様のご意見はいかがでしょうか？	**Quel est votre avis sur la question ?**	ケ レ ヴォト ラヴィ スュル ラ ケスティオン
☐ ご提案はありませんか？	**Avez-vous des propositions à faire ?**	アヴェ ヴ デ プロポズィスィオン ア フェール
☐ その点についてもう少し詳しく説明していただけますか？	**Pourriez-vous expliquer plus en détail ce point-là ?**	プリエ ヴ エクスプリケ プリュ ザン デタイユ ス プワン ラ
☐ 重要事項を確認していただけますか？	**Pourriez-vous souligner les points importants ?**	プリエ ヴ スリニェ レ プワン アンポルタン
☐ 経営会議で個人向けの広告にさらに投資することが決まりました。	**Le comité d'entreprise a décidé d'investir davantage dans la publicité auprès des particuliers.**	ル コミテ ダントゥルプリーズ ア デスィデ ダンヴェスティール ダヴァンタージュ ダン ラ ピュブリスィテ オプレ デ パルティキュリエ
☐ その点について質問があります。	**J'ai une question sur ce point-là.**	ジェ ユヌ ケスティオン スュル ス プワン ラ

☐	利益はどれだけですか？	**Quels sont les bénéfices ?** ケル ソン レ ベネフィス
☐	価格設定についてどう思いますか？	**Que pensez-vous de nos tarifs ?** ク パンセ ヴ ドゥ ノ タリフ
☐	これについてどう思いますか？	**Qu'en pensez-vous ?** カン パンセ ヴ
☐	賛成です。	**Je suis d'accord.** ジュ スュイ ダコール ※Je suis de votre avis. とも言います。
☐	納得のいく説明です。	**Votre argument est convaincant.** ヴォトゥ ラルギュマン エ コンヴァンカン
☐	お話中すみませんが…。	**Pardonnez-moi de vous** パルドネ ムワ ドゥ ヴ **interrompre, mais…** ザンテロンプル メ
☐	もう少し状況を検討する必要があると思います。	**Je pense qu'il est nécessaire** ジュ パンス キ レ ネセセール **d'examiner un peu plus la situation.** デグザミネ アン プ プリュス ラ スィテュアスィオン
☐	顧客層を絞ったほうがいいと思いますが。	**Il vaudrait mieux cibler nos clients.** イル ヴォドゥレ ミウ スィブレ ノ クリアン
☐	有益なご意見をありがとうございました。	**Nous vous remercions de vos** ヌ ヴ ルメルスィオン ドゥ ヴォ **observations très intéressantes.** ゾプセルヴァスィオン トゥレ ザンテレサントゥ

第15章 ビジネス編

☐ 会議はうまくいきました。	**La réunion s'est bien passée.** ラ　レユニオン　セ　ビアン　パセ	
☐ 会議は予定より早く終わりました。	**La réunion a fini plus tôt que prévu.** ラ　レユニオン　ア　フィニ　プリュ　ト　ク　プレヴュ ※遅く tard	
☐ 会議の予定が変更になりました。	**Le programme de la réunion est changé.** ル　プログラム　ドゥラ　レユニオン　エ　シャンジェ	
☐ 金曜日の会議が中止になりました。	**La réunion de vendredi est annulée.** ラ　レユニオン　ドゥ　ヴァンドゥルディ　エ　タニュレ	

商談　　　　　　　　　　　　　　　　　　　Disc 2 75

☐ シモンさんとお約束しているのですが。	**J'ai rendez-vous avec Monsieur Simon.** ジェ　ランデヴ　アヴェク　ムスィウ　スィモン	
☐ はい、どちら様でしょうか？	**Oui, vous êtes Monsieur …?** ウィ　ヴ　ゼトゥ　ムスィウ	
☐ X社の田中です。	**Monsieur Tanaka de la société X.** ムスィウ　タナカ　ドゥラ　ソスィエテ　イクス	
☐ 名刺をどうぞ。	**Voici ma carte de visite.** ヴワスィ　マ　カルトゥ　ドゥ　ヴィズィトゥ	
☐ こちらは販売責任者です。	**Voilà notre responsable des ventes.** ヴワラ　ノトゥル　レスポンサーブル　デ　ヴァントゥ	

- □ こちらが弊社のパンフレットです。

  Voilà nos prospectus.

- □ 試作品をご覧いただけます。

  Vous pouvez voir le prototype.

- □ 商品見本を送っていただけますか？

  Pouvez-vous nous envoyer des échantillons ?

- □ もう少し価格を下げていただけませんか？

  Pourriez-vous baisser un peu le prix ?

- □ 見積書をすぐにお作りいたします。

  Nous allons établir un devis tout de suite.

- □ この納期は少し難しいように思われます。

  Il nous semble que ce délai est un peu difficile à respecter.

- □ 期限を延ばします。

  Nous allongeons le délai.

- □ 御社と業務提携をしたいと思っています。

  Nous voudrions coopérer avec vous.

第15章 ビジネス編

- ☐ 御社と契約を締結したいと思っています。

  Nous voudrions passer un contrat avec vous.

- ☐ 大変残念ですが、御社とは条件が合わないようです。

  Nous sommes vraiment désolé(e)s, mais nos conditions ne seraient pas compatibles avec les vôtres.

- ☐ 市場の状況を考えると、御社のご提案は受け入れかねます。

  Vu la situation du marché, nous ne pouvons pas accepter votre proposition.

- ☐ この契約条項の変更をお願いしたいと思います。

  Nous voudrions vous demander de modifier cette clause.

- ☐ 契約書にサインをお願いいたします。

  Nous voudrions avoir la signature du contrat.

クレーム

Disc 2　76

□ 先週注文した商品がまだ届かないのですが。

Nous n'avons pas encore reçu les marchandises commandées la semaine dernière.

□ アフターサービスにおつなぎいたします。

Je vous passe le service après-vente.

□ 部品の数が足りません。

Il manque des pièces.

□ 壊れた商品が届きました。

La marchandise est arrivée en mauvais état.

□ 規格に合わない製品を返品します。

Nous vous retournons ces produits non conformes aux normes.

□ 申し訳ありません。配送料金はこちらでお払いいたします。

Nous sommes désolé(e)s. Nous paierons les frais d'envoi.

□ 早急にご返金いたします。

Nous vous rembourserons dans les meilleurs délais.

2 電話

電話でビジネスの基本的なやりとりができるようにしましょう。

電話を取り次ぐ　　　　　　　　　　　　　　　　Disc 2　77

□はい、X社です。	**Société X, bonjour.** ソシエテ イクス ボンジュール
□どちら様でいらっしゃいますか？	**Qui est à l'appareil ?** キ エ タ ラパレイユ
□内線25番におつなぎします。	**Je vous passe le poste vingt-cinq.** ジュ ヴ パス ル ポストゥ ヴァントゥサンク
□担当の者に替わります。	**Je vous passe un responsable.** ジュ ヴ パス アン レスポンサーブル
□人事部におつなぎします。	**Je vous passe le service du personnel.** ジュ ヴ パス ル セルヴィス デュ ペルソネル
□おつなぎいたします。	**Je vous passe votre correspondant.** ジュ ヴ パス ヴォトゥル コレスポンダン
□彼（彼女）に電話を回します。	**Je vous le(la) passe.** ジュ ヴ ル（ラ） パス
□Y社のシモンさんからお電話です。	**Vous avez un appel de Monsieur** ヴ ザヴェ アン ナペル ドゥ ムスィウ **Simon de la société Y.** スィモン ドゥ ラ ソスィエテ イグレック
□少々お待ちください。	**Un instant, s'il vous plaît.** アン ナンスタン スィル ヴ プレ

☐	お名前をもう一度言っていただけますか？	**Rappelez-moi votre nom, s'il vous plaît.**
☐	つながりました。お話しください。	**Votre correspondant est en ligne. Vous pouvez parler.**

取り次ぐ相手が出られない場合　　Disc 2　78

☐	彼は席を外しております。	**Il n'est pas dans son bureau.**
☐	彼は昼食に出ております。	**Il est sorti déjeuner.**
☐	何時ごろお戻りですか？	**Il sera là vers quelle heure ?**
☐	1時間ほどで戻るはずです。	**Il devrait être là dans une heure.**
☐	モローはただいま会議中です。	**Monsieur Moreau est en réunion en ce moment.**
☐	彼女はいま接客中です。	**Elle est actuellement en rendez-vous.**
☐	彼はただいま手が離せないんですが。	**Il n'est pas libre en ce moment.**

第15章　ビジネス編

☐ ただいま岡田は出張中です。	**Monsieur Okada est en voyage d'affaires.**
☐ 来週戻ってきます。	**Il revient la semaine prochaine.**
☐ コローは今週、休暇をいただいております。	**Madame Corot est en congé cette semaine.**
☐ 彼は本日、病気で休んでおります。	**Il n'est pas là, aujourd'hui. Il est souffrant.**
☐ どのようなご用件でしょうか？	**Que puis-je faire pour vous ?**
☐ 何かご伝言はありませんか？	**Désirez-vous lui laisser un message ?**
☐ 承知いたしました。お電話があったことを伝えます。	**Entendu. Je lui dirai que vous avez appelé.**
☐ お名前とお電話番号を伺えますでしょうか？	**Pourriez-vous me donner votre nom et votre numéro de téléphone ?**

☐ お名前はどうつづりますか？	**Comment s'écrit votre nom ?** コマン　セクリ　ヴォトゥル　ノン	
☐ 携帯の方におかけいただけますか？	**Pourriez-vous l'appeler sur son portable ?** プリエ　ヴ　ラプレ　スュル　ソン ポルターブル	
☐ 1時間後にかけ直していただけますか？	**Pourriez-vous rappeler dans une heure ?** プリエ　ヴ　ラプレ　ダン　ズュ ヌール	
☐ 今日は社に戻りません。	**Il ne revient pas au bureau aujourd'hui.** イル ヌ ルヴィアン パ オ ビュロ オジュルデュイ	
☐ お電話ありがとうございました。	**Je vous remercie de votre appel.** ジュ　ヴ　ルメルスィ　ドゥ ヴォトゥ ラペル	

伝言を頼む　　　　　　　　　　　　　　Disc 2　79

☐ 後ほどまたおかけします。	**Je rappellerai plus tard.** ジュ　ラペルレ　プリュ タール
☐ 伝言をお願いできますか？	**Puis-je lui laisser un message ?** ピュイ ジュ リュイ レセ　アン　メサージュ
☐ ピエール・シモンがお電話したとお伝えいただけますか？	**Pourriez-vous lui dire que Pierre Simon a appelé ?** プリエ　ヴ リュイ ディール ク ピエール スィモン ア アプレ

第15章　ビジネス編

☐ 電話をくださるようにお伝えください。	**Veuillez lui dire de me rappeler.** ヴイエ リュイ ディール ドゥ ム ラプレ
☐ 我々のプロジェクトの件です。	**C'est au sujet de notre projet.** セ ト スュジェ ドゥ ノトゥル プロジェ

不在者に伝言する　　　　　　　　　　　Disc 2　80

☐ 先ほどY社のシモン様から電話がありました。	**Il y a eu un appel de Monsieur** イリア ユ アン ナペル ドゥ ムスィウ **Simon de la société Y.** スィモン ドゥラ ソスィエテ イグレク
☐ 今日中にお電話いただきたいとのことです。	**Il voudrait que vous le rappeliez** イル ヴドゥレ ク ヴ ル ラプリエ **aujourd'hui.** オジュルデュイ
☐ 後ほどかけ直してくださるそうです。	**Il a dit qu'il vous rappellerait plus** イラディ キル ヴ ラペルレ プリュ **tard.** タール

③ コンピュータ・メール・インターネット

オフィスの機器に関する表現を覚えておけば、仕事がスムーズにできます。

コンピュータ

Disc 2　81

□どんな周辺機器をお持ちですか？	**Quels sont vos périphériques ?**
□スキャナーとポータブルハードディスクを持っています。	**J'ai un scanner et un disque dur portable.**
□DVDドライブは内蔵ですか？	**Est-ce que le lecteur DVD est intégré ?**
□このDVDドライブのインターフェースは何ですか？	**Quelles sont les interfaces de ce lecteur DVD ?**
□ウィルスチェックソフトは常に最新のものにしておく必要があります。	**Votre anti-virus doit toujours être à jour.**
□フランス語のアルファベを入力するにはどうしたらいいですか？	**Comment faire pour écrire avec l'alphabet français ?**

第15章　ビジネス編

☐ 上書きしないように注意してください。

Faites attention de ne pas écraser
フェトゥ アタンスィオン ドゥ ヌ パ ゼクラゼ
l'original.
ロリジナル

☐ 書類は定期的にセーブしておいた方がいいですよ。

Il vaut mieux sauvegarder
イル ヴォ ミウ ソヴガルデ
régulièrement vos documents.
レギュリエールマン ヴォ ドキュマン

☐ 機密書類をスキャンして PDF 化してくださいますか？

Pouvez-vous scanner ces documents
プヴェ ヴ スカネ セ ドキュマン
confidentiels en PDF ?
コンフィダンスィエル アン ペデエフ

☐ ファイルはパスワードで保護しておいてください。

Verrouillez les fichiers avec notre
ヴェルイエ レ フィシエ アヴェク ノトゥル
mot de passe, s'il vous plaît.
モ ドゥ パス スィル ヴ プレ

☐ ファイルをＵＳＢメモリーに保存しておいてくださいませんか？

Pourriez-vous sauvegarder le
プリエ ヴ ソヴガルデ ル
fichier sur la clé USB ?
フィシエ スュル ラ クレ ユエスベ

☐ このファイルをプリンタで出力してくださいませんか？

Pourriez-vous imprimer ce fichier ?
プリエ ヴ アンプリメ ス フィシエ

☐ わが社のデータベース内のファイルはすべて PDF 形式です。

Les banques de données de notre
レ バンク ドゥ ドネ ドゥ ノトゥル
société sont constituées uniquement
ソスィエテ ソン コンスティチュエ ユニクマン
de fichiers PDF.
ドゥ フィシエ ペデエフ

□わが社のプレゼンテーション DVD をドライブに入れてください。	**Insérez le DVD de la présentation de notre société.**	
□コンピュータがフリーズしました。	**Mon ordinateur s'est planté.**	
□コンピュータを強制的に再起動させます。	**Je suis obligé(e) de le redémarrer.**	
□プリンターにインクがありません。	**Il n'y a plus d'encre dans l'imprimante.**	
□部屋を出る時、コンピューターの電源を切るのを忘れないでください。	**Avant de quitter la pièce, n'oubliez pas d'éteindre l'ordinateur.**	
□コンピューターをスリープ状態にしてください。	**Mettez l'ordinateur en mode veille.**	

メール

Disc 2　82

□先程の電話の件でメールを送信します。	**Je vous envoie un mail suite à notre conversation téléphonique.**	

第15章　ビジネス編

- ☐ ファイルをメールで お送りください。

  Veuillez m'envoyer le fichier par courriel.

- ☐ 添付ファイルを圧縮するのを忘れないでください。

  N'oubliez pas de compresser le fichier attaché.

- ☐ 私に送る時は必ず、ＣＣで課長にも送ってください。

  Quand vous m'envoyez un mail, envoyez-le aussi au chef en CC systématiquement, s'il vous plaît.

- ☐ メールを送りました。確認をしていただけますか？

  Je vous ai envoyé un mail. Pourriez-vous vérifier si vous l'avez bien reçu ?

- ☐ メールが文字化けしています。

  Dans le mail, les caractères sont tout déformés.

インターネット

- ☐ インターネットに接続するのにどうしたらいいですか？

  Qu'est-ce que je dois faire pour me connecter à Internet ?

☐ 高速回線にしたいんですが。

Je voudrais une ligne à haut débit.
ジュ　ヴドゥレ　ユヌ　リーニュ ア　オ　デビ

☐ インターネットの接続がうまくいきません。

La connexion à Internet ne marche plus.
ラ　コネクスィオン　ア　アンテルネトゥ　ヌ　マルシュ　プリュ

☐ プロバイダーはどこですか？

Quel est votre fournisseur d'accès à Internet ?
ケ　レ　ヴォトゥル　フルニスール　ダクセ　ア　アンテルネトゥ

第15章　ビジネス編

343

INDEX

あ

合いません。	173
ああ、そうじゃない!	134
ああ、そうだったんだ。	138
ああ、そうですか。	138
ああ、思い出した!	146
ああそうだ(それで思い出したけど)…。	146
アール・ヌーヴォーは自然のフォルムに想を得ています。	235
ああ驚いた!	100
愛してる!	272
相変わらずです。	20
アヴィニョンの演劇祭は夏のヴァカンスの時期に開かれます。	243
青い目をしています。	39
赤ワインは何がありますか?	155
あきらめた方がいいですよ。	127
あきらめないで!	104
明けましておめでとうございます。	100
朝ごはんだよ。	56
朝ごはんはいつも食べないんだ。	56
朝ごはんは、シリアルと果物だけです。	57
朝10時から夜8時までです。	164
朝はあまり食欲がないんだ。	56
朝はタルティーヌとカフェオレです。	57
足首をくじいたようです。	284
明日、一緒に映画を見に行かない?	271
明日のアポイントを取り消してください。	326
明日、書き取りのテストをします。	307
明日の天気はどうですか?	72
明日は何時に起きるの?	61
脚の骨を折りました。	285
あ、しまった!	111
預かり証を持って荷物サービスに行ってください。	212
あそこのお巡りさんに聞いてみてください。	185
頭にくる!	117
あちらの窓口です。	194
あっ、すみません!	25
あっ、すみません!	108
あと20分だよ。	59
あとどれくらいで着きますか?	209
アドバイスをいただきたいのですが。	126
あともう少しがんばって!	104
アドレス、ちょうだい!	23
あなた(愛する人)!	272
あなたのおかげです。	96
あなたのお考えでは?	128
あなたのことを高く評価しています。	103
あなたのせいじゃありません。	109
あなたの考えには賛成できません。	132
あなたの考えに賛成です。	131
兄と弟がいます。	34
姉と妹がいます。	34
姉は2つ上です。	34
あの人は素晴らしい人です。	103
アフターサービスにおつなぎいたします。	333
危ないところだった!	106
アペリティフにいらっしゃいませんか?	48
あまりよくないんだ。	19
あまり美味しくない。	157
あまり面白くなかったです。	239
あまり落ち込まないでください。	275
雨で水浸しだ。	279
アメリカの選手がストレートで勝ちました。	201
ありえないことじゃない。	134
ありがとう、お願いします。	44
ありがとう。	25、96
ありがとうございます。	25
ありがとうございます。	96
歩いて行けますか?	186
歩くとどのくらいかかりますか?	186
あれから元気だった?	19
あれっ!	100
アンヴァリッドはこの方角でしょうか?	186
アングラ劇団による上演です。	243
安心してください!	115
あんなことしなければよかった。	121

い

胃が痛いんです。	282
いいえ。	133
いいえ、あまりよく知りません。	139
いいえ、一度も。	134
いいえ、禁止されています。	144
いいえ、全然。	134
いいえ、選択制ですが、先生は出席を勧めています。	303
いいえ、そうではありません。	134
いいえ、それは無理です。	143
いいえ、できません。	143
いいえ、特にありません。	42
いいえ、2度目です。	250
いいお住まいですね!	49
いい加減にして!	116
いい考えだとは思いません。	129
言いたいことは分かるよ。	138
いいですね!	43
いいですよ。	45、142、143
いい天気です。	72

いいと思いますか？	128
いい匂い！	157
いい匂いだね！	59
いい人を紹介しましょう。	270
いい夢を見た？	55
いいよ！	142
言い訳にならないね！	121
いいんですよ。	26
いえ、あります。ビデオカメラです。	213
いえいえ！	134
いえ、これだけです。	162
家に泥棒が入りました。	279
家の中を案内しましょうか？	49
家まで配達していただけますか？	181
異議があります。	132
息を深く吸ってください。	284
いくらになりますか？	179
生け花は、花や植物を組み合わせ構成する伝統的芸術です。	262
囲碁は盤面で白と黒の石を使うゲームです。	261
居心地が悪くて。	111
遺失物預かり所はどこですか？	290
医者を呼びましょうか？	281
急いでいます。	230
忙しい時はお昼を食べる時間がほとんどありません。	323
急がないと遅れそうだ。	57
いただきます！	60
いただきます。	50
痛ましいことだ！	119
イタリア料理を食べたいです。	150
一概には言えません。	130
1月15日です。	67
1キロあたりいくらですか？	180
イチゴを1パックください。	181
1時です。	67
1時間後にかけ直していただけますか？	337
1時間後にかけ直します。	76
1時間後にここで集合です。	190
1時間ほどで戻るはずです。	335
1日いくらですか？	231
1年間は契約を解除することができません。	79
1年生です。	32
1年生で何単位取れますか？	309
1年滞在するので、長期滞在学生ビザが必要です。	295
一年の健康と幸せを祈ります。	257
一番安いガソリンスタンドはどれですか？	232
一流レストランに行ってみたいです。	150
1階の5列目です。	194
いつからのお泊りでいらっしゃいますか？	214
いつ結果が貼り出されるの？	309
一軒家に住んでいます。	33
一糸乱れぬ群舞でした。	244
1週間の前払い割引はありますか？	231
1週間前に帰りました。	70
一緒にいてとても楽しかった。ありがとう。	271
一緒にいると幸せだ。	272
一緒にいるとなんて気が和むんだろう！	272
一緒に一杯飲みに行かない？	43
いったい、何をしてるんだ！	117
行ってらっしゃい！	58
行ってきます。	58
行ってらっしゃいませ！	206
いつならありますか？	194
いつならお暇ですか？	44
一泊おいくらですか？	215
一般医の先生に診ていただきたいのですが。	282
いつフランスから帰ったのですか？	70
いつフランスに出発しますか？	69
いつも家でゆっくりしています。	87
いつも時間厳守です。	322
いつも素敵な装いです。	39
いつも通りだよ。	57
愛しい人！	272
犬がこわい。	113
犬を飼っています。	36
いま、試験の真っ最中なんだ。	308
いまお買い得になっています。	170
今さら、どうすればいい？	112
いまどんないい映画をやっていますか？	196
いまバーゲンをやっていますか？	170
今までに同じ問題がありましたか？	283
いま何時ですか？	67
いま行くよ！	60
いま薬を服用していますか。	286
妹は3つ下です。	34
いやあ、びっくりした！	101
いや、そうじゃない！	126
いや、そんなことはないよ！	134
いやはや、なんてこと！	100
いらいらする。	117
いらっしゃい、マダム、何にしますか？	179
いらっしゃいませ。	152
いろいろあります。	166
いろいろとありがとう。	96
印象派の絵が好きです。	234
インターネット接続ができますか？	217
インターネットで映画を見ます。	80
インターネットで搭乗手続きを済ませています。	204
インターネットで予約しています。	216
インターネットで洋服を買いました。	80
インターネットに接続するのにどうしたらいいですか？	342
インターネットの接続がうまくいきません。	343
インターネットをよく使います。	79
インド料理は好きですか？	150

345

インフルエンザにかかりました。	280

う

ヴァイオリンのソロ演奏が素晴らしかったです。	242
ヴァカンスにお出かけですか？	91
ウィルスチェックソフトは常に最新のものにしておく必要があります。	339
ヴェルダンでお願いします。	155
ヴェルニサージュは午後2時に始まります。	313
うかがっていますか？	165
浮世絵には、美女・役者・力士の似顔絵などが描かれました。	260
浮世絵は風俗画の一種で、江戸時代に庶民の間で発達しました。	259
浮世絵はフランスの印象派に影響を及ぼしました。	260
薄手のコートを探しています。	165
疑う余地なしだよ。	104
うちは共働きです。	35
うちは共働きなので、家事を分担しています。	63
うっかりしていました。	108
ウッディ・アレンです。	197
うどんとそばはどう違いますか？	253
うまくいってる？	19
うまく行くよ。	104
嬉しい。	97
うれしい！ずっとこの時を待っていたのよ！	273
嬉しくてたまらない。	97
上書きしないように注意してください。	340
うん、いいよ。	142
うんざりだ！	122
うん、知っているよ。	138
うん、すごく面白いよ。	303
うん、そのこと知っていたよ。	138
うん、そのことを聞いたよ。	138
うん、分かっているよ。	138
運命の人に出会った！	268

え

エアコンが故障しています。	220
映画館は満員でした。	196
映画に行きます。	88
映画に行きませんか？	196
映画を観るのは、気分転換になります。	107
営業時間はいつですか？	164
英語の単位を落としました。	310
ええ、いいですよ。	44
ええ、とても満足しています。	101
ええ、もちろんですよ！	126
Aクラスの車がいいです。	230
ええっ、それは知らなかったな！	101
ATMでお金を引き出したいのですが。	85
ATMの操作が分かりません。	85
えーと、こういうことだったんだよ。	146

ええと、なんと言ったかな…。	136
えーと…。	135
A棟3階22番教室です。	305
RERのC線で一本で行けます。	224
エールフランスのカウンターはどこですか？	204
駅へ行きたいのですが。	184
駅前のカフェに午後5時でどうかしら？	271
駅までお送りします。	52
駅まで迎えに行きます。	48
駅から歩いて15分です。	33
駅の近くです。	33
駅の前にあります。	186
エコノミークラスで席はありますか？	222
エコノミー便ですか、通常便ですか？	82
X社の田中です。	330
エッフェル塔に登りたいんですが。	188
『エディット・ピアフ〜愛の讃歌〜』はピアフの波乱に富んだ生涯を描いたものです。	239
エトワール二人の息がぴったり合ったパ・ド・ドゥでした。	244
絵の具、カンバス、筆を画材店Xで買いました。	313
エレベーターがあります。	33
エレベーターが止まっています。	279
円をユーロに両替したいのですが。	86
演出が独創的でした。	243
演出家はこの古代ギリシアの作品を現代風に脚色しました。	244
炎症があります。	285

お

お会いできて嬉しいです。	21
お会いできてよかったです。	22
おいくらですか？	169
美味しい！	60
美味しそう！	157
おいでいただきありがとうございました。	51
応援に行きましょう。	202
応接間に掃除機をかけるよ。	64
大きい旅行かばんとキャスター付きのスーツケースを持っていきます。	92
おおげさだよ。	120
オーケストラで演奏しています。	313
オーディオガイドはありますか？	192
オートマ車がいいです。	231
大晦日の夜、寺では除夜の鐘が鳴り響きます。	258
大晦日は、大掃除をします。	258
お帰りなさい(あなたね。元気？)	58
おかけになった番号は現在使われておりません。	78
おかしいなあ。	118
岡田がお電話したとお伝えいただけますか？	76
岡田の名前で、4人、予約しています。	152
岡田の名前で予約しています。	216
岡田様のお名前でのご予約はありません。	216

346

岡田俊夫と申します。	27
小川洋子の小説を翻訳で読みました。	246
お勘定をお願いします。	158
起きて。	54
起きているの？	54
お気の毒に。	115
お客様のカードは効かないようです。	176
お口に合うといいのですが。	50
お悔やみ申し上げます。	114
贈り物だけです。	82
贈り物をありがとうございました。	96
遅そうだったら、ショートメッセージを送ってください。	45
遅れたくありません。	125
遅れてすみません。	26
お化粧をしなくちゃ。	56
お元気そうですね。	20
お元気ですか？	19
お子さんはおいくつですか？	37
お子さんはいらっしゃいますか？	35
怒ってるよ！	116
お困りですか？	114
幼なじみです。	38
お仕事はどうですか？	29
お仕事は何をなさっていますか？	29
お支払いはどうなさいますか？	175
お邪魔してすみませんが、急いでいるんです。	109
お正月には、多くの人が神社やお寺に行きます。	256
お正月は家族そろっておせち料理を食べ、新年を祝います。	256
お正月休みには友達のグループとスキーに行きます。	91
お知らせいただきありがとうございました。	97
お知り合いになれてとても嬉しかったです。	23
お知り合いになれて本当に嬉しいです。	21
お好きなようにしてください。	143
おせちは、お正月用の伝統料理のことです。	256
お葬式は来週の月曜日です。	114
遅くなるかもしれない。	57
遅くなるようだったら、メールするよ。	58
おそらく。	134
恐れ入ります。	111
お大事に！	281
お誕生日おめでとう！	99
お疲れ様でした（とても疲れていらっしゃいますね）。	107
お疲れではないですか？	114
おっしゃるとおりです。	131
夫（妻）を亡くしています。	35
おつなぎいたします。	334
おつりはいりません。	230
お手伝いしましょうか？	115
お手元の資料をご覧ください。	328

お電話、ありがとうございました。	77
お電話ありがとうございました。	337
お父さんが入っているよ。	61
大人2枚、子供1枚、お願いします。	225
驚いたな！	101
お腹が空いた！	59
同じ意見だよ。	131
お名前とお電話番号を伺えますでしょうか？	336
お名前はどうつづりますか？	337
お名前は何とおっしゃいますか？	27
お名前をもう一度言っていただけますか？	335
お肉とお魚、どちらになさいますか？	208
お荷物が重量オーバーしています。	205
お願いがあるのですが。	140
お願いします！	153
お飲み物はいかがですか？	208
お飲み物は何になさいますか？	155
お乗り継ぎの方は、ご搭乗まで待合室においでください。	212
お墓参りをし、先祖の霊の平安を祈ります。	257
お話中すみませんが…。	329
おはよう！	54
お久し振りです！	19
お昼は同僚と近くのレストランで食べます。	323
お風呂に入ろう。	61
お風呂は空いている？	61
お風呂掃除をしてくれる？	65
お部屋は何番ですか？	219
オペラ座では何をやっていますか？	195
お盆には、各地で祭りが催され、多くの人が踊ります。それを〈盆踊り〉と言います。	258
お待たせして申し訳ありません。	26
お間違いのようです。	77
お待ちください、手帳を見てみます。	42
お招きいただきありがとうございます。	48
お招きしたいです。	47
お水（水道水）をお願いします。	156
お水ちょうだい。	60
お店の自慢料理は何ですか？	153
お土産にお勧めのものはありますか？	191
お土産をたくさん持って帰りました。	93
おめでとう！	99
おめでとうございます！	99
面白い！	98
お持ち帰りですか、こちらで召し上がりますか？	161
思っていることを言ってください。	128
思ってもみなかったことだよ。	101
おもてなしありがとうございました。	51
お役に立てて嬉しいです。	97
おやすみなさい。	62
お湯が出ません。	220
お湯が沸いてるよ！	60

347

項目	ページ
オリエンテーションはどこでありますか？	302
折り紙って何ですか？	261
オリンピックの正式種目になっています。	261
オルセー美術館で見られますよ。	192
音楽が気に入りました。	240
音楽を聴くのが好きです。	89
音楽が映像とあまり合っていません。	240
御社と業務提携をしたいと思っています。	331
御社と契約を締結したいと思っています。	332

か

項目	ページ
カートが1台要ります。	212
カードはお使いになれません。	159
カードは使えますか？	159
カートを持って来てくれる？	181
海外勤務になりました。	319
絵画教室でデッサンと水彩のレッスンを受けています。	311
会議はうまくいきました。	330
会議の予定が変更になりました。	330
会議は予定より早く終わりました。	330
会議用の資料を準備してください。	325
外国人向けのフランス語講座に入りたいのですが。	301
会社に着いたら、まずメールをチェックします。	322
会社はフレックスタイムを採用しています。	322
会社でどんなお仕事をなさっているのですか？	319
回数券をください。	223
書いてください。	306
ガイドつき見学は何時ですか？	192
ガイドつきの見学はありますか？	190
買い物リストを書きました。	178
帰る時間です。	323
顔色が悪いですね。	280
顔を洗って歯を磨いてすぐ行くよ。	55
化学の授業では、週に1回、実習があります。	304
価格設定についてどう思いますか？	329
牡蠣以外なら何でも食べられます。	151
書き取りは得意だよ。	308
鍵を預けます。	219
鍵をお願いします。35号室です。	219
鍵をどうぞ。	217
鍵を持つのを忘れていませんよね？	126
各駅停車ですか？	225
学士をとった後、修士に進むつもりです。	300
学生ですか？	31
学生券を1枚ください。	198
学生証があれば、映画館、劇場、美術館、本屋などで学割がききます。	302
学生証があれば学食が利用できます。	301
学生証はどこでもらえますか？	301
学生証は何に使えるんですか？	301
学生寮に住んでいます。	298
学割を利用するときは、学生証を見せてください。	302

項目	ページ
傘を持って行った方がいいよ。	58
火事だ！	278
ガスを止めて！	60
風邪薬が欲しいのですが。	288
風邪をひいています。	280
課題曲の楽譜を読み込んでいます。	315
かたいね、この肉！	158
カタカナは、外国人や外国の土地の名前を書くのに使います。	266
片付けて。	65
間違っていた。	121
がっかりだ。	110
楽器を何かなさっていますか？	90
学校で美術クラブに入っています	311
学校に登録するつもりです。	124
学校のサイトを見てください。	296
ホームステイの情報が出ています。	296
カツ丼や牛丼も食べてみてください。	252
悲しい。	109
悲しそうだね。	115
彼女がいます。	269
彼女が好きだ。	268
彼女ができたばかりです。	270
彼女が間違っているように思われます。	129
彼女とはどのくらい交際していますか？	270
彼女に代わります。	75
彼女にふられました。	275
彼女に夢中だけど、片思いなんだ。	269
彼女のことをとても気に入っているんだ。	269
彼女は何時ごろ来ますか？	68
彼女はいま接客中です。	335
彼女はスタイルがいいです。	38
カフェインレスコーヒーはありますか？	160
歌舞伎は、江戸時代に生まれました。	259
カプセル剤と粉薬のどちらがいいですか？	288
鎌倉時代に日本で広まりました。	264
我慢できない！	117
かまわないよ。	26
髪は褐色です。	39
髪は長いです。	38
髪をいつもきちんとしています。	39
紙を折って動物や花などを作ることです。	261
髪をとかそう。	56
火曜日です。	193
彼がいます。	269
彼が好きです。	268
彼が成功したなんて、びっくりした。	101
彼(彼女)に電話を回します。	334
彼(彼女)に一目ぼれです。	268
彼(彼女)は私のタイプではありません。	271
彼から折り返し電話をかけさせましょうか？	76
彼から結婚を申し込まれました。	273
彼ってすごい魅力があるの！	269

彼に言っておけばよかった。	121
彼に絶対、もう一度会いたい。	269
彼のシャンソンは歌詞もメロディーも変化に富んでいます。	242
彼は席を外しております。	335
彼は体格がいいです。	38
彼はただいま手が離せないんですが。	335
彼は昼食に出ております。	335
彼は何年に生まれたのですか?	68
彼は本日、病気で休んでおります。	336
彼は本当のことを言ってないと思うね。	119
彼はまだ迷っている気がします。	129
彼は役所での結婚式だけにしたいんだけど、私は教会でも式を挙げたい。	273
彼は私を捨てました。	275
かわいい人です。	40
かわいそうに!	115
変わったね!	20
変わってないね!	20
考えておきます。	135
観客は盛大な拍手を送りました。	243
観光です。	211
観光案内所はどこですか?	184
観光関係です。	29
観光地はどこがお勧めですか?	250
感じがいいです。	40
漢字は音と意味を表します。	265
感動しました。	99
感動的でした。	99、239
監督は誰ですか?	197
館内にレストランがありますか?	192
管理人に知らせてあるので、業者がまもなく来ますので。	279
カンヌに行くにはどこで乗り換えたらいいですか?	226
乾杯!	50
管理人さんに預けていただけますか?	83

き

聞いてください。	305
キールをお願いします。	153
気落ちしているんだ。	110
気温は30度になるでしょう。	72
気温は何度ですか?	72
気がとがめる。	121
規格に合わない製品を返品します。	333
気が滅入る。	110
期限を延ばします。	331
生地は何ですか?	168
議題は何ですか?	327
ぎっくり腰になりました。	281
喫茶店でアルバイトをしています。	30
きつすぎます。	173
切手シート1枚ください。	81

きっといい解決策があるよ。	116
きっとできるよ。	104
きっとまたいい人と出会えますよ。	275
切符を改札機に入れるのを忘れないでください。	225
切符を間違えて買ってしまいました。	224
絹です。	168
記念切手はありますか?	81
昨日の夜、寝るのが遅かったんだ。	54
厳しいですが。	20
気分が悪いんです。	280
気分転換できました。	93
気分転換に、初めて行く地方を見てみたいです。	92
君がいなくて寂しい。	109
君がいなかったら生きていけない。	272
機密書類をスキャンしてPDF化してくださいますか?	340
君とは意見が違うな。	132
君とはもう一緒に暮らしたくない。	275
君のせいだ!	120
気持ちが楽になりました。	106
着物はお正月や成人式、結婚式などで着られます。	262
キャッシュカード、現金、携帯です。	291
キャッシュカードがATMから出てきません。	85
キャッシュカードはいつ受け取れますか?	84
キャンセル待ちします。	222
休暇はよかったですか?	92
牛革です。	168
休館日はいつですか?	193
救急車を呼んでください。	281
宗教的な意味はありません。	258
及第点だったよ。	309
九州の別府は温泉で有名です。	251
急に用事ができて、行けなくなってしまいました 。	46
旧友です。	37
給料が低すぎます。	320
今日一日うまくいった?	59
教科書の15ページを開いてください。	305
教科書を閉じてください。	305
今日は何日ですか?	67
狂言のせりふは日常的な笑いが元になっています。	259
狂言は能とともに発展しました。	259
教師です。	29
今日中にお電話いただきたいとのことです。	338
京都には神社や寺がたくさんあります。	255
京都大学を出ました。	32
京都の嵐山は紅葉でよく知られています。	252
京都は千年あまりの間、日本の都でした。	255
今日の会議は10時から第2会議室で開かれます。	327
今日の苦労は今日でおしまい。	116
今日は会話のクラスは休講だよ。	305
今日は社に戻りません。	337
今日は洗濯日和です。	64
今日はどんな天気ですか?	72

349

今日は何を着ていこうかな。	56
今日は何曜日ですか?	67
今日は本当に楽しかったです。	99
今日はマルシェで買い物するけど、一緒に来る?	178
教務課です。	301
嫌いな日本料理は何ですか?	253
切り傷に塗る軟膏をください。	289
気をつけて帰ってね!	23
禁煙ルームをお願いします。	215
近所の店で買い物をします。	178
金髪に染めています。	39
金曜日の会議が中止になりました。	330

く

具合が悪いので、今日はうかがえなくなりました。	46
具合が悪そうですね。	280
9時ごろ来ます。	68
9時に予約しています。	282
薬の有効期限を確かめましたか?	126
くたくただ。	61
口喧嘩はやめてよ!	122
口を開けてください。	284
靴売り場はどこですか?	165
靴のサイズはおいくつですか?	167
くつろいでいます。	106
靴を脱いでください。	206
国かロータリークラブの奨学金を得て フランスに留学したいです。	295
クライアントとビジネスランチを することがあります。	323
クラシックです。	241
クラシックバレエを現代風に振付けたものです。	244
グランゼコールに外国人向けの 研修コースはありますか?	295
クリスマスは、家族や友達、恋人と祝います。	258
苦しいです。	119
車椅子が必要になります。	285
車で迎えに行きましょうか?	44
車を借りたいのですが。	230
クレジットカードで払います。	175
クレジットカードをなくしました。	290
クレジットカードを無効にしたいです。	291
クロード・シモンの作品は ヌーヴォー・ロマンと位置づけられています。	247
クロワッサンはまだありますか?	179

け

ケ・ブランリー美術館には原始美術の オブジェが展示されています。	237
経営会議で個人向けの広告にさらに 投資することが決まりました。	328
蛍光灯を取り替えなきゃ。	278
警察庁に滞在許可証を受け取りに行きます。	298

警察に行きます。	290
警察を呼んで!	279
計算ミスだと思います。	159
軽率だった。	121
携帯電話の電源をお切りください。	208
携帯に電話をくださるようお伝えいただけますか?	76
携帯の番号をいただけますか?	141
携帯の方におかけいただけますか?	337
携帯を変えたいです。	78
敬服します!	103
契約書にサインをお願いいたします。	332
経理の仕事をしています。	319
怪我をしました。	280
今朝からです。	283
化粧品会社です。	318
血圧がかなり高いですね。	284
血圧を測りましょう。	284
月額制が便利です。	79
結局、どうなったの?	145
結局のところ、怖い思いをしたけど、 すべては上手くいったんだ。	148
結構です。飲めないんです。	51
結婚しています。	35
結婚していらっしゃるのですか?	35
結婚してくれる?	272
月曜日です。	67
見学時間はどれくらいありますか?	190
元気?	19
元気いっぱいで帰ってきました。	93
元気だよ。君は?	19
元気にしてる?	19
現金でお支払いですか、それとも小切手ですか?	175
健康保険証はお持ちですか?	288
健康保険請求書に記入をお願いします。	286
原版版ですか?	197
研修中です。	321
現代アートはよく分かりません。	235
剣道では、防具を付け、竹刀を使って戦います。	261

こ

濃いめのコーヒーをお願いします。	157
公園に犬の散歩に行きます。	66
公園の向かいにあります。	186
公園へ散歩に出かけます。	88
後悔しています。	121
後悔することは何もありません。	102
郊外に住みます。	124
高学歴で高収入の人がいいです。	270
講義形式です。	304
講義録のプリントはどこでもらえますか?	306
航空会社はどこでもいいです。	222
交差点を渡ってください。	185
口座にいくらお入れになりたいのですか?	84

口座を開設したいのですが。	83
降参だよ!	139
工場で品質管理の仕事をしています。	319
香水は、瓶でお求めですか、	
それともスプレーですか?	166
高速回線にしたいのですが。	343
講堂であります。	302
口頭審査が5月末に行われます。	310
紅葉を楽しむにはどこがいいですか?	252
声を聞いて安心しました。	106
コーヒーはコースについていますか?	157
コーヒーをいかがですか?	51
コーヒーをいれてもらえる?	57
コーヒーを一杯ください。	160
コーヒー飲む?	160
コーラのサイズはMとLどちらにしますか?	161
氷を入れないでください。	162
ゴールデンウィークは何をしますか?	91
語学学校に満足していますか?	101
語学研修に参加するつもりです。	294
5月7日からです。	214
顧客層を絞ったほうがいいと思いますが。	329
国際線のお客様は荷物をおとりになる前に、	
パスポートコントロールにお進みください。	212
国際免許証を持っていますか?	231
国籍はどちらですか?	28
国土の約60パーセントは山岳地帯です。	254
国内大会はベルシーの総合体育館であります。	201
国内ですか、外国ですか?	82
焦げてるよ!	60
午後1時はどうですか?	45
ここが痛みますか?	284
ここで煙草を吸ってもいいですか?	142
ここで降ろしてください。	230
ここで食べます。	161
ここで停めてください。	230
ここにサインをしていただけますか?	86
午後に用事があるので、早退したいのですが。	324
ここに座ってもいいですか?	141
ここに駐車してもいいですか?	142
午後、筆記試験があります。	307
心から感謝します。	96
5時間かけられます。	79
50セントの切手を5枚ください。	81
ゴダールの映画はどうでしたか?	238
答えてください。	305
答えにくいです。	135
ごちそうさま。	61
こちらがお預けになるお荷物ですか?	204
こちらが口座開設申し込み用紙です。	84
こちらが書斎です。	49
こちらが搭乗券です。	205
こちらが弊社のパンフレットです。	331
こちらこそ、お礼を申し上げます。	97
こちらこそ。	21、23
こちらのお色がよくお似合いです。	171
こちらのスーツケースには	
壊れやすいものが入っています。	204
こちらの商品は切らしております。	167
こちらの方です。	170
こちらはお電話代です。	218
こちらは同僚です。	320
こちらは販売責任者です。	330
こちらへどうぞ。	153
こちらをお試しください。	167
骨折かもしれません。	284
ゴッホです。	235
今年は、卯年です。	265
今年は外国旅行をする予定です。	91
子供はいません。	36
子供用をお願いします。	288
5年前に入社しました。	320
この100ユーロ札を細かくして	
いただきたいのですが。	86
この20ユーロは何ですか?	218
このDVDドライブのインターフェースは何ですか?	339
このオー・ド・トワレの見本がありますか?	166
このゼミは出席しなくてはいけないんですか?	302
このソーセージ、1個いくらですか?	181
このチームに日本人選手はいますか?	200
このデザインが好きです。	170
このトマト、いくらですか?	181
このニュースに驚いたよ。	101
このバスは空港行きですか?	228
このバッグ、いくらですか?	169
このバッグを買うのはやめたよ。	125
このファイルをプリンタで	
出力してくださいませんか?	340
このペットボトルは持ち込めません。	206
このボルドーは子羊のステーキとよく合いますね。	158
このロマネスク様式の教会の	
入口は美しい半円アーチ形です。	236
このワインを私の日本の住所へ	
送っていただけますか?	176
この映画、誰が出ているんですか?	197
この歌手の声質はバリトンです。	242
この革新的な建築の建物を設計したのは	
ジャン・ヌーヴェルです。	237
この監督の傑作のつだと思います。	238
この契約条項の変更をお願いしたいと思います。	332
この経験はいつかきっと役に立つよ。	116
この件についてご意見をいただきたいのですが。	128
この建物は何ですか?	189
この原稿を訳すのを手伝っていただけますか?	141
この作品は何度か映画化されています。	245
この市内観光はどこを回りますか?	188

351

この時計は5分遅れています。	68
この手紙にはいくらの切手を貼ったらいいですか？	81
この手紙を書留でお願いします。	81
この授業では、学生は順番に発表を	
しなければなりません。	304
この授業は、平常点評価と期末試験の	
どちらですか？	307
この授業は試験はありません。	
小論文提出のみです。	307
この週末は何か予定がありますか？	42
この住所までお願いします。	229
この書類をコピーしていただけますか？	324
この書類をフランス語に翻訳してください。	325
この書類をモローさんにメールで送ってください。	325
この書類をモローさんに	
至急ファックスしてください。	324
この小切手を現金に換えたいのですが。	85
この申告書に記入してください。	291
この人についてどう思いますか？	128
この席は空いていますか？	227
この先、右側の角です。	185
この先生、いい？	303
この先生、どう？	303
この選手は反則で退場です。	200
この素材は何ですか？	168
この大きさの小包は受け付けてもらえますか？	82
この単語はどういう意味ですか？	306
この地図のどこにいるか教えていただけませんか？	187
この地方の観光名所は何ですか？	188
この中に何が入っていますか？	154
この通りは何といいますか？	187
この店は日曜以外は毎日営業しています。	164
この店はおいしくて値段も手ごろです。	150
この土地の郷土料理は何ですか？	191
この土地の特産品は何ですか？	191
この2つの姉妹都市の間で	
交換留学の制度があります。	295
この肉、よく焼けていません。	158
この納豆は少し難しいように思われます。	331
この辺においしいレストランはありますか？	150
この辺りにお土産屋はありますか？	191
この翻案は原作とずいぶん違っています。	240
この目薬を1日に2回、2滴ずつさしてください。	289
この問題についてのあなたの見解はどうですか？	128
この問題について、皆様のご意見は	
いかがでしょうか。	328
この薬は空腹時に服用します。	288
この旅行ガイドブックがとても役に立ちます。	250
この料理に合うワインはどれですか？	156
コピーをもう1枚いただけませんか？	306
5分くらいです。	186
困るな！	111
5番窓口に行ってください。	82
ごみの分別をきちんとしています。	65
ごみを出して。	65
コメディー・フランセーズは	
古典作品も現代作品も取り上げています。	243
ごめんなさい、行かなくては。	22
ごめんなさい。	108
ゴルフをします。	90
これが人生だ。	113
これについてどう思いますか？	329
これのSサイズはありますか？	167
これのベージュはありますか？	168
これはヌーヴェル・ヴァーグの記念碑的作品です。	238
これは何ですか？	180
これは注文していません。	158
これまでにやったところ全部です。	307
これをいただきます。	175
これを航空便で送りたいのですが。	82
これを取り替えていただけますか？	177
コローは今週、休暇をいただいております。	336
広場を横切ってください。	185
こわい。	113
こわい夢を見たよ。	55
壊れた商品が届きました。	333
今回は私が払います。	159
今月は定額を超えてしまった。	79
コンコルド広場近くは混雑しますよ。	202
コンサートの前売券はどこで買えますか？	194
今週の土曜日にパーティーをするんだけど、来る？	47
コンタクトをつけよう。	56
混んでいますよ。	230
混んでいますので、少しお待ちいただきます。	152
今度の人事には納得がいきません。	159
今度のマンションに満足しています。	102
今度の小テストはいつ？	308
今度の土曜日、ゴッホ展に行きませんか？	43
今度の日曜のお昼、うちに	
食事にいらっしゃいませんか？	47
今度の日曜日のために	
誕生日ケーキを注文したいのですが。	179
今度モロー氏が取締役に昇進します。	319
こんにちは、ジャン。	18
こんにちは。	21、48
こんにちは。おはようございます。	18
こんにちは。バゲット1本と	
イチゴのタルトを2個ください。	179
今晩、お暇でしょうか？	42
こんばんは、ジャン。	18
こんばんは。	18
こんばんは。岡田です。予約をしています。	152
今晩、暇？	271
今晩、まだ空いている部屋がありますか？	216
今晩は早く帰るよ。	57
コンピューターがまったく駄目です。	80

コンピューターをお借りしてもいいですか？	141
コンピューターをスリープ状態にしてください。	341
コンピュータがフリーズしました。	341
コンピュータを強制的に再起動させます。	341
小包の再配達をお願いできますか？	83
小包を速達でお願いします。	82
今夜、キャンパスでダンスの夕べがあります。	297
婚約しています。	35
今夜の8時に予約したいのですが、大丈夫ですか？	151
今夜はポトフ	59
今夜は遅くまでやらなければなりません。	323
今夜は何を食べたい？	65
ご家族の皆さんもお元気ですか？	20
ご家族は何人ですか？	33
ご苦労様です（たくさん仕事をなさいましたね）。	107
ご兄弟はいらっしゃいますか？	34
ご招待ありがとうございました。	51
ご職業は何ですか？	29
ご心中、お察しいたします。	114
ご心配なく。	26
ご注文はお決まりですか？	153
ご提案はありませんか？	328
ご搭乗は10時15分からで、53番ゲートです。	205
ご予算は？	166
ご両親によろしくお伝えください。	23

さ

さあ、元気出して！	105
再会を祝して！	50
最近、これが流行っています。	166
最近撮った写真が3枚必要です。	301
最高！	98
最後に、この猫を飼うことに決めたんだ。	148
幸先が悪いね。	112
最初の通りを右に曲がってください。	185
最初は、うちに帰り着いてね…。	146
サイズはおいくつですか？	167
最善を尽くしたので、結果は問題ではありません。	102
最低だった。	239
サヴォワ邸には、彼の建築的発想の すべてが見られます。	237
魚をお願いします。	208
先程の電話の件でメールを送信します。	341
先ほどY社のシモン様から電話がありました。	338
作品は哲学と自伝の二つの分野に またがっています。	247
サクランボを500グラムください。	180
座席は指定席です。	194
座席を元の位置にお戻しください。	210
座禅は、静座して精神を 集中させることを目指します。	265
サッカーの試合を観に行きませんか？	199
作曲の勉強をしています。	314

さっきリシャールさんから電話がありました。	77
砂糖とミルクをください。	160
サプライヤーと連絡を取ってください。	326
寒くなるようです。	72
寒いんですが。	282
さやインゲンを400グラムぐらいください。	180
さようなら。	22
サン・ドニのスタッド・ド・フランスです。	199
3階です。	165
3ヶ月短期集中コースを取ります。	301
3月6日に出発します。	70
3課を始めます。	305
残業しなきゃいけなかったんだ。	59
残業はしたくないんだけど。	125
3時間しか寝ていないんだ。	55
3時間です。現地時間の18時につきます。	209
38です。	167
38度あります。	283
30歳です。	37
賛成です。	329
3チャンネルでいい映画をやるよ。	61
残念だな！	110
3番線からです。	226
3ユーロ50セントです。	179
3階に住んでいます。	33

し

試合はどこでありますか？	199
試合は引き分けです。	200
幸せでいっぱいです。	98
幸せです。	98
シートベルトをお締めください。	208
ジヴェルニーに日帰りで行きたいのですが。	189
JCBカードは使えますか？	175
塩を取ってちょうだい。	60
仕方がない！	112
時間がありますか？	70
時間がありません。	70
時間が経つのは本当に早い！	70
時差は何時間ですか？	209
時間指定のチケットはどこで買えますか？	193
時間の無駄だった。	110
指揮者はベルリオーズの『幻想交響曲』を 巧みに振りました。	241
指揮者は誰ですか？	195
試験どうだった？	308
試験は選択式です。	308
仕事です。	211
仕事が多過ぎるんだ。	117
仕事と家事の両立は大変ではありませんか？	63
試作品をご覧いただけます。	331
市場の状況を考えると、 御社のご提案は受け入れかねます。	332

353

市場の分析についてお話します。	328
辞書をお持ちじゃないですか？	141
静岡県の掛川です。	27
舌平目のムニエルでございます。	154
試着室はどこですか？	172
試着してもいいですか？	172
しっかり！	104
失業中です。	30
室内楽のサロンコンサートが月に１回開かれています。	314
質問がありますか？	306
失礼しました。お許しください。	108
失礼ですが、お名前は何とおっしゃいますか？	22
失礼ですが、歳はおいくつですか？	36
自転車で転びました。	280
自動車のメーカーに勤めています。	29
芝居のチケットを２枚持っています。ご一緒にいかがですか？	195
しばらくすると、カーテンが動いているのが見えた。	148
辞表を出すつもりです。	321
ジムに週２回通っています。	88
シモンさんとお約束しているのですが。	330
じゃあ、お言葉に甘えます。	96
じゃあね！	22
社員食堂でお昼を食べます。	322
シャガール美術館に行くバス停留所はどこですか？	228
ジャガイモを１袋ください。	180
ジャコメッティはさまざまな素材で彫刻作品を作っています。	236
車掌に聞いてください。	226
写真は何枚要りますか？	300
写真を撮っていただけませんか？	190
写真を撮ってきたので、アルバムを作ります。	93
写真を撮ってもいいですか？	142、190
社長が出席します。	327
社長に任命されました。	319
車内で検札があります。	225
シャワーを浴びて来よう。	55
シャワーつきかバスつきの部屋のどちらがよろしいですか？	214
ジャン・モローさんのお宅ですか？	74
ジャン、こちらが俊夫だよ。	37
シャンソンを習っています。	314
ジャンに代わります。	75
ジャンはいま留守にしています。	75
シャンボールの壮麗な城はルネサンス様式です。	236
ジャンルを問わず聴きます。	241
11月10日のＡ席を２枚お願いします。	194
宗教は何ですか？	263
19時はいかがですか？	45
修士１年生です。	300
修士の研究コースを選びました。	300
10時発のTGVを予約したいのですが。	225
ジュースをください。	50
柔道は日本古来の武道のひとつです。	260
17世紀のものです。	189
12月31日です。	69
来週、コンサートを開きます。	314
来週ならどの日でも大丈夫です。	44
週末には学校主催のエクスカーションによく参加します。	298
週末は夫が子供たちの面倒を見ます。	63
週末はゆっくり朝寝をします。	55
重要事項を確認していただけますか？	328
主演男優（女優）は主人公（ヒロイン）を見事に演じています。	239
宿題は何ですか？	307
宿題をいっぱい出すんだって。	304
手術を受けなければいけませんか？	285
手術を受けるのが心配だ。	113
出張の報告書をお昼までに提出してください。	325
出発はターミナル2Eです。	204
出版社で働いています。	29
10分ほどで戻るはずです。	75
趣味に時間を割きます。	88
趣味は何ですか？	89
主要登場人物は役に特有の面をつけます。	259
準々決勝の試合が雨で中止になりました。	201
順調です。	20
準備がいろいろあります。	92
上映時間はどれくらいですか？	198
昇給しました。	319
少々お待ちください。	216、334
招待客がひとつの碗で同じお茶をまわして飲むことです。	262
冗談でしょ！	100
冗談でしょ？	118
承知いたしました。お電話があったことを伝えます。	336
上智大学に行っています。	31
商品見本を送っていただけますか？	331
消防車を呼んで！	278
醤油は、欠かすことのできない調味料です。	263
小旅行用に、リュックを持ちます。	92
小論文で優を取ったよ。	309
ショーウィンドーにある茶色の靴を見せてください。	166
食後に飲む痛み止めをお出しします。	288
食事にしましょう。	50
食前酒を召し上がりますか？	153
食中毒です。	285
食欲がありません。	282
女子決勝は何時からですか？	201
食器を洗ってもらえる？	65
書道は、毛筆と墨で文字を形作る芸術です。	262
処方箋はお持ちですか？	288
処方箋を書きます。	286
書類は定期的にセーブしておいた方がいいですよ。	340

書類はどこに出すんですか？	300
知りません。	139
白ワインはどれがお勧めですか？	156
新幹線は時速 300 キロの超特急電車です。	252
シングルかツインのどちらの部屋がご希望ですか？	214
シングルの部屋は満室です。	215
申告するものは何もありませんか？	213
診察しましょう。	284
診察を受けたいのですが。	282
寝室の掃除をしなきゃ。	64
信じていいよ！	104
人事部におつなぎします。	334
神社には、入り口に聖域を示す鳥居があります。	264
新宿西口ではどうですか？	44
信じられない。	100、119
人生最高の日です。	98
新製品開発を担当しています。	319
神道と仏教は、宗教的実践というよりは、日本人の生活習慣に関わる概念です。	264
心配しないで。	
新聞でとても好意的な批評を読みました。	196
新聞の映画演劇案内を見てください。	197
新聞はどこ？	61

す

水曜日と金曜日です。	193
水曜日は裸体モデルを描く授業がアトリエであります。	312
推理小説です。	245
スーツケースを預かっていただけますか？	219
スーツを着ています。	39
スーパーで買い物を。	178
スカートによくお似合いです。	171
スカートをはいています。	39
好きな画家は誰ですか？	235
好きな作家は誰ですか？	245
スキャナーとポータブルハードディスクを持っています。	339
すき焼きとてんぷらが好きです。	252
すぐには結婚したくないんだ。	273
すぐに関わるのはお勧めしませんよ。	127
すぐに好きになったんだ。	268
すごい！	102
すごく安い！	170
すごく厳しいらしいよ。	303
すごく高い！	169
すごく美味しい！	157
少し後で、みんなは帰っていった。	148
少し待つようお勧めします。	127
寿司を食べたことはありますか？	253
スタンダールの作品が大好きです。	245
ステーキはどんな焼き加減がお好みですか？	155
素敵なマンションですね。	49

ストーリーがいいです。	240
素晴らしかったです。	93、239
素晴らしい！	102
素晴らしかったですよ！	102
素晴らしい考えだ！	98、131
素晴らしい天気でした。	93
スペルを教えていただけますか？	22
スポーツは何をしているんですか？	90
すみません、お手洗いはどこですか？	49
すみません、お願いしたいことがあるんですが。	140
すみません、この辺りの者ではないんです。	184
すみません、そろそろ失礼します。	51
すみません、ちょっと急いで。	45
すみません、とても忙しいんです。	43
すみません、渋滞していて遅れました。	46
すみません、小銭がありません。	179
すみません、乳製品売り場はどこですか？	181
すみません、売り切れです。	194
すみません、番号を間違えたようです。	77
すみません。	184
すみませんが、通していただけますか？	209
相撲は日本の国技です。	260
相撲は年 6 場所開催されます。	260
税関申告用紙に記入してください。	82

せ

成績証明書を頼むつもりなんだ。	309
西洋美術館の入り口で。	43
セーヴル焼きです。	191
世界遺産に指定されています。	189
世界チャンピオンの選手がいます。	201
背が高いです。	38
席を替わってもいいですか？	209
席を倒してもいいですか？	209
世代を超えた友情です。	246
絶望的だ。	113
説明してもらえない？	145
背の高い人がいいです。	270
セルジュ・ゲンズブールは日本でも人気のあるシンガーソングライターです。	242
前衛劇が好きです。	243
前期の単位を全部取りました。	310
1970 年生まれです。	68
前菜としてニース風サラダをいただきます。	154
先週注文した商品がまだ届かないのですが。	333
禅宗は仏教の宗派のひとつです。	264
先生、質問があります。	306
先生は日本で最も素晴らしいバッハ演奏家の一人です。	313
先生、ひどいんでしょうか？	285
新製品の発売についてです。	327
全然知らないよ。	139
全然知らなかった。	139

355

全然分からなかった。	138
喘息の発作です。	282
洗濯機が変な音を立てている。	278
洗濯物をたたみます。	64
洗濯物を取り込んで。	64
前半終了まであと5分です。	200
全部買ったからレジに行こう。	181
全部持ったよ。	58
1000ユーロを普通預金に入れたいのですが。	84

そ

そういうわけで、ほっとしたんだ。	148
そうかもしれない。	134
早急にご返金いたします。	333
そうじゃないかと思ってたんだ。	105
早退してもかまわないでしょうか?	142
そうだといいけど。	135
そうだと思うけど。	126
そうなさりたいのなら。	143
そうみたいです。	135
送料はいくらかかりますか?	176
そう考えるのは間違っていますよ。	132
そう思いますが。	135
そちらの方が好みなのですが。	171
そちらはワンサイズです。	167
卒業論文の提出期限はいつですか?	310
そのあと、何と猫だったのが分かった。	148
そのこと、知ってる?	137
そのことを知っていた?	137
そのニュースを聞くと本当につらいです。	119
そのままお待ちください。	75
その映画はどこで撮影されたのですか?	240
その間に、隣の人たちが心配して来てくれたんだ。	147
その後、荷物を持って、税関にお進みください。	212
その仕事をやり遂げられるかな?	113
その次に、家に入ったんだよ。	147
その芝居はいつまでやっていますか?	195
その症状はいつからですか?	283
その人と直接お話なさった方がいいでしょうね。	128
その人に会いにいくのがいいと思いますか?	127
その点についてもう少し詳しく説明していただけますか?	328
その点について質問があります。	328
その方がいい。	130
その本のテーマは何ですか?	246
その問題で苦しんでいます。	119
その話ならもう十分!	122
そばはそば粉から、うどんは小麦粉からできています。	253
ゾラは自然主義の作家です。	247
ソルフェージュの勉強のためにコンセルヴァトワールに行きました。	313
それから、靴がごちゃごちゃに	
なっているのに気がついた。	147
それから?	145
それじゃ足りないよ!	121
それだけです。	180
それで、びっくりして、大声を上げたんだ。	147
それで?	144
それでいったいなぜ?	145
それでは、失礼します。	77
それはいい。	98、130
それはいいと思います。	129
それはいい解決策だと思います。	129
それはいい考えじゃない。	132
それはひどいね。	115
それは嬉しいね。	97
それは問題だ。	112
それは論外だ!	132
そんなことがよく言えますね!	117
そんなことするなんて、よくないよ!	120
そんなこと言うべきじゃないよ!	120
そんなつもりで言ったのではありません。	109
そんなに難しくなかった。	308
そんなの知らないよ。	139
そんなばかな!	100、119
そんなはずはない!	132
そんな古い話は退屈だ。他の話をしよう。	118

た

大学1年生です。	300
大学の語学コースは1年間ですか?	295
大学の先生方に推薦状をお願いしました。	296
大学の寮に入れますか?	296
退屈だ。	118
滞在期間はどれくらいですか?	211
たいしたことじゃないよ。	25
大丈夫?	114
大丈夫です。	26
退職しています。	30
鯛の一種です。	180
台風が近づいています。	73
大変残念ですが、御社とは条件が合わないようです。	332
タイムカードを押しましたか。	322
だから言ったでしょ!	120
タクシーで帰るのはいやだ。	125
タクシーはどこで拾えますか。	229
タクシーを呼んでもらえますか?	229
確かです。	104
確かなの?	118
確かに!	131、133
確かに伝えます。	23
ただいま!	58
ただいま岡田は出張中です。	336
ただいま留守にしております。	

発信音の後、ご用件をお話しください。	78
楽しい週末を過ごしましたか？	92
たぶん。	134
食べられないものはありますか？	151
卵、1ダースください。	180
黙れ！	117
試してみて！	104
だめですね、お品物はバーゲン商品ですから。	176
だれ？	140
誰が主役を踊るのですか？	195
誰かトイレを使っている？	56
誰にでもあることですよ。	109
誰の演出ですか。	195
ダンサーの衣装は一流デザイナーがデザインしたものです。	244
炭酸入りミネラルウォーターをください。	156
誕生日はいつですか？	68
単身赴任します。	320
団体旅行をするつもりはありません。	125
担当の者に替わります。	334
暖房が故障している。	278

ち

小さすぎます。	173
チーズのトレーをお持ちします。	156
チェックアウトは何時までですか？	218
チェックアウトをお願いします。	218
チェックイン日を5月7日から10日に変更できますか？	216
チェロの曲を書いているところです。	314
違いますよ！	132
父が亡くなりました。	114
父はエンジニアです。	34
地方に転勤になりました。	319
茶の湯の特徴は何ですか。	261
チャンネルを替えてもいい？	61
中級クラスに出るつもりです。	294
注射をします。	285
昼食は学食で取ります。	297
中世のステンドグラスは聖書の話を物語っています。	236
中背です。	38
超過の場合、1キロ当たりいくらですか？	231
彫刻家セザール・バルダッチーニは映画のセザール賞のトロフィーをデザインしました。	236
調子が悪いの？	280
朝食はどこですか？	217
朝食はついていますか？	215
朝食は何時から何時までですか？	217
朝食は別料金です	215
朝食を持って来ていただけませんか？	219
承知できない！	116
調味料が足りない気がします。	158

チョコレートムースをお願いします。	157
ちょっとお時間、いいですか？	141
ちょっとは人のこと考えたら！	120
ちょっとやっかいだ。	130
ちょっと具合が悪いので、今日は休ませていただけますか？	324
ちょっと考えさせてください。	136
ちょっと味が濃すぎます。	158
ちょっと高いですね。	169
ちょっと派手すぎないですか？	171
ちょっと用事があります。	42

つ

ついてた！	106
通常、会社には9時から17時までです。	322
ツールドフランスのフィニッシュが見たいのですが。	202
通路側をお願いします。	205
疲れた！	59
付き合って3年になります。	270
付き合ってる人はいる？	269
月に1回、病気の子供たちのところでボランティアをしています。	89
月に2回、ルーブル美術館へ巨匠たちの作品の模写をしに行きます。	312
次の学年に進むのに何単位が必要ですか？	310
次の急行は何時ですか？	226
次の上映は何時からですか？	198
次のバスは何時ですか？	229
付け合わせは何になさいますか？	155
つながりました。お話しください。	335
つまらない。	118
梅雨です。	73
辛い！	157
つらいことだ。	119
つらいです。	119

て

DVDドライブは内蔵ですか？	339
定期的に部署異動があります。	320
定休日は何曜日ですか？	164
停電だ！	278
テーブルの用意をしてもらえる？	60
テーブルを元の位置にお戻しください。	209
出かける気になれない。	125
できるわけないよ。	112
できればもっと早い時間がいいのですが。	45
デザートは何になさいますか？	156
手数料はいくらですか？	86
テストのために何を復習したらいいですか？	307
テストはいい成績だった？	309
哲学の勉強をしています。	299
手伝おうか。	63

357

出て！	75
出てもいいですか？	142
出ないね。	74
テニスです。	90
テニスのフレンチオープンはどこで開かれますか？	200
手荷物預かり所にバッグを預けられますか？	192
手荷物検査が混んでいます。	206
デパートに買い物に行きます。	164
でも、9月6日にちゃんと予約をしましたよ。	217
でも、ただ風が吹いたせいだったんだ。	147
でも、今までに問題があったことはないです。	176
テュで話しましょうか？	22
デュポンと申します。	22
デュマさん宛の手紙を打ってください。	325
テレビゲームをします。	87
テレビで何かいい番組ある？	61
テレビで観た方がいいと思います。	202
テレビで連続ドラマを見ます。	87
電気を消して。	62
伝言をお願いできますか？	337
展示会に行って直帰します。	323
電車に乗り遅れたからです。	144
電車に乗り遅れてしまいました。	46
電車にバッグを置き忘れました。	290
電車は何時に着きますか？	226
転職します。	321
添付ファイルを圧縮するのを忘れないでください。	342
電話があったことを伝えます。	76
電話が鳴っている！	75
電話するのがいい考えだと思いますか？	127
電話は使っていませんよ。	218
電話をありがとう。	25
電話をくださるように彼女にお伝えください。	338

と

トイレが詰まってしまった。	278
トイレットペーパーが切れています。	220
トイレはどこですか。	190
トイレ掃除をして。	65
どう、みんなうまくいってる？	145
どういう意味ですか？	138
どういう理由で？	144
どういたしまして。	25、97
トゥールに行く始発列車は何時ですか？	226
どうかしましたか？	280
東京支社に採用されました。	318
東京です。	27
東京にお住まいですか？	32
東京に住んでいます。	32
東京は雨です。	73
東京は人口1300万人の首都です。	255
当座預金です。	83
どうしたの？	144
どうしたらいいか自分でも分かりません。	113
どうしたらいいですか？	291
どうしたんですか？	114
当日券は買えますか？	194
どうして？	144、145
どうしてそうなの？	145
どうしてそんなことしたんだ！	116
どうしてそんなことに？	146
どうしてもオペラ座に行きたいです。	103
どうして起こしてくれなかったの？	55
当時のものですか、復元されたものですか？	190
どうしましたか？	282
どうしよう。	111
搭乗ゲートはどこですか？	206
搭乗手続きはどちらですか？	204
搭乗はもう始まっています。お急ぎください。	206
搭乗までに、免税店で少し買い物をしたいな。	206
どうしようもない。	112
どうすればいいっていうんだ？	112
当然のことです。	97
どうぞ、ちょっとしたお土産です。	48
どうぞおかけください。	48
どうぞおくつろぎください。	48
どうぞお許しください。	26、108
どうぞお幸せに！	99
どうぞお上がりください。	48
どうぞたくさん召し上がってください。	50
どうだった？	146、239
当店の商品はすべて30パーセント引きになっています。	170
とうとう、この猫をならした。	148
盗難届を出しに来ました。	290
どうにもならない！	112
どうやって食べるのか見せていただけませんか？	157
登録の書類はどこでもらますか？	300
登録の締め切りはいつですか？	300
当惑しています。	111
どう言ったらいいか。	136
どう思いますか？	128
遠いですか？	186
遠いので、地下鉄に乗ってください。	186
通りの突き当りです。	185
戸外で描くために軽くて使いやすいイーゼルを買いました。	312
読書です。	89
読書をして過ごします。	87
独身です。	35
特に宗教はありません。	263
特にないよ。	21
特別展を見るのに別のチケットが必要ですか？	193
どこが痛みますか？	282
どこで会いましょうか？	43
どこで会う？	271

どこで待ち合わせ？	43
どこに住んでいらっしゃいますか？	32
どこの映画館で上映していますか？	197
どこの大学に行っているの？	31
ところで…。	146
「俊夫」が名前で、「岡田」が名字です。	27
図書館へ勉強しに行くんだ。	308
年をとっています。	40
どちらとも言えない。	135
どちらのご出身ですか？	27
どちらのチームを応援しますか？	199
どちらまで行きますか？	229
どちら様でいらっしゃいますか？	334
どちら様でしょうか…。	216
どちら様ですか？	75
突然、ドアがばたんと閉まった。	147
どっちの方が似合うと思いますか？	170
とてもいい気分！	98
とてもおいしかったです。	51
とても楽しかった！	51
とても嬉しい。	97
とても気が合うんだ。	269
とても元気です。あなたは？	19
とても寂しい。	109
とても暑くなるようです。	72
とても人気があるんだ。	303
とても知りたいんだけど。	145
とてもおいしかったです。	158
とても不安です。	113
とても忙しかったよ。	59
とても面白いです。	239
とても優しい人と出会ったの。	268
隣り合った席がいいです。	205
隣の部屋がうるさくて眠れません。	220
どのくらいで治りますか？	286
どのチームの試合ですか？	199
どのようなご用件でしょうか？	336
どのような車がいいですか？	230
どの劇団ですか？	195
どの口座をお考えですか？	83
どの時代のものですか？	189
どの授業に登録したの？	303
どの授業を取る？	303
どの選手が好きですか？	199
扉がこじ開けられていました。	279
扉を閉めてもいいですか？	141
友達と会います。	87
友達にメールを送ります。	79
友達夫婦と山に行きます。	91
友達も連れて行っていい？	115
土曜の午後は時間があります。	44
ドライブをします。	87
ドライヤーで髪を乾かさなきゃ。	56
トラベラーズチェックを両替したいのですが。	86
トランクを開けてもらえますか？	229
取り替えてください。服にシミがついています。	176
取り皿を2枚、お願いします。	118
トレーはどこに置けばいいですか？	162
トレーを下げていただけますか？	208
どれが必須科目ですか？	302
どれくらいでできるの？	59
トロカデロでナシオン方面行きの 6号線に乗り換えてください。	223
度を超してるよ！	120
とんでもない！	132
どんなお話ですか？	197
どんなサイトを見ますか？	80
どんなジャンルの絵が好きですか？	234
どんなジャンルの本が好きですか？	245
どんなタイプのものがありますか？	165
どんなツアーがありますか？	188
どんなバッグでしたか？	290
どんな映画が見たいですか？	197
どんな映画が好きですか？	238
どんな音楽が好きですか？	241
どんな絵が好きですか？	234
どんな参考書がお勧めですか？	296
どんな周辺機器をお持ちですか？	339
どんな人と結婚したいですか？	270
どんな服装をしていますか？	39
どんな分野で働いていらっしゃいますか？	29
どんな料金プランがありますか？	79

な

内線25番におつなぎします。	334
治りました。	281
長くてつまらなかったです。	239
長すぎます。	173
中庭に面した静かな部屋をお願いします。	217
中の席より、外の席の方がいいね。	160
中を見られますか？	190
なぜなのか話してください。	144
なぜ遅れたの？	144
納豆が嫌いです。	253
納得のいく説明です。	329
夏の語学講座に出てみたいです。	294
夏は各地で花火大会が開かれます。	257
何かあったら携帯に電話をしてください。	45
何かいかがですか？	50
何がお勧めですか？	153
何かお探しですか？	164
何かご伝言はありませんか？	336
何かできることはありますか？	115
何が言いたいの？	139
何が言いたいのかよく分からないよ。	139
何か信仰をお持ちですか？	263

359

何か提案がありますか？	126
何か伝言はありますか？	76
何か入っていましたか？	291
何が入っていますか？	82
何か変わったことは？	21
何ですか？	140
何でそうなったの？	145
何もありません。	213
何もいらないよ！	47
何もしたくない。	110
何も予定はありません。	42
何をいただくか、決めかねています。	153
何をしたらいいでしょうか？	126
何をするのが好きですか？	89
何を召し上がりたいですか？	150
何ですって！	100
何もかもうんざり！	122
何を持っていったらいい？	47
何を専攻しているの？	32
なに？	140
何線に乗ればいいですか？	186
生ビールを一つください。	160
並ばなければいけないのですか？	193
奈良は古い都で、東大寺の大仏で有名です。	256
何でもありませんよ。	25
何でもないよ。	25
何とおっしゃったのですか？	140
何とかなるよ。	115
何なの、これ？	117
何にもならなかった。	110
何のことをお話ですか？	140
何の会社ですか？	318
何の問題もありません。	143
何について？	146
何時か分かりますか？	67
何時ごろお戻りですか？	335
何時ごろ戻りますか？	76
何時にしましょうか？	45
何時に集合ですか？	190
何時頃帰るの。	57
なんてお礼を申し上げたらいいのか。	96
なんてかわいいんでしょう、おたくのお嬢ちゃん！	103
なんて楽しいんだろう！	99
なんて嬉しいニュース！	98
ナントまで片道をお願いします。	224
何年生なの？	32
何泊のご予定ですか？	214
何番におかけですか？	77
何名様ですか？	151、152、214

に

ニースで働きたいです。	104
2月です。	70

2時間煮込みます。	59
25度です。	72
20時30分に着きます。	226
28ユーロです。	225
20ユーロのコースにします。	154
20分ほど遅れます。	46
2000ユーロを日本に送金したいのですが。	85
日仏合弁会社で働いています。	318
2泊の予定です。	214
鈍い痛みです。	283
日本宛て	82
日本円は使えますか？	176
日本が大好きです。	250
日本からの送金は受けられますか？	85
日本語が話せるガイドはいますか？	189
日本語は、漢字、ひらがな、カタカナの3種類の文字を組み合わせて書きます。	265
日本支社長を空港まで迎えに行っていただけますか？	326
日本人です。	28
日本人の平熱はだいたい36度5分です。	283
日本大使館に行かなければなりません。	291
日本です。	28
日本では地震がよくあります。	255
日本にはどのくらい温泉がありますか？	251
日本では、暦の年を表すのに、十二支を使うことがよくあります。	265
日本の人口はどれくらいですか？	254
日本の面積は約37万平方キロメートルです。	254
日本はいかがですか？	250
日本は初めてですか？	250
日本料理では何が好きですか？	252
日本料理では、多くの料理に季節感が盛り込まれています。	263
日本列島の主な島は、北海道、本州、四国、九州です。	254
日本を旅行する時は電車とバスが便利です。	251
2枚ください。	198
荷物の一部を機内持ち込みの方に入れます。	205
荷物はどこで受け取るのですか？	212
荷物を預けたいです。	204
入院しなければなりませんか？	285
入国の目的は何ですか？	211
入室前に保証金を払い、現状証明書を書きました。	298
入社して8年になります。	29
入場無料です。	193
入場料はいくらですか？	190
庭の手入れをするのが好きです。	89
妊娠3ヶ月です。	286
妊娠しています。	274

ぬ

布製の軽いものがほしいんですが。	168

ね

ね、そう言ってたでしょ！	105
ネクタイ売り場を探しています。	164
猫にえさをやるのを忘れないで。	66
寝すごした。	54
ネットサーフィンをします。	80
熱はありますか？	283

の

能は、14世紀に完成された日本で最も古い舞台芸術です。	258
後ほどかけ直していただけますか？	75
後ほどかけ直してくださるそうです。	338
後ほどまたおかけします。	337
のどが渇いた。	60
飲み物は何になさいますか？	50
乗り換えなければなりませんか？	224
乗り捨てできますか？	231
のんびりできましたか？	93

は

場合によります。	135
パートで働いています。	30
パートナーと2年前から一緒に暮らしています。	274
パートナーと暮らしています。	35
ハーブティーは何がありますか？	133
はい。	160
はい、空いています。	42
はい、X社です。	334
はい、男の子と女の子がいます。	35
はい、学生です。	31
はい、こちらです。ほかには？	180
はい、この通りをこのまま行ってください。	186
はい、35号室をご用意してあります。	216
はい、そうです。	133
はい、大丈夫です。	151
はい、確かだよ!	133
はい、できます。	143
はい、糖尿病です。	283
はい、どこでも無線LANをご利用いただけます。	218
はい、どちら様でしょうか？	330
はい、店の者がお宅までお持ちします。	182
はい、もちろん！	133
はい、もちろんです。同じタイプのものがあるか、見て来ます。	177
はい、私です。	75
バイオリンをやっています。	90
入ったとき、物音が聞こえたんだ。	147
入ってください。	219
ばかなことをした。	121
博士課程です。	300
博士論文を来月提出します。	310
『白鳥の湖』です。	195
バゲット1本とクロワッサン3個を買ってきて。	179
始めに担当者のプレゼンテーションがあります。	327
はじめまして。	21
恥ずかしくて赤くなった。	111
パスカルによろしく。	23
バスターミナルに時刻表が全部出ていますよ。	229
バスティーユ広場に着いたら知らせてもらえますか？	229
バスの停留所はどこですか？	228
パスポートと航空券をお願いします。	205
パスポートと搭乗券を見せてください。	207
パスポートをなくしました。	291
パスポートを確かに持ちましたか？	125
働いていらっしゃいますか？	30
働いています。	30
働き盛りです。	40
働くのはもううんざりだ。	122
8月には仏教の行事、お盆があります。	257
8月にはパリへ出発すると決めました。	124
8時間です。	209
ばつが悪かったよ。	111
はっきりとは言えないけど。	135
バッグを荷物入れに入れたいのですが。	209
バッグを探しているんですが。	166
バッグを盗まれました。	291
発表の準備に何時間もかかったよ。	308
バトームッシューはどこで乗れますか？	188
鼻が高いです。	39
話し中だ。	74
話してください。	145, 305
花に水をやります。	66
花火見物や盆踊りなどで着る人がたくさんいます。	262
花を見ながら散歩をしたり、花の下で飲んだり食べたりします。	257
母の肖像画をパステルで描きます。	312
母は専業主婦です。	34
ハムのサンドウィッチをください。	160
ハムを5切れください。	181
場面が本当に芸術的に撮られています。	240
早起きだね。	55
早かったね。	58
早く行って手伝おうか？	47
早く服を着て。	56
払い戻してほしいのですが。	177
パリからグルノーブルまで2等の禁煙席をお願いします。	224
パリ10区、パラディ通り8番地にある友達の家に住んでいます。	33
パリ大学の文明講座を取ってみたいです。	295
パリに歌の研修を受けに行くつもりです。	294
パリに行きたいです。	103
パリのノートルダム大聖堂は	

361

ゴシック建築の代表的なものです。	236
パリマラソンに参加する友達がいます。	202
パリ、ルマンの往復をお願いします。	224
ハンガーを持ってこよう	63
版画の教室で木版、エッチング、 リトグラフを学んでいます。	311
番号を教えていただけますか？	76
万事休すだ。	113
反対じゃないよ。	131
反対です。	131
パンテオンまであといくつですか？	228
ハンバーガーとコーラをお願いします。	161
パンをください。	156

ひ

ピアノを個人の先生について習っています。	313
ピアノ曲が特に好きです。	241
ピーマン2個とアプリコットを1キロください。	180
ヒールが高すぎます。	170
ピエール・シモンがお電話したと お伝えいただけますか？	337
被害届けを出しに警察に行きます。	279
引き取っていただけますか？	176
ひげを生やしています。	40
ひげを剃っているところだよ。	55
飛行機の切符を予約したいのですが。	222
美術学校では彫刻科に属しています。	311
美術学校に行きたいです。	294
美術史で20点満点中15点を取ったよ。	309
美人です。	40
左側（右側）のです。	166
ぴったりです。	173
ひどい！	116
人柄がいいです。	40
人それぞれだ。	130
人の悪口を言うのはよくないよ！	120
人前でそんなことするものじゃないよ！	120
一人っ子です。	34
一人暮らしです。	35
暇な時間がないんだ。	117
暇なときは何をしますか？	87
秘密です。	37
病院に行きます。	281
病気休暇中です。	324
表示が出ていますよ。	185
ひらがなとカタカナは漢字から作られたものです。	265
ひらがなは、助詞や動詞、 形容詞の送り仮名を書くのに使います。	266
広島、長崎は原爆の悲劇を 世界に語り続けています。	256

ふ

ファイルの整理をしてください。	325
ファイルはパスワードで保護しておいてください。	340
ファイルをUSBメモリーに 保存しておいてくださいませんか？	340
ファイルをメールでお送りください。	342
フィギュアスケートのヨーロッパ 選手権を観に行きたいです。	202
ブイヤベースです。	191
風景画がとても好きです。	234
風景のスケッチをするためによく公園に行きます。	312
不可解だ。	139
副社長は海外出張中で欠席です。	327
復習は終わった？	308
不在通知を受け取りました。	83
ブザンソンの指揮者コンクールに 出場するつもりです。	315
富士山に登ったことがありますか？	251
富士山は日本で一番高い山です。	251
舞台装置が凝っています。	244
2つ目の信号を左に曲がってください。	185
2人で。	152
2人の学生とルームシェアをしています。	297
部長が解雇されました。	321
普通預金にどのようなものがあるか 教えていただきたいのですが。	83
2日は無理ですが、3日なら大丈夫です。	44
仏教徒です。	263
仏教は、6世紀半ばに日本に伝来しました。	264
フナックで買えます。	193
船便だと日本までどのくらいかかりますか？	83
部品の数が足りません。	333
ブフ・ブルギニヨン （ブルゴーニュ風牛肉の赤ワイン煮）にします。	155
フラ・アンジェリコのフレスコ画は 息をのむほど美しいです。	237
フライドポテトでお願いします。	155
ブラウスにアイロンをかけます。	64
フランスが2対1でイタリアに勝ちました。	200
フランス企業で働いています。	318
フランス国内でハガキを送るのに いくらかかりますか？	81
フランス語のアルファベを入力するには どうしたらいいですか？	339
フランス語の字幕つきです。	197
フランス語の吹替版です。	197
フランス語を勉強して1年になります。	297
フランス式庭園では、刈り込まれた木々や、 池、小道が幾何学的に配置されています。	237
フランス人の彼氏ができることを夢見ています。	103
フランス人の友達がすぐにできました。	297
フランス人の友達の別荘に行きます。	92
フランスチームが2本のゴールを決めました。	200
フランスチームがんばれ！	199
フランスで1年間過ごそうと考えています。	124

フランスでの宿泊先はどちらですか？	211
フランスでは、柔道が人気のスポーツですね。	201
フランスとイタリアです。	199
フランスと同じように、四季があります。	255
フランスに行けるといいんですが。	103
フランスに留学するつもりです。	294
フランスの選手が準決勝で勝ちました。	201
フランスの伝統料理を味わってみたいです。	150
フランス文学を専攻しました。	32
フランソワ・オゾンの最新作をもう観ましたか？	196
プランタンに行くにはどの出口から出ればいいですか？	223
フリーランスで働いています。	30
振込みをしたいのですが。	85
プリンターにインクがありません。	341
古い劇場です。	189
ブレーカーが落ちたみたいだ。	278
プレゼント用です。	166
プレゼント用に包装していただけますか？	175
ブログを更新します。	80
ブログを始めます。	80
プロバイダーはどこですか？	343
フロントでアクセスコードを聞いてください。	218
文学部の学生です。	299
分割払いになさいますか、一括払いになさいますか？	175
紛失物の届出です。	290
文法の試験、受かったよ。	309
文法の単位を取りました。	309
文法は週に何時間あるの？	304
文楽は、17世紀に大阪で誕生した人形劇です。	259
弊社のサイトをご覧ください。	343

へ

ベジャールは世界的に知られる舞踊団を作り上げました。	244
別居しています。	276
ベッドメーキングをしなきゃ。	64
別々に払います。	159
へとへとだ。	118
ペニシリンアレルギーがありますか？	286
部屋に鍵を置き忘れました。	220
部屋につけておいてください。	220
部屋は何階ですか？	217
部屋干しにします。	64
部屋を出る時、コンピューターの電源を切るのを忘れないでください。	341
ベランダに洗濯物を干します。	64
ペリエ先生の授業はどの教室ですか？	304
ベルサイユ行きは、どのホームですか？	223
勉強です。	211

ほ

包帯は毎日替えてください。	289
ほうら、やっぱり！	105
法律を専攻しています。	32
ボードレールは「小散文詩」で都市生活の感覚を見事に表現しています。	247
ホームステイをするつもりです。	124
ポール・リシャールです。折り返しお電話をお願いいたします。	78
ポールから電話があったよ。	77
ポールだけど。	74
他にご注文はありますか？	162
ほかには何が？	145
ぼくの彼女だよ。	269
保険込みですか？	231
誇らしいよ。	102
保証するよ！	104
ホストファミリーが駅まで迎えに来てくれますか？	296
ホストファミリーと一緒に朝食と夕食をとります。	297
ほっとした！	106
ほっと一息だよ！	106
ホテルです。	211
ホテルをインターネットで予約してください。	326
ほとんどの地域が温帯に属しています。	255
ほらね、私が正しかったでしょう。	105
ボリュームがあるね！	157
ボルドー行きは何番線から出ますか？	226
本日のお勧め料理は何ですか？	153
本社勤務の辞令をいただきました。	320
本社はパリにあります。	318
本当？	118
本当だってば。	126
本当にお人好しなんだから！	120
本当にすみません。	108
本当にセンスがいいですね！	103
本当にそう思う？	118
本当についてないな。	115
本当に、まったく分からないんだ。	139
ポンピドゥーセンターに行くにはどこで降りたらいいですか？	228

ま

まあまあです。	19
毎朝、家族みんなの弁当を作ります。	65
毎朝洗濯をします。	63
毎週、合唱団で歌っています。	314
毎週、月曜日に営業会議があります。	322
毎週水曜日の夜、英語のレッスンを受けています。	88
前にお会いしたような気がするのですが。	109
間際になってお知らせしてすみません。	109
まさか！	100、119
まず、ドアが開いていたのが分かったんだ。	146

363

マスタードを入れないでください。	161
まだインスピレーションが湧きません。	315
またおいでください。	52
またお会いするのを楽しみにしています。	99
またお会いできてうれしいです。	20
まだそのことは考えていないんだ。	273
またにしろ。	171
またにしよう。	146
またね！	22
またの機会に…。	43
また花粉症が始まりました。	281
また会えてうれしいな。	20
また会えるといいな。	271
また機会があるよ。	115
また近いうちにお会いしたいですね。	23
まだ具合が悪いようでしたら、1週間後においでください。	287
まだ眠いよ。	54
まだ約束する気になれないんだ。少し時間をちょうだい。	273
間違いじゃないでしょうか？	218
間違っていますよ。	132
町の地図はありますか？	184
まっすぐ行ってください。	185
まったくその通りです。	130
まったくだ。	131
まったく同意見とはいえません。	132
まったく同感です。	131
待った方がいいでしょう。	127
待ってください、確かめます。	125
松葉杖が必要になります。	285
窓側の席になさいますか、通路側になさいますか？	205
窓の近くの席がいいのですが。	153
窓を開けたらご迷惑ですか？	142
窓拭きをしよう。	64
マネの『笛を吹く少年』が見たいのですが。	192
迷っています。	171
丸顔です。	38
マルティニ先生の授業を取るつもり。	303
マルモッタン美術館へ行く道を教えていただけませんか？	184
まれに見る素敵な女性と出会った。	268
満開の桜を見ることを花見をすると言います。	257
漫画は現代日本の文化を発信するものとして、クールジャパンの原動力になっています。	260
マンションに住んでいます。	33
慢性の病気を抱えていますか？	283
満席です。	222
満タンにしてお返しください。	232

み	
右の耳の下が腫れています。	282
水が漏れています。	220

店の奥、右側です。	172
見たところでは。	135
道に迷いました。	187
道の反対側です。	185
3日後です。	69
見つかり次第、ホテルにお届けいたします。	213
見積書をすぐにお作りいたします。	331
見てください。	305
見てもいい？	141
見ているだけです。	165
ミネラルウォーター、バター、ジャム、牛乳、チーズが要ります。	178
身分証明書はお持ちですか？	175
身分証明書と居住証明が必要です。	84
ミュージカル『レ・ミゼラブル』は3ヶ月前からやっています。	195
見る価値があるそうです。	196
みんなで家中を見て回った。	147
みんな元気です。	20

む	
虫歯だと思います。	282
無神論者です。	263
難しすぎて全然分からないよ！	139
難しすぎる。	130
息子が15歳、娘が11歳です。	37
息子は中学生、娘は小学生です。	36
胸を打たれました。	99
無料です。	218

め	
名刺をどうぞ。	330
メインは何をおとりになりますか？	154
メールアドレスをいただけませんか？	23
メールが文字化けしています。	342
メールを送りました。確認をしていただけますか？	342
眼鏡をかけています。	40
目覚ましが鳴らなかった。	55
目覚ましを6時にかけて。	62
メトロの終電は何時ですか？	224
メトロの路線図をください。	223
目に何か入りました。	284
メニューをお願いします。	153
メリークリスマス！	100
目を覚まして。	54
免状を取れるとうれしいんだけど。	103
面倒なことになるよ！	111

も	
もう7時半だよ。	54
申し訳ありません。	108
申し訳ありません。配送料金はこちらでお払いいたします。	333

申し訳ありませんが、お客様のご予約は入っておりません。	217
申し訳ありませんが、ちょっと難しいです。	143
申し訳ありませんが、今夜は満室です。	151
申し訳ございませんが、満室です。	215
もうすぐ試験なんだ。	308
もうすぐ正午です。	67
もうたくさんだ!	122
毛布をもう一枚お願いします。	208
もう一度言っていただけますか?	140
もう何の興味もわからない。	110
もう十分にいただきました。	51
もう少しいかがですか?	51
もう少し大きな字で書いていただけませんか?	306
もう少し大きな声で話していただけますか?	78
もう少し価格を下げていただけませんか?	331
もう少し状況を検討する必要があると思います。	329
もう少し寝させて。	54
もう少しの我慢だよ!	105
もう少しゆっくり話していただけませんか?	78
もう少しゆっくり話していただけるでしょうか?	140
もう少し安くしてもらえませんか?	169
もう寝るよ。	61
もう値引きしてあります。	169
もう二度とあんなことはしないよ。	122
もう話したくないね。	117
もう良くなりましたか?	281
もしもし、ジャン? ポールだけど。	74
もしもし!	74
もしもし?	75
持ち帰り。	161
もちろん、いいですよ。	143
もちろん!	133, 272
もちろんです!	125
もちろん違うよ!	134
もったいない!	121
もっといい考えをお持ちですか?	126
もっと上のポストにつけると思っていました。	321
もっと大きいサイズはありますか?	167
もっと小さいサイズはありますか?	167
もっと幅の広いのがありますか?	170
もっともだ。	130
もっと安いのはありませんか?	169
物事を肯定的に見て!	105
最寄り駅は駅ですか?	187
モリエールの戯曲、『町人貴族』をフランス語で読みました。	246
モローさん、岡田さんを紹介します。	37
モローさんでいらっしゃいますか?	21
モローさんはいらっしゃいますか?	74
モローさんはどんな人ですか?	38
モローさんをお願いします。	74
モローはただいま会議中です。	335
問題があると思います。	129
モンテーニュの『エッセイ』の新訳がいま進んでいます。	247
モンパルナスに行くのは何号線ですか?	223
モンパルナス駅までお願いします。	229

や

やあ、ジャン!	18
やあ!	18
夜間開館日は何曜日ですか?	193
約1億3000万人です。	254
約1万3000の温泉があります。	251
やけどをしました。	284
野菜の料理で、ズッキーニ、なす、トマト、ピーマンを煮込んだものです。	154
優しい人がいいです。	270
優しい人です。	40
安いですね。	169
休む暇がない。	117
やせています。	38
家賃の支払いを自動引き落としにすることはできますか?	84
薬局に行ってください。	286
やった!	98
やっと終わった!	106
やっぱりそうだった。	105
夜分遅くに申し訳ありません。	74
やめた!	112
やる気が出ない。	110
やれやれ!	106

ゆ

有益なご意見をありがとうございました。	329
勇気がありますね!	102
夕ごはんだよ!	60
夕ごはんは何?	59
夕食、何を作ろうかな?	65
夕食、ご一緒にどう?	271
夕食を一緒にいかがですか?	42
友人宅です。	211
友人を紹介したいんですが。	37
ユーチューブでよくアニメを見ます。	80
憂うつだ。	110
ユーモアのセンスがある人です。	41
有料です。	218
浴衣は夏用の木綿の着物です。	262
油彩画の研修に参加しています。	311
諸合います。	133
ゆっくりなさいましたか?	93
夢みたいだ!	101
許せない!	116

365

よ

よいお年を！	99
よい一日を！	22
よい年末を！	100
ようこそ！	48
ようこそ日本へ！	250
要点を話してください。	146
ヨーロッパの都市巡りをする計画があります。	124
よかった！	106
よくおいでくださいました。	48
良くなりました。	281
よくやったね！当然の結果だけどね。	102
よく言うよ！	118
よく考えてみます。	136
よく分からなかったものですから。	144
よく分かりません。	138
よく聞き取れないのですが。	78
よく眠れた。	55
横浜で働いています。	29
予算がなくて出かけられないんです。	91
よし、分かった！	137
予想していたんだ。	105
予定が入っています。	42
予報では週末の天気はどうですか？	72
予約が必要ですか？	151
予約の確認をしたいのですが。	222
予約の取り消しをしたいです。	216
予約の取り消しはいつまで可能ですか？	215
予約の変更はいつまで可能ですか？	215
予約の変更をしたいです。	215
予約をお願いします。	214
予約をしたいのですが。	151
予約をしていないのですが、席はありますか？	152
予約を取り消したいのですが。	152
夜、友達とチャットをします。	79
『夜のカフェテラス』はアルルで描かれました。	235
夜のクルージングは何時ですか？	188
よろしいですか。	141
49ユーロの定額タイプにしました。	79
40代です。	40
40です。	167
40は切らしています。	167
読んでください。	306
4名です。	151
四輪駆動車がいいです。	231

ら

来週は空いていますか？	44
来週戻ってきます。	336
来週、有給休暇をとりたいのですが。	324
来年、定年退職します。	321
ラクロの『危険な関係』は、書簡体小説の傑作です。	245

ラシーヌの『フェードル』は古典悲劇の最高峰の一つです。	246
ラタトゥイユはどんな料理ですか？	154
ラッキー！	98
ラップトップを買いました。	79
ランスまでいくらですか？	225
ランボーの詩を声に出して読むのが好きです。	246

り

利益はどれだけですか？	329
離婚しています。	35
離婚しました。	276
履修案内に載っています。	302
理にかなっている。	130
リハーサルが19時からあります。	314
リピートしてください。	305
リビングの電球が切れた。	278
留学するためにはDELFやDALFのような語学の資格が必要ですか？	296
理由は、息子の病気です。	144
リュクサンブール公園へ行くバスはどの路線ですか？	228
了解。	137
料金に食事代は含まれていますか？	189
両親、兄、私の4人家族です。	34
両親と一緒に住んでいます。	34
料理がお上手ですね！	50
料理がまだ来ていません。	158
旅行代理店に問い合わせます。	92
旅行を続けても大丈夫ですか？	286
リヨン駅はどこですか？	184
臨時雇用で働いています。	30

る

ル・コルビュジエは日本で人気があります。	237
ルーアンへはどの電車に乗ればいいですか？	225
ルーブル美術館のコレクションは様々な時代、国に渡っています。	235
ルーブル美術館の公式サイトで、作品を高画質で見ています。	80
ルームサービスをお願いします。	219

れ

冷蔵庫がほとんど空だ、買い物に行かなきゃ。	178
レオナルド・ダ・ヴィンチのモナリザに魅了されました。	235
レオナルド・ダヴィンチの習作をもとに油絵を描きます。	312
歴史映画が特に好きです。	238
レシートはお持ちですか？	177
レジはどこですか？	175
レンタカーの営業所がどこにありますか？	230
レンタルしたＤＶＤを見ます。	87

レントゲン検査を受けていただきます。	285

ろ

ローランギャロスです。	200
6歳からピアノを弾いています。	313
6歳の男(女)の双子がいます。	36
ロゼをボトルで1本いただきます。	156
ロダンの彫刻『接吻』はどのアングルから見ても美しいものです。	235
ロダン美術館に行くのにどこで降りたらいいですか?	192
ロベルト・シューマンはロマン派の作曲家です。	241
ロラン先生の発音は聞きやすいよ。	304
ロワール川お城巡りの観光バスツアーはありますか?	189
ロンドンへの出張手配をしていただけますか?	326
論文指導教授の推薦状が必要です。	296
論文はどんなテーマを選びましたか?	310

わ

ワールドカップの前の親善試合です。	199
Y社からの請求書です。	
支払いの手続きをしてください。	326
Y社のシモンさんからお電話です。	334
Y社のシモンさんとのアポイントをとってください。	325
ワインリストをお願いします。	155
ワインをいかがですか?	50
ワインを持っていくね。	47
若いです。	39
若く見えます。	40
分かった?	137
分かったと思います。	137
分かっていたら…。	121
分からなかったら質問してください。	306
分かりました。	137
分かりましたか?	306
分かりません。	138
分かる?	137
分かるわけがなかったんですから。	109
別れた方がいい。	275
わが社のデータベース内のファイルはすべてPDF形式です。	340
わが社のプレゼンテーションDVDをドライブに入れてください。	341
わけを説明します。	144
忘れ物はない?	58
話題になっています。	196
私たちは、高校時代からの友達です。	38
私たちは先月別れました。	275
私宛てのメッセージはありますか?	219
私宛の郵便物はありませんか?	83
私が思うに、彼は来ませんね。	129
私たち結婚します。	273
私たちはしょっちゅう喧嘩をしています。	275
私たちは同期の入社です。	320
私たちはPACS(民事連帯契約)を結んでいます。	274
私だったら、すぐに会いに行くでしょうね。	127
私としては、彼は勤勉な人だと思います。	129
私に送る時は必ず、CCで課長にも送ってください。	342
私には分かりません。	130
私の言ってることが分かる?	137
私の腕時計は5分進んでいます。	68
私の彼です。	269
私の考えでは、状況を判断するには早すぎます。	129
私の考えをどう思う?	128
私の知る限りでは。	135
私のスーツケースが出てきません。	212
私のせいです。すみません。	108
私の立場だったら、どうなさいますか?	127
私の時計では5時です。	67
私の番号は06 21 53 46 89です。	77
私は賛成ですよ。	131
私はそうは思いません。	130
私も愛してる!	272
私も同じものをいただきます。	154
私もそう思います。	129
和文仏訳は苦手なんだ。	308
割り勘にしませんか?	159
我々のプロジェクトの件です。	338
ワンルームマンションを借りるつもりです。	125

■ 編者・監修者・著者紹介

アテネ・フランセ（Athénée Français）
1913年創立。フランス語を中心として英語・古典ギリシャ語・ラテン語で、常時200以上のコースを設けている語学学校の老舗。日本語を一切使わない授業が定評。谷崎潤一郎、坂口安吾、きだみのる等多くの文化人を輩出する。

松本悦治（Matsumoto Etsuji）
1920年生まれ。東京高等師範学校卒業後、パリ大学文学部修士課程卒業。1946年よりアテネ・フランセ講師。財団法人アテネ・フランセ理事長、同校長。レジョン・ド・ヌール勲章受章。

鈴木文恵（Suzuki Fumie）
アテネ・フランセにて、フランス語を学び、ディプロム（卒業資格）、ブルヴェ（教授資格）を取得。1993年、ヴィシーのカヴィラム夏期教授法セミナーに参加する。現在アテネ・フランセ講師。入門科および専科の初級文法と会話クラスを担当。

アルメル・ヒルシャワー（Armelle Hirschauer）
ソルボンヌ大学にて哲学士および哲学修士取得、プロヴァンス大学にて哲学博士課程第一段階および現代文学修士取得、グルノーブル大学にてFLE（Français Langue Etrangère）修士取得。現在アテネ・フランセにて哲学および美術史のクラスを担当。上智大学でフランス語、立教大学でフランス文学の講師も務める。

カバーデザイン	滝デザイン事務所
本文デザイン＋DTP	朝日メディアインターナショナル株式会社
イラスト	田中 斉
CD録音・編集	財団法人　英語教育協議会（ELEC）
CD制作	高速録音株式会社

すぐに使えるフランス語会話ミニフレーズ2300

平成23年(2011年)11月10日		初版第1刷発行
令和元年(2019年)10月10日		第5刷発行

著 者	鈴木文恵／アルメル・ヒルシャワー
発行人	福田富与
発行所	有限会社　Jリサーチ出版
	〒166-0002
	東京都杉並区高円寺北2-29-14-705
	電話　03-6808-8801（代）／FAX 03-5364-5310
	編集部 03-6808-8806
	URL：http://www.jresearch.co.jp
印刷所	株式会社シナノ パブリッシング プレス

ISBN：978-4-86392-079-8　禁無断転載。なお、乱丁・落丁はお取り替えいたします。
©Fumie Suzuki, Armelle Hirschauer 2011 All rights reserved.